Report on Non-Government Education
Development in Shandong

山东省民办教育
发展报告

2017

◎ 张士俊　夏季亭　主编

中国海洋大学出版社
·青岛·

图书在版编目（CIP）数据

山东省民办教育发展报告. 2017 / 张士俊，夏季亭
主编. 一青岛：中国海洋大学出版社，2018.10
ISBN 978-7-5670-1045-1

Ⅰ. ①山… Ⅱ. ①张… ②夏… Ⅲ. ①社会办学－研
究报告－山东－2017 Ⅳ. ① G522.74

中国版本图书馆 CIP 数据核字（2018）第 261611 号

出版发行	中国海洋大学出版社		
社　　址	青岛市香港东路 23 号	邮政编码	266071
出 版 人	杨立敏		
网　　址	http://pub.ouc.edu.cn		
电子信箱	shirley_0325@163.com		
订购电话	0532-82032573（传真）		
责任编辑	王　慧	电　　话	0532-85901984
装帧设计	青岛汇英栋梁文化传媒有限公司		
印　　制	日照报业印刷有限公司		
版　　次	2018 年 12 月第 1 版		
印　　次	2018 年 12 月第 1 次印刷		
成品尺寸	170 mm × 240 mm		
印　　张	17.75		
字　　数	326 千		
印　　数	1～2000		
定　　价	68.00 元		

发现印刷质量问题请致电 0633-8221365，由印刷厂负责调换。

编 委 会

主　　任　张士俊　夏季亭
副 主 任　梅亚宁　帅相志　赵远征
编　　委　梁　亮　石　猛　肖俊茹　王　蕾

主　　编　张士俊　夏季亭
副 主 编　梅亚宁　帅相志
参编人员　石　猛　肖俊茹　王　蕾
　　　　　左媛媛　杨　炜　李献庆
　　　　　宋丹丹　袁浪华　申政清

Preface 序言

  2016 年 11 月 7 日，第十二届全国人民代表大会常务委员会第二十四次会议审议通过了《全国人民代表大会常务委员会关于修改〈中华人民共和国民办教育促进法〉的决定》。本次通过的修正案共 16 条，涉及加强民办学校党的建设、实施分类管理、政府的扶持举措、剩余财产归属等方面。总体来看，这次修法的根本突破在于明确了民办学校的分类及其分类标准允许自主选择非营利性办学或者营利性办学，从根本上厘清和解决了长期困扰民办教育健康发展的一个重大问题，是民办教育改革发展过程中新的里程碑。另外，在明确规范办学的同时，这次修法还对民办教育举办者的合法财产权益和非财产权益做出了明确的规定，特别是在充分保护举办者的合法权益方面，增加和充实了很多内容，为民办教育分类管理改革的平稳有序推进提供了重要的法律基础。

  根据新法精神，《国务院关于鼓励社会力量兴办教育促进民办教育健康发展的若干意见》（国发〔2016〕81 号，简称《若干意见》）以及《民办学校分类登记实施细则》（简称《登记细则》）和《营利性民办学校监督管理实施细则》（简称《监管细则》）两个配套实施细则相继出台。《若干意见》以加强党对民办教育的领导为方向，以促进民办教育健康发展为目标，以分类管理为基础，以差别化扶持和规范管理为抓手，实施创新体制机制、完善扶持制度、加快现代学校制度建设、提高教育教学质量、提高管理服务水平等改革举措。《登记细则》重点解决两类学校"到哪里登记""怎么登记"的问题。《监管细则》重点解决营利性民办学校"能办什么学""怎么办学""怎么办好学"的问题。国务院要求地方各级人民政府要根据文件精神，因地制宜，积极探索，稳步推进，抓紧制定出台符合地方实际的实施意见和配套措施。

此次修订为我国民办教育分类管理提供了法律依据，也为我国民办教育分类管理研究指明了新的方向。在当前和未来一段时间内，分类扶持和规范发展、提供高水平的教育服务成为民办教育政策的主流。新的法律政策体系把政策创新的空间下放给各级地方政府，在"一省一政"的原则下，由各地主管部门陆续出台相关地方配套政策。民办教育分类管理是国家关于民办教育发展的重大战略部署，是一项具有全局性、系统性的重大制度安排。新政颁布后，山东省政府以及教育主管部门高度重视、积极行动，落实新政精神与要求。根据国家、山东省委、省政府的要求，2017年2月，省教育厅组织召开了全省民办教育座谈会，邀请有关市、县教育局主管局领导以及各层面民办学校代表，听取各级各类民办学校举办者和有关人员的意见和建议，摸清问题，为我省贯彻落实"新民促法"及"1+2"文件做好相关工作准备。会上，教育厅确定了山东省民办教育分类管理改革工作以课题研究的形式进行。课题研究从2017年3月开始，到2017年8月为止，课题组采取边起草、边调研、边修改、边完善的工作方式，着手开展政策文本的代拟工作。结合调研实践，同时为了给有关部门和全省民办学校提供一个学习、交流、思考的平台，教育厅于5月组织了"落实分类管理　推进高水平民办高校建设"研讨会。而且，根据调研实践中出现的问题，教育厅又先后组织了三次培训活动，邀请相关专家对各市、县教育局主管局领导以及各级民办学校举办者及其代表进行了培训，并听取了他们的意见和建议。经过多方征求意见，形成了《山东省人民政府关于鼓励社会力量兴办教育促进民办教育健康发展的若干意见（征求意见稿）》。

《山东省民办教育发展报告（2017）》是受山东省教育厅委托、由山东英才学院组织编写的民办教育发展专题报告。为了给全省教育行政部门的科学决策提供较翔实的数据资料，《山东省民办教育发展报告

（2017）》研究了全国各省市落实民办教育新政的重要举措，分析了山东省民办教育发展的总体状况以及全省学前教育、义务教育、中等教育、高等教育等各阶段教育发展的成绩与问题，还对各地已经出台的促进民办教育发展的意见进行了梳理。为了给全省民办学校提供一定的参考，本书还以质量发展报告的形式，对部分民办高校的办学经验进行了案例介绍。

在本书的编写过程中，山东省教育厅二级巡视员张士俊对编撰方案进行了总体策划，民办教育与继续教育处处长梅亚宁、副处长赵远征、三级主任科员梁亮和山东英才学院院长夏季亭、副院长帅相志负责总体设计，山东英才学院民办高等教育研究院石猛、肖俊茹、王蕾、左媛媛、杨炜、李献庆、宋丹丹、袁浪华、申政清等同志承担了报告的撰写任务。山东英才学院院长夏季亭、副院长帅相志、石猛同志负责统稿工作。本书在编撰过程中得到了山东省教育厅、部分地级市教育局的大力支持，部分民办学校也给予了帮助。在此，一并表示诚挚的感谢！

编　者

2018 年 11 月

Contents 目 录

第一部分

民办教育政策

教育部等五部门关于印发
《民办学校分类登记实施细则》的通知

教发〔2016〕19号

各省、自治区、直辖市教育厅（教委）、人力资源社会保障厅（局）、民政厅（局）、编办、工商行政管理局：

2016年11月7日，全国人民代表大会常务委员会通过了《全国人民代表大会常务委员会关于修改〈中华人民共和国民办教育促进法〉的决定》，规定对民办学校实行非营利性和营利性分类管理，并以国家主席习近平签署的中华人民共和国主席令（第五十五号）予以公布。《国务院关于鼓励社会力量兴办教育促进民办教育健康发展的若干意见》（国发〔2016〕81号，以下简称《若干意见》），全面部署了民办教育改革发展的各项政策措施。为深入贯彻落实党中央、国务院的决策部署，稳妥推进民办学校分类管理改革，特研究制定《民办学校分类登记实施细则》，现予印发。

民办学校分类管理是党中央、国务院确定的重大改革方向，是贯彻落实《民办教育促进法》修法精神的重要举措，是深化教育领域综合改革的重要内容。请各地务必高度重视，紧密结合《民办教育促进法》和《若干意见》的贯彻落实，做好民办学校的分类管理与分类登记工作，明确任务，细化要求，落实责任，确保党中央、国务院决策部署的切实落地和教育系统的和谐稳定。

教育部　人力资源社会保障部

民政部　中央编办

工商总局

2016 年 12 月 30 日

民办学校分类登记实施细则

第一章　总则

第一条　为贯彻落实《国务院关于鼓励社会力量兴办教育促进民办教育健康发展的若干意见》，推动民办教育分类管理，促进民办教育健康发展，根据《中华人民共和国教育法》《中华人民共和国民办教育促进法》和2016年11月

7日《全国人民代表大会常务委员会关于修改〈中华人民共和国民办教育促进法〉的决定》等法律法规,制定本细则。

第二条 民办教育是社会主义教育事业的重要组成部分。民办学校应当遵守国家法律法规,全面贯彻党的教育方针,坚持党的领导,坚持社会主义办学方向,坚持公益性导向,坚持立德树人,对受教育者加强社会主义核心价值观教育,培养德、智、体、美等方面全面发展的社会主义建设者和接班人。

第二章 设立审批

第三条 民办学校分为非营利性民办学校和营利性民办学校。民办学校的设立应当依据《中华人民共和国民办教育促进法》等法律法规和国家有关规定进行审批。经批准正式设立的民办学校,由审批机关发给办学许可证后,依法依规分类到登记管理机关办理登记证或者营业执照。

第四条 设立民办学校应当具备《中华人民共和国教育法》《中华人民共和国民办教育促进法》和其他有关法律法规规定的条件,符合地方经济社会和教育发展的需要。

第五条 民办学校的设立应当参照国家同级同类学校设置标准,无相应设置标准的由县级以上人民政府按照国家有关规定制定。申请设立民办学校,应当提交《中华人民共和国民办教育促进法》等法律法规和学校设置标准规定的材料、学校党组织建设有关材料。

第六条 审批机关对批准正式设立的民办学校发给办学许可证;对不批准正式设立的,应当以书面形式向申请人说明理由。

第三章 分类登记

第七条 正式批准设立的非营利性民办学校,符合《民办非企业单位登记管理暂行条例》等民办非企业单位登记管理有关规定的到民政部门登记为民办非企业单位,符合《事业单位登记管理暂行条例》等事业单位登记管理有关规定的到事业单位登记管理机关登记为事业单位。

第八条 实施本科以上层次教育的非营利性民办高等学校,由省级人民政府相关部门办理登记。实施专科以下层次教育的非营利性民办学校,由省级人民政府确定的县级以上人民政府相关部门办理登记。

第九条 正式批准设立的营利性民办学校,依据法律法规规定的管辖权限到工商行政管理部门办理登记。

第十条 登记管理机关对符合登记条件的民办学校,依法依规予以登记,并核发登记证或者营业执照;对不符合登记条件的,不予登记,并以书面形式向申请人说明理由。

第十一条　民办学校的名称应当符合国家有关规定,体现学校的办学层次和类别。

第四章　事项变更和注销登记

第十二条　民办学校涉及办学许可证、登记证或者营业执照上事项变更的,依照法律法规和有关规定到原发证机关办理变更手续。其中,民办本科高等学校办学许可证上除名称外需核准的其他事项变更,由省级人民政府核准。

第十三条　民办学校终止办学应当及时办理撤销建制、注销登记手续,将办学许可证、登记证或者营业执照正副本缴回原发证机关。

第五章　现有民办学校分类登记

第十四条　现有民办学校选择登记为非营利性民办学校的,依法修改学校章程,继续办学,履行新的登记手续。

第十五条　现有民办学校选择登记为营利性民办学校的,应当进行财务清算,经省级以下人民政府有关部门和相关机构依法明确土地、校舍、办学积累等财产的权属并缴纳相关税费,办理新的办学许可证,重新登记,继续办学。

第十六条　民办学校变更登记类型的办法由省级人民政府根据国家有关规定,结合地方实际制定。

第六章　附则

第十七条　本细则所称现有民办学校为2016年11月7日《全国人民代表大会常务委员会关于修改〈中华人民共和国民办教育促进法〉的决定》公布前经批准设立的民办学校。本细则所称的审批机关包括县级以上教育、人力资源社会保障部门以及省级人民政府。本细则所称的登记管理机关包括县级以上民政、编制、工商行政管理部门。

第十八条　本细则由教育部、人力资源社会保障部、民政部、中央编办、工商总局负责解释。

教育部 人力资源社会保障部 工商总局关于印发《营利性民办学校监督管理实施细则》的通知

教发〔2016〕20号

各省、自治区、直辖市教育厅（教委）、人力资源社会保障厅（局）、工商行政管理局：

2016年11月7日，全国人民代表大会常务委员会通过了《全国人民代表大会常务委员会关于修改〈中华人民共和国民办教育促进法〉的决定》，规定对民办学校实行非营利性和营利性分类管理，并以国家主席习近平签署的中华人民共和国主席令（第五十五号）予以公布。《国务院关于鼓励社会力量兴办教育促进民办教育健康发展的若干意见》（国发〔2016〕81号，以下简称《若干意见》），全面部署了民办教育改革发展的各项政策措施。为深入贯彻落实党中央、国务院的决策部署，确保分类管理改革的有序推进，特研究制定《营利性民办学校监督管理实施细则》，现予印发。

民办学校分类管理是党中央、国务院确定的重大改革方向，是贯彻落实《民办教育促进法》修法精神的重要举措，是深化教育领域综合改革的重要内容。请各地务必高度重视，紧密结合《民办教育促进法》和《若干意见》的贯彻落实，科学稳妥做好营利性民办学校监督管理各项工作，明确任务，细化要求，落实责任，确保党中央、国务院决策部署的切实落地和教育系统的和谐稳定。

教育部 人力资源社会保障部 工商总局
2016年12月30日

营利性民办学校监督管理实施细则

第一章 总则

第一条 为贯彻落实《国务院关于鼓励社会力量兴办教育促进民办教育健康发展的若干意见》，规范营利性民办学校办学行为，促进民办教育健康发展，根据《中华人民共和国教育法》《中华人民共和国民办教育促进法》和2016年11月7日《全国人民代表大会常务委员会关于修改〈中华人民共和国民办教育促进法〉的决定》等法律法规，制定本细则。

第二条　社会组织或者个人可以举办营利性民办高等学校和其他高等教育机构、高中阶段教育学校和幼儿园，不得设立实施义务教育的营利性民办学校。

社会组织或者个人不得以财政性经费、捐赠资产举办或者参与举办营利性民办学校。

第三条　营利性民办学校应当遵守国家法律法规，全面贯彻党的教育方针，坚持党的领导，坚持社会主义办学方向，坚持立德树人，对受教育者加强社会主义核心价值观教育，培养德、智、体、美等方面全面发展的社会主义建设者和接班人。

营利性民办学校应当坚持教育的公益性，始终把培养高素质人才、服务经济社会发展放在首位，实现社会效益与经济效益相统一。

第四条　审批机关、工商行政管理部门和其他相关部门在职责范围内，依法对营利性民办学校行使监督管理职权。

第二章　学校设立

第五条　批准设立营利性民办学校参照国家同级同类学校设置标准，一般分筹设、正式设立两个阶段。经批准筹设的营利性民办学校，举办者应当自批准筹设之日起3年内提出正式设立申请，3年内未提出正式设立申请的，原筹设批复文件自然废止。

营利性民办学校在筹设期内不得招生。

第六条　审批机关应当坚持高水平、有特色导向批准设立营利性民办学校。设立营利性民办高等学校，应当纳入地方高等学校设置规划，按照学校设置标准、办学条件和学科专业数量等严格核定办学规模。中等以下层次营利性民办学校办学规模由省级人民政府根据当地实际制定。

第七条　营利性民办学校注册资本数额要与学校类别、层次、办学规模相适应。

第八条　举办营利性民办学校的社会组织或者个人应当具备与举办学校的层次、类型、规模相适应的经济实力，其净资产或者货币资金能够满足学校建设和发展的需要。

第九条　举办营利性民办学校的社会组织，应当具备下列条件：

（一）有中华人民共和国法人资格。

（二）信用状况良好，未被列入企业经营异常名录或严重违法失信企业名单，无不良记录。

（三）法定代表人有中华人民共和国国籍，在中国境内定居，信用状况良好，无犯罪记录,有政治权利和完全民事行为能力。

第十条　举办营利性民办学校的个人,应当具备下列条件:

(一)有中华人民共和国国籍,在中国境内定居。

(二)信用状况良好,无犯罪记录。

(三)有政治权利和完全民事行为能力。

第十一条　申请筹设营利性民办学校,举办者应当提交下列材料:

(一)筹设申请报告。内容主要包括:举办者的名称、地址或者姓名、住址及其资质,筹设学校的名称、地址、办学层次、办学规模、办学条件、培养目标、办学形式、内部管理机制、党组织设置、经费筹措与管理使用等。

(二)设立学校论证报告。

(三)举办者资质证明文件。举办者是社会组织的,应当包括社会组织的许可证、登记证或者营业执照、法定代表人有效身份证件复印件,决策机构、权力机构负责人及组成人员名单和有效身份证件复印件,有资质的会计师事务所出具的该社会组织近2年的年度财务会计报告审计结果,决策机构、权力机构同意投资举办学校的决议。举办者是个人的,应当包括有效身份证件复印件、个人存款、有本人签名的投资举办学校的决定等证明文件。

(四)资产来源、资金数额及有效证明文件,并载明产权。

(五)民办学校举办者再申请举办营利性民办学校的,还应当提交其举办或者参与举办的现有民办学校的办学许可证、登记证或者营业执照、组织机构代码证、校园土地使用权证、校舍房屋产权证明复印件,近2年年度检查的证明材料,有资质的会计师事务所出具的学校上年度财务会计报告审计结果。

(六)有两个以上举办者的,应当提交合作办学协议,明确各举办者的出资数额、出资方式、权利义务,举办者的排序、争议解决办法等内容。出资计入学校注册资本的,应当明确各举办者计入注册资本的出资数额、出资方式、占注册资本的比例。

第十二条　申请正式设立营利性民办学校,举办者应当提交下列材料:

(一)正式设立申请报告。

(二)筹设批准书。

(三)举办者资质证明文件。提交材料同本细则第十一条第(三)项。

(四)学校章程。

(五)学校首届董事会、监事(会)、行政机构负责人及组成人员名单和有效身份证件复印件。

(六)学校党组织负责人及组成人员名单和有效身份证件复印件,教职工党员名单。

（七）学校资产及其来源的有效证明文件。

（八）学校教师、财会人员名单及资格证明文件。

第十三条　直接申请正式设立营利性民办学校的，须提交本细则第十一条第（二）项规定的材料、第十二条除第（二）项以外的材料。

第十四条　审批机关对批准正式设立的营利性民办学校发给办学许可证；对不批准正式设立的，应当书面说明理由。经审批正式设立的营利性民办学校应当依法到工商行政管理部门登记。

第十五条　设立营利性民办学校，要坚持党的建设同步谋划、党的组织同步设置、党的工作同步开展。

第三章　组织机构

第十六条　营利性民办学校应当建立董事会、监事（会）、行政机构，同时建立党组织、教职工（代表）大会和工会。

营利性民办学校法定代表人由董事长或者校长担任。

第十七条　营利性民办学校董事会、行政机构、校长应当依据国家有关法律法规和学校章程设立和行使职权。

第十八条　营利性民办学校监事会中教职工代表不得少于1/3，主要履行以下职权：

（一）检查学校财务。

（二）监督董事会和行政机构成员履职情况。

（三）向教职工（代表）大会报告履职情况。

（四）国家法律法规和学校章程规定的其他职权。

第十九条　有犯罪记录、无民事行为能力或者限制行为能力者不得在学校董事会、监事会、行政机构任职。一个自然人不得同时在同一所学校的董事会、监事会任职。

第二十条　营利性民办学校应当切实加强党组织建设，强化党组织政治核心和政治引领作用，在事关学校办学方向、师生重大利益的重要决策中发挥指导、保障和监督作用。推进双向进入、交叉任职，党组织书记应当通过法定程序进入学校董事会和行政机构，党员校长、副校长等行政机构成员可按照党的有关规定进入党组织领导班子。监事会中应当有党组织领导班子成员。营利性民办学校应当加强共青团组织建设，充分发挥教职工（代表）大会和工会的作用。

第四章　教育教学

第二十一条　营利性民办学校应当以培养人才为中心，遵循教育规律，不断提高教育教学质量,增强受教育者的社会责任感、创新精神、实践能力。

第二十二条 营利性民办学校应当抓好思想政治教育和德育工作。加强思想政治理论课和思想品德课教学,推进中国特色社会主义理论体系进教材、进课堂、进头脑。深入开展理想信念、爱国主义、集体主义、中国特色社会主义教育和中华优秀传统文化、革命传统文化、民族团结教育,引导师生员工树立正确的世界观、人生观、价值观。

第二十三条 实施学历教育的营利性民办学校应当按照国家规定设置专业、开设课程、选用教材。营利性民办幼儿园应当依据国家和地方有关规定科学开展保育和教育活动。

第二十四条 营利性民办学校招收学历教育学生、境外学生应当遵守国家有关规定,招生简章和广告应当报审批机关备案。其中,本科高等学校的招生简章和广告应当报省级人民政府教育行政部门备案。

第二十五条 营利性民办学校聘任的教师应当具备国家规定的教师资格或者相关专业技能资格,学校应当按照《中华人民共和国教师法》《中华人民共和国劳动合同法》等国家法律法规和有关规定与教职工签订劳动合同。学校应当加强教师师德建设和业务培训,依法保障教职工工资、福利待遇和其他合法权益。学校聘任外籍教师应当符合国家有关规定。

第五章 财务资产

第二十六条 营利性民办学校执行《中华人民共和国公司法》及有关法律规定的财务会计制度。学校应当独立设置财务管理机构,统一学校财务核算,不得账外核算。

第二十七条 营利性民办学校应当建立健全财务内部控制制度,按实际发生数列支,不得虚列虚报,不得以计划数或者预算数代替实际支出数。

第二十八条 营利性民办学校按学期或者学年收费,收费项目及标准应当向社会公示30天后执行。不得在公示的项目和标准外收取其他费用,不得以任何名义向学生摊派费用或者强行集资。

第二十九条 营利性民办学校收入应当全部纳入学校财务专户,出具税务部门规定的合法票据,由学校财务部门统一核算、统一管理,保障学校的教育教学、学生资助、教职工待遇以及学校的建设和发展。学校应当将党建工作、思想政治工作和群团组织工作经费纳入学校经费预算。

第三十条 营利性民办学校拥有法人财产权,存续期间,学校所有资产由学校依法管理和使用,任何组织和个人不得侵占、挪用、抽逃。营利性民办学校举办者不得抽逃注册资本,不得用教育教学设施抵押贷款、进行担保,办学结余分配应当在年度财务结算后进行。

第三十一条 营利性民办学校应当建立健全学校风险防范、安全管理制度和应急预警处理机制，保障学校师生权益、生命财产安全，维护学校安全稳定。学校法定代表人是学校安全稳定工作的第一责任人。

第六章 信息公开

第三十二条 营利性民办学校应当依据法律法规建立信息公开制度及信息公开保密审查机制，公开的信息不得危及国家安全、公共安全、经济安全、社会稳定和学校安全稳定。

第三十三条 营利性民办高等学校信息公开内容应当执行《高等学校信息公开办法》等国家有关规定，其他营利性民办学校信息公开办法由地方人民政府学校主管部门制定。

第三十四条 营利性民办学校应当按照《企业信息公示暂行条例》规定，通过国家企业信用信息公示系统，公示年度报告信息、行政许可信息以及行政处罚信息等信用信息。

第三十五条 营利性民办学校信息应当通过学校网站、信息公告栏、电子屏幕等场所和设施公开，并可根据需要设置公共阅览室、资料索取点方便调取和查阅。除学校已经公开的信息外，社会组织或者个人可以书面形式向学校申请获取其他信息。

第七章 变更与终止

第三十六条 营利性民办学校分立、合并、终止及其他重大事项变更，应当由学校董事会通过后报审批机关审批、核准，并依法向工商行政管理部门申请变更、注销登记手续。其中，营利性民办本科高等学校分立、合并、终止、名称变更由教育部审批，其他事项变更由省级人民政府核准。

第三十七条 营利性民办学校分立、合并、终止及其他重大事项变更，应当制定实施方案和应急工作预案，并按隶属关系报学校主管部门备案，保障学校教育教学秩序和师生权益不受影响。

第三十八条 营利性民办学校有下列情形之一的，应当终止：

（一）根据学校章程规定要求终止，并经审批机关批准的。

（二）被吊销办学许可证的。

（三）因资不抵债无法继续办学的。

第三十九条 营利性民办学校终止时，应当依法进行财务清算，财产清偿依据《中华人民共和国民办教育促进法》等法律法规和学校章程的规定处理，切实保障学校师生和相关方面的权益。

第四十条 营利性民办学校终止时,应当及时办理建制撤销、注销登记手续,将学校办学许可证正副本、印章交回原审批机关,将营业执照正副本缴回原登记管理机关。

第四十一条 营利性民办学校发生分立、合并、终止等重大事项变更,学校党组织应当及时向上级党组织报告,上级党组织应当及时对学校党组织的变更或者撤销作出决定。

第八章 监督与处罚

第四十二条 教育、人力资源社会保障行政部门依据《中华人民共和国民办教育促进法》规定的管理权限,对营利性民办学校实施年度检查制度。工商行政管理部门对营利性民办学校实施年度报告公示制度。

第四十三条 教育、人力资源社会保障行政部门依据《中华人民共和国民办教育促进法》规定的管理权限,加大对营利性民办学校招生简章的监管力度,对于使用未经备案的招生简章、发布虚假招生简章的民办学校依法依规予以处理。

第四十四条 教育、人力资源社会保障行政部门依据《中华人民共和国民办教育促进法》规定的管理权限,加强对营利性民办学校办学行为和教育教学质量的监督管理,依法依规开展督导和检查,组织或者委托社会组织定期进行办学水平和教育教学质量评估,并向社会公布评估结果。

第四十五条 教育行政部门应当加强对实施学历教育的营利性民办学校执行电子学籍和学历证书电子注册制度情况的监督,对非法颁发或者伪造学历证书、学位证书的营利性民办学校依法予以处理。

第四十六条 地方教育、人力资源社会保障及其他相关部门应当通过实施审计、建立监管平台等措施对营利性民办学校财务资产状况进行监督。

第四十七条 营利性民办学校违反《中华人民共和国教育法》《中华人民共和国民办教育促进法》及相关法律法规,有下列行为之一的,由教育、人力资源社会保障、工商行政部门或者其他相关部门依法责令限期改正,并予以警告;有违法所得的,退还所收费用后没收违法所得;情节严重的,责令停止招生、吊销办学许可证;构成犯罪的,依法追究刑事责任:

(一)办学方向、教学内容、办学行为违背党的教育方针,违反国家相关法律规定。

(二)办学条件达不到国家规定标准,存在安全隐患。

(三)提供虚假资质或者进行虚假广告、宣传等行为。

(四)筹设期间违规招生,办学期间违规收费。

（五）因学校责任造成教育教学及安全事故。

（六）抽逃办学资金、非法集资。

（七）存在其他违反法律法规行为。

第四十八条　民办学校有下列情形之一的,其举办者不得再举办或者参与举办营利性民办学校:

（一）法人财产权未完全落实。

（二）民办学校属营利性的,其被列入企业经营异常名录或严重违法失信企业名单。

（三）办学条件不达标。

（四）近2年有年度检查不合格情况。

（五）法律法规规定的其他情形。

第九章　附则

第四十九条　营利性民办培训机构参照本细则执行。

第五十条　本细则由教育部、人力资源社会保障部、工商总局负责解释。

教育部等十四部门关于印发《中央有关部门贯彻实施〈国务院关于鼓励社会力量兴办教育促进民办教育健康发展的若干意见〉任务分工方案》的通知

教发函〔2017〕88号

各省、自治区、直辖市教育厅（教委）、编办、发展改革委、公安厅（局）、民政厅（局）、财政厅（局）、人力资源社会保障厅（局）、国土资源厅（局）、住房城乡建设厅（局）、国家税务局、地方税务局、工商行政管理局、银监局、证监局，中国人民银行上海总部、各分行、营业管理部、各省会（首府）城市中心支行、副省级城市中心支行：

为贯彻落实《国务院关于鼓励社会力量兴办教育促进民办教育健康发展的若干意见》（国发〔2016〕81号），教育部、中央编办、国家发展改革委、公安部、民政部、财政部、人力资源社会保障部、国土资源部、住房城乡建设部、人民银行、税务总局、工商总局、银监会、证监会等部门联合制定了《中央有关部门贯彻实施〈国务院关于鼓励社会力量兴办教育促进民办教育健康发展的若干意见〉任务分工方案》，现印发给你们，请结合本地实际，明确责任分工，落实相关工作。

教育部　中央编办　国家发展改革委

公安部　民政部　财政部

人力资源社会保障部　国土资源部　住房城乡建设部

人民银行　税务总局　工商总局

银监会　证监会

2017年7月7日

中央有关部门贯彻实施《国务院关于鼓励社会力量兴办教育促进民办教育健康发展的若干意见》任务分工方案

为贯彻落实《国务院关于鼓励社会力量兴办教育促进民办教育健康发展的

若干意见》（国发〔2016〕81号），推动相关部门形成工作合力，根据有关部门职责，现制定本分工方案（列在分工项目首位的为牵头部门，其他为参加部门）。

一、工作分工

（一）加强党对民办学校的领导

1. 切实加强民办学校党的建设。全面加强民办学校党的思想建设、组织建设、作风建设、反腐倡廉建设、制度建设。（教育部、人力资源社会保障部）

2. 完善民办学校党组织设置，理顺民办学校党组织隶属关系，健全各级党组织工作保障机制，选好配强民办学校党组织负责人。（教育部、人力资源社会保障部）

3. 民办学校党组织要发挥政治核心作用，强化思想引领，牢牢把握社会主义办学方向，牢牢把握党对民办学校意识形态工作的领导权、话语权，切实维护民办学校和谐稳定。（教育部、人力资源社会保障部）

4. 民办高校党组织负责人兼任政府派驻学校的督导专员。实现学校基层党组织全覆盖、党建工作上水平，有效发挥基层党组织的战斗堡垒作用和共产党员先锋模范作用。积极做好党员发展和教育管理服务工作。（教育部、人力资源社会保障部）

5. 坚持党建带群建，加强民办学校团组织建设。（教育部、人力资源社会保障部）

6. 各地要把民办学校党组织建设、党对民办学校的领导作为民办学校年度检查的重要内容。（教育部、人力资源社会保障部）

7. 加强和改进民办学校思想政治教育工作。（教育部、人力资源社会保障部）

（二）创新体制机制

8. 对民办学校（含其他民办教育机构）实行非营利性和营利性分类管理。（教育部、人力资源社会保障部、中央编办、民政部、工商总局）

9. 对现有民办学校按照举办者自愿的原则，通过政策引导，实现分类管理。（民办教育工作部际联席会议成员单位）

10. 国家积极鼓励和大力支持社会力量举办非营利性民办学校。各级人民政府要完善制度政策，在政府补贴、政府购买服务、基金奖励、捐资激励、土地划拨、税费减免等方面对非营利性民办学校给予扶持。各级人民政府可根据经济社会发展需要和公共服务需求，通过政府购买服务及税收优惠等方式对营利性民办学校给予支持。（教育部、财政部、国家发展改革委、人力资源社会保障部、

国土资源部、税务总局）

11. 社会力量投入教育，只要不属于法律法规禁止进入以及不损害第三方利益、社会公共利益、国家安全的领域，政府不得限制。政府制定准入负面清单，列出禁止和限制的办学行为。各地要重新梳理民办学校准入条件和程序，进一步简政放权，吸引更多的社会资源进入教育领域。（教育部、人力资源社会保障部）

12. 鼓励和吸引社会资金进入教育领域举办学校或者投入项目建设。创新教育投融资机制。鼓励金融机构在风险可控前提下开发适合民办学校特点的金融产品与服务，探索办理民办学校未来经营收入、知识产权质押贷款业务，提供银行贷款、信托、融资租赁等多样化的金融服务。（银监会、人民银行、教育部、人力资源社会保障部）

13. 鼓励社会力量对非营利性民办学校给予捐赠。（财政部、民政部、税务总局）

14. 推广政府和社会资本合作（PPP）模式，鼓励社会资本参与教育基础设施建设和运营管理、提供专业化服务。积极鼓励公办学校与民办学校相互购买管理服务、教学资源、科研成果。（教育部、人力资源社会保障部、财政部）

15. 探索举办混合所有制职业院校，允许以资本、知识、技术、管理等要素参与办学并享有相应权利。（教育部、人力资源社会保障部按照职能分工负责）

16. 鼓励营利性民办学校建立股权激励机制。（教育部、人力资源社会保障部）

17. 健全学校退出机制。（教育部、人力资源社会保障部、财政部、中央编办、民政部、工商总局）

（三）完善扶持制度

18. 各级人民政府可按照《中华人民共和国预算法》《中华人民共和国教育法》《中华人民共和国民办教育促进法》等法律法规和制度要求，因地制宜，调整优化教育支出结构，加大对民办教育的扶持力度。财政扶持民办教育发展的资金要纳入预算，并向社会公开，接受审计和社会监督，提高资金使用效益。（财政部、教育部、人力资源社会保障部）

19. 地方各级人民政府可按照国家关于基金会管理的规定设立民办教育发展基金。（财政部、教育部、人力资源社会保障部、民政部）

20. 民办学校学生与公办学校学生按规定同等享受助学贷款、奖助学金等国家资助政策。各级人民政府应建立健全民办学校助学贷款业务扶持制度，民办学校要建立健全奖助学金评定、发放等管理机制，应从学费收入中提取不少于 5% 的资金,用于奖励和资助学生。落实鼓励捐资助学的相关优惠政策措施,积极引导和鼓励企事业单位、社会组织和个人面向民办学校设立奖助学金,加大资助力度。（财政部、教育部、人力资源社会保障部、人民银行、银监会、税务总局）

21. 民办学校按照国家有关规定享受相关税收优惠政策。对企业办的各类学校、幼儿园自用的房产、土地,免征房产税、城镇土地使用税。对企业支持教育事业的公益性捐赠支出,按照税法有关规定,在年度利润总额 12% 以内的部分,准予在计算应纳税所得额时扣除;对个人支持教育事业的公益性捐赠支出,按照税收法律法规及政策的相关规定在个人所得税前予以扣除。非营利性民办学校与公办学校享有同等待遇,按照税法规定进行免税资格认定后,免征非营利性收入的企业所得税。（财政部、民政部、税务总局）

22. 民办学校用电、用水、用气、用热,执行与公办学校相同的价格政策。（国家发展改革委）

23. 民办学校建设用地按科教用地管理。非营利性民办学校享受公办学校同等政策,按划拨等方式供应土地。营利性民办学校按国家相应的政策供给土地。只有一个意向用地者的,可按协议方式供地。土地使用权人申请改变全部或者部分土地用途的,政府应当将申请改变用途的土地收回,按时价定价,重新依法供应。（国土资源部）

24. 规范民办学校收费。非营利性民办学校收费,通过市场化改革试点,逐步实行市场调节价,具体政策由省级人民政府根据办学成本以及本地公办教育保障程度、民办学校发展情况等因素确定。营利性民办学校收费实行市场调节价,具体收费标准由民办学校自主确定。政府依法加强对民办学校收费行为的监管。（国家发展改革委、教育部、人力资源社会保障部）

25. 扩大民办高等学校和中等职业学校专业设置自主权,鼓励学校根据国家战略需求和区域产业发展需要,依法依规设置和调整学科专业。民办中小学校在完成国家规定课程前提下,可自主开展教育教学活动。支持民办学校参与考试招生制度改革。社会声誉好、教学质量高、就业有保障的民办高等职业学校,可在核定的办学规模内自主确定招生范围和年度招生计划。中等以下层次民办学校按照国家有关规定,在核定的办学规模内,与当地公办学校同期面向社会自主招生。各地不得对民办学校跨区域招生设置障碍。（教育部、人力资源社会保障部）

26. 完善学校、个人、政府合理分担的民办学校教职工社会保障机制。民办学校应依法为教职工足额缴纳社会保险费和住房公积金。鼓励民办学校按规定为教职工建立补充养老保险,改善教职工退休后的待遇。落实跨统筹地区社会保险关系转移接续政策,完善民办学校教师户籍迁移等方面的服务政策,探索建立民办学校教师人事代理制度和交流制度,促进教师合理流动。(教育部、人力资源社会保障部按职能分工负责)

27. 民办学校教师在资格认定、职务评聘、培养培训、评优表彰等方面与公办学校教师享有同等权利。(教育部、人力资源社会保障部)

28. 非营利性民办学校教师享受当地公办学校同等的人才引进政策。(教育部、人力资源社会保障部)

29. 民办学校学生在评奖评优、升学就业、社会优待、医疗保险等方面与同级同类公办学校学生享有同等权利。依法落实民办学校师生对学校办学管理的知情权、参与权,保障师生参与民主管理和民主监督的权利。完善民办学校师生争议处理机制,维护师生的合法权益。(教育部、人力资源社会保障部)

(四)加快现代学校制度建设

30. 民办学校要依法制定章程,按照章程管理学校。健全董事会(理事会)和监事(会)制度,董事会(理事会)和监事(会)成员依据学校章程规定的权限和程序共同参与学校的办学和管理。(教育部、人力资源社会保障部)

31. 董事会(理事会)应当优化人员构成,由举办者或者其代表、校长、党组织负责人、教职工代表等共同组成。监事会中应当有党组织领导班子成员。探索实行独立董事(理事)、监事制度。健全党组织参与决策制度,积极推进"双向进入、交叉任职",学校党组织领导班子成员通过法定程序进入学校决策机构和行政管理机构,党员校长、副校长等行政机构成员可按照党的有关规定进入党组织领导班子。(教育部、人力资源社会保障部、中央编办、民政部、工商总局)

32. 学校党组织要支持学校决策机构和校长依法行使职权,督促其依法治教、规范管理。完善校长选聘机制,依法保障校长行使管理权。民办学校校长应熟悉教育及相关法律法规,具有 5 年以上教育管理经验和良好办学业绩,个人信用状况良好。学校关键管理岗位实行亲属回避制度。完善教职工代表大会和学生代表大会制度。(教育部、人力资源社会保障部)

33. 健全资产管理制度。民办学校应当明确产权关系,建立健全资产管理制度。民办学校举办者应依法履行出资义务,将出资用于办学的土地、校舍和其他资产足额过户到学校名下。存续期间,民办学校对举办者投入学校的资产、国有资产、受赠的财产以及办学积累享有法人财产权,任何组织和个人不得侵占、挪用、抽逃。(教育部、人力资源社会保障部、财政部)

34. 健全财务会计制度。进一步规范民办学校会计核算,建立健全第三方审计制度。非营利性和营利性民办学校按照登记的法人属性,根据国家有关规定执行相应的会计制度。民办学校要明晰财务管理,依法设置会计账簿。民办学校应将举办者出资、政府补助、受赠、收费、办学积累等各类资产分类登记入账,定期开展资产清查,并将清查结果向社会公布。各地要探索制定符合民办学校特点的财务管理办法,完善民办学校年度财务、决算报告和预算报告报备制度。(财政部、教育部、人力资源社会保障部)

35. 民办学校要诚实守信、规范办学。办学条件应符合国家和地方规定的设置标准和有关要求,在校生数要控制在审批机关核定的办学规模内。要按照国家和地方有关规定做好宣传、招生工作,招生简章和广告须经审批机关备案。具有举办学历教育资格的民办学校,应按国家有关规定做好学籍管理工作,对招收的学历教育学生,学习期满成绩合格的颁发毕业证书,对未达到学历教育要求的发给结业证书或者其他学业证书;对符合学位授予条件的学生,颁发相应的学位证书。各类民办学校对招收的非学历教育学生,发给结业证书或者培训合格证书。(教育部、人力资源社会保障部)

36. 民办学校应遵守国家有关安全法律、法规和规章,重视校园安全工作,确保校园安全技术防范系统建设符合国家和地方有关标准,学校选址和校舍建筑符合国家抗震设防、消防技术等相关标准。(教育部、人力资源社会保障部、住房城乡建设部、公安部)

37. 建立健全安全管理制度和应急机制,制定和完善突发事件应急预案,定期开展安全检查、巡查,及时发现和消除安全隐患。加强学生和教职员工安全教育培训,定期开展针对上课、课间、午休等不同场景的安全演练,提高师生安全意识和逃生自救能力。建立安全工作组织机构,配备学校内部安全保卫人员,明确安全工作职责。(教育部、人力资源社会保障部、公安部)

(五)提高教育教学质量

38. 积极引导民办学校服务社会需求,更新办学理念,深化教育教学改革,创新办学模式,加强内涵建设,提高办学质量。学前教育阶段鼓励举办普惠性民办幼儿园,坚持科学保教,防止和纠正"小学化"现象。中小学校要执行国家课程方案和课程标准,坚持特色办学优质发展,满足多样化需求。职业院校应明确技术技能人才培养定位,服务区域经济和产业发展,深化产教融合、校企合作,提高技术技能型人才培养水平。鼓励举办应用技术类本科高等学校,培养适应经济结构调整、产业转型升级和新产业、新业态、新商业模式需要的人才。充分发挥民办教育在完善终身教育体系、构建学习型社会中的积极作用。(教育部、人力资源社会保障部)

39. 各级人民政府和民办学校要把教师队伍建设作为提高教育教学质量的

主要任务。各地要将民办学校教师队伍建设纳入教师队伍建设整体规划。民办学校要着力加强教师思想政治工作,建立健全教育、宣传、考核、监督与奖惩相结合的师德建设长效机制,全面提升教师师德素养。加强辅导员、班主任队伍建设。加强教学研究活动,重视青年教师培养,加大教师培训力度,不断提高教师的业务能力和水平。学校要在学费收入中安排一定比例资金用于教师培训。要关心教师工作和生活,提高教师工资和福利待遇。吸引各类高层次人才到民办学校任教,做到事业留人、感情留人、待遇留人。(教育部、人力资源社会保障部)

40. 鼓励支持高水平有特色民办学校培育优质学科、专业、课程、师资、管理,整体提升教育教学质量,着力打造一批具有国际影响力和竞争力的民办教育品牌,着力培养一批有理想、有境界、有情怀、有担当的民办教育家。允许民办高等学校和中等职业学校与世界高水平同类学校在学科、专业、课程建设以及人才培养等方面开展交流。(教育部、人力资源社会保障部)

(六)提高管理服务水平

41. 各级人民政府要将发展民办教育纳入经济社会发展和教育事业整体规划,加强制度建设、标准制定、政策实施、统筹协调等工作,积极推进民办教育改革发展。(教育部、人力资源社会保障部)

42. 国务院建立由教育部牵头,中央编办、国家发展改革委、公安部、民政部、财政部、人力资源社会保障部、国土资源部、住房城乡建设部、人民银行、税务总局、工商总局、银监会、证监会等部门参加的部际联席会议制度,协调解决民办教育发展中的重点难点问题,不断完善制度政策,优化民办教育发展环境。各地也应建立相应的部门协调机制。要将鼓励支持社会力量兴办教育作为考核各级人民政府改进公共服务方式的重要内容。(民办教育工作部际联席会议成员单位)

43. 各级人民政府和行政管理部门要积极转变职能,减少事前审批,加强事中事后监管,提高政府管理服务水平。进一步清理涉及民办教育的行政许可事项,向社会公布权力清单、责任清单,严禁法外设权。改进许可方式,简化许可流程,明确工作时限,规范行政许可工作。建立民办教育管理信息系统,推广电子政务和网上办事,逐步实现日常管理事项网上并联办理,及时主动公开行政审批事项,提高服务效率,接受社会监督。(民办教育工作部际联席会议成员单位)

44. 加强民办教育管理机构建设,强化民办教育督导,完善民办学校年度报告和年度检查制度。加强对新设立民办学校举办者的资格审查。完善民办学校财务会计制度、内部控制制度、审计监督制度,加强风险防范。推进民办教育信息公开,建立民办学校信息强制公开制度。建立违规失信惩戒机制,将违规办学的学校及其举办者和负责人纳入"黑名单",规范学校办学行为。健全联合执法机制,加大对违法违规办学行为的查处力度。大力推进管办评分离,建立民办学校第三方质量认证和评估制度。民办学校行政管理部门根据评估结果,对办学质量不合格的民办学校予以警告、限期整改直至取消办学资格。(民办教育工作部际联席会议成员单位)

45. 发挥行业组织作用。积极培育民办教育行业组织,支持行业组织在行业自律、交流合作、协同创新、履行社会责任等方面发挥桥梁和纽带作用。依托各类专业机构开展民办学校咨询服务等工作。支持非营利性民办高等学校联盟等行业组织及其他教育中介组织在引导民办学校坚持公益性办学、创新人才培养模式、提升人才培养质量等方面发挥作用。(教育部、人力资源社会保障部、中央编办、民政部、工商总局)

46. 深入推进民办教育综合改革,鼓励地方和学校先行先试,总结推广试点地区和学校的成功做法和先进经验。加大对民办教育的宣传力度,按照国家有关规定奖励和表彰对民办教育改革发展作出突出贡献的集体和个人,树立民办教育良好社会形象,努力营造全社会共同关心、共同支持社会力量兴办教育的良好氛围。(教育部、人力资源社会保障部、财政部)

47. 国务院有关部门要进一步解放思想,凝聚共识,加强领导,周密部署,切实落实鼓励社会力量兴办教育的各项政策措施。地方各级人民政府要根据本意见,因地制宜,积极探索,稳步推进,抓紧制定出台符合地方实际的实施意见和配套措施。(民办教育工作部际联席会议成员单位)

二、工作要求

(一)各有关部门要按照国务院部署,高度重视,精心组织,认真落实鼓励社会力量兴办教育,促进民办教育健康发展的各项改革任务。牵头部门对分工任务负总责,大力推进相关工作,及时汇总进展情况。参加部门要积极配合,依据各自职能主动作为,确保改革发展任务目标如期实现。

(二)请各牵头部门会同参加部门研究制定各项任务具体落实工作方案,包括落实方式及时间进度安排。分工任务中,属于制度建设的,要抓紧研究,拿出办法;属于政策落实的,要尽快明确时间表、路线图;属于原则要求的,要认真调查研究,明确具体措施;属于由地方政府负责实施的,各有关部门要加强督促检查和业务指导,推动落实。

（三）教育部要加强工作协调，及时跟进各项工作的具体落实情况。各有关部门要从 2017 年起，于每年 11 月底前将负责工作的年度落实情况和下一年度工作安排报教育部，由教育部汇总报国务院。

关于印发《青岛市民办教育三年行动计划（2018—2020年）》的通知

青教通字〔2017〕57号

各区、市教（体）育局、高新区社会事业局，有关民办学校，机关各处室：

《青岛市民办教育三年行动计划（2018—2020年）》，已经市教育局局长办公会讨论通过，现印发给你们，望根据各自实际，认真贯彻实施。

青岛市教育局

2017年8月29日

青岛市民办教育三年行动计划

（2018—2020年）

根据《青岛市人民政府关于加快发展民办教育的意见》（青政发〔2014〕10号）、青岛市教育局等12部门关于《积极支持民间资本进入教育领域促进民办教育健康发展办法》（青教通字〔2016〕20号），为全面落实《青岛市"十三五"教育发展规划》，全面促进我市民办教育健康稳定可持续发展，现根据实际，制定《青岛市民办教育三年行动计划（2018—2020年）》（本计划特指非营利性民办教育）。

一、指导思想

贯彻落实党的十八届五中、六中全会精神，将民办教育作为教育事业发展的重要增长点和促进教育改革的重要力量，创新发展机制，落实扶持政策，突出重点，在财政支持、政策优惠、队伍建设、财产管理等方面，形成科学合理的民办教育公共政策体系。积极支持民间资本进入教育领域，鼓励捐资或出资办学，独立举办或合作举办等多种形式兴办教育。强化教育供给侧改革意识，坚持需求和问题导向，按照"存量提质、增量优质"的原则，支持民办学校创新办学体制机制、育人模式和办学行为，促进公办、民办教育协同互补、良性竞争、健康可持续发展。

二、目标任务

到 2020 年,基本建立"办学主体多元化、办学形式多样化、教育资源特色化、教育服务优质化"的民办教育发展格局。争取通过三年左右的努力,在民办教育的发展规模、政策保障、体制机制、队伍建设、教育质量、办学水平和效益等方面,达到全国同类先进城市水平。

(一)民办教育规模进一步扩大。全市民办教育机构总量增加 20% 左右,其中民办中小学学历学校(含中等职业学校)增加 10 所,达到 80 所左右,占学历中小学总数的 7% 以上。

(二)民办教育财政支持力度进一步提高。在保证国家规定或要求的资金补助政策落实的基础上,落实我市民办教育专项资金,按照公办学校培养学生成本,给予民办学校一定比例的经费补助。

(三)优质民办教育资源规模不断扩大。引进和培育扶持一批总数不少于100 所的社会声誉好、教育质量高、办学效益优的社会教育培训机构。新批准开办的全市的民办中小学学历学校 100% 达到省定基本办学条件标准。

(四)民办教育师资队伍素质大幅度提高。校长、教师专业化水平明显提升,95% 以上的校长和专任教师达到规定学历和具备相应专业资格,其他教育教学辅助人员,应当全部持证上岗。

三、政策措施

(一)强化政府责任,加快完善民办教育公共服务体系

1. 落实民办教育公共财政投入责任。根据民办教育发展规模,结合公办学校经费拨款水平,完善民办教育发展专项资金管理使用办法。民办教育发展专项资金列入同级财政预算,专项资金总额根据实际情况,实施动态调整。建立政府购买教育服务机制,通过安排生均教育经费、保障教师待遇和专业发展经费、补助学校教学科研经费等形式对民办学校进行公共财政扶持,逐步完善差额补助、定额补助、项目补助、奖励性补助等多元化的公共财政资助体系。

2. 落实民办学校与公办学校享有同等的土地使用政策和待遇。各级国土等部门应将民间资本投入教育领域的基本建设项目纳入当地土地利用总体规划和年度土地利用计划。民间资本利用已规划配套教育用地举办民办学校的,应确保满足教育基本公共服务配套要求,并由教育部门先行出具相关意见。

3. 落实各级税务机关对取得非营利组织免税资格的民办学校实行与公办学校同等的税收优惠政策。民办学校在用水、用电、用气、用热、环境保护等方面享有与公办学校同等的待遇。

4. 促进各类社会性教育培训有序健康发展。各级教育部门要积极鼓励社会力量以适应社会需求和市场调节为原则，兴办各类非学历的成人继续教育、职业技能培训、业余文化培训等机构。鼓励扶持实力强、质量好的教育培训学校加快发展，实施连锁经营，发挥品牌效应。健全监管体系，加强规范管理，建立学费监管机制，规范市场秩序。

（二）加大改革力度，加快民办教育发展进程

1. 鼓励探索多元化投资办学模式。拓宽民间资本参与教育事业发展的渠道，吸引社会力量和民间资本进入教育领域，形成不同投资、不同举办主体公平有序的竞争环境，大幅提升公共教育资源的供给能力。支持各类办学主体通过独资、合资、合作等多种方式参与民办教育。鼓励行业、企业等社会力量参与公办学校办学，鼓励大中型企业以职业学校为重点投资办学。鼓励优质公办学校通过各种方式支持民办学校办学。对非营利性民办中小学，积极探索建立"社会投资建校、政府支持师资、收费保障运转、部门协调监管、资产学校所有"的民办教育发展体制。鼓励中外合作办学。探索委托管理等办学形式。

2. 完善民办教育融投资平台。依照国家有关规定，支持民办学校建立民办教育发展基金。支持社会力量设立教育投资公司。探索组建青岛教育发展投资集团有限公司，搭建教育投资运作实体平台，通过合理运用部分财政性资金、设立投资性资金、盘活存量资产等方式，吸引民间资本参与教育事业发展，鼓励以混合投资形式引导和支持社会力量投资兴办各类教育。建立完善资本运作监管机制，确保政府投入资产的安全性和效益最大化。

3. 加大教育引资力度。结合我市"十三五"教育发展规划和新一轮标准化学校建设，推出一批重点项目进入教育引资市场，引进民间资本建设优质学校，打造民办教育品牌。探索通过以土地、校舍等要素低租金或零租金等方式，吸引教育名家或品牌学校通过民办教育机制办学，建设高端学校。探索建立民办教育政府引导基金，促进各类民间资本进入教育领域，推动重点办学项目开展。

4. 建立民办学校风险防范机制。加强民办学校办学管理信息系统建设，完善办学风险评估、预警机制。民办学校或者其举办者以办学名义取得的土地使用权、校舍产权应当登记在学校名下，并向审批机关备案。

5. 建立民办学校信用等级评估制度。民办学校信用等级评估每两年开展一次，对办学行为规范、教学设施设备齐全、社会效益好、价格信用评价高的单位，将给予一定奖励。

（三）加强师资队伍建设，提高待遇和专业素养

1. 开展非营利性民办学校教师养老保险与公办学校教师同等待遇试点工

作。民办学校要按照有关规定为自聘教师办理基本养老社会保险、补充保险和住房公积金。要以实施教师资格制度和人事代理制度为基础,建立健全学校、政府、个人社会保险费用分担机制。民办学校按规定为教师缴纳基本养老保险和职业年金,财政将按照一定比例,进行事后补助。

2. 畅通人才引进渠道。民办学校引进符合市级和区市高层次人才条件的人员从事教学工作,如需纳入事业机构编制管理,由相应教育部门提出申请,机构编制部门审议通过后,将所需事业编制核定到教育部门所属公办学校,下达用编进人计划,纳入机构编制实名制管理。

引进符合人才政策的教师在住房安置、子女就学、政府特殊津贴、教科研经费等方面,享受当地人才管理办法所规定的同等优惠政策。

3. 落实公办教师到民办学校支教工作。制定支教工作计划,各区市每年定期委派公办校长、教师到民办学校挂职或安排民办学校校长、教师到公办学校挂职学习。其中到薄弱民办学校支教的公办教师在评优评先、职称评审中,享受公办教师到乡村学校支教政策。

4. 保障民办学校教师专业发展的同等待遇。民办学校教师在资格认定、职称评审、课题申报、评先评优、国际交流等方面享受与公办学校教师同等待遇。民办学校教师纳入教师进修培训计划,与公办学校教师同系列、同机会、同要求。

(四)改革创新管理模式,进一步提高民办教育质量

1. 完善民办教育监管机制。各级政府有关部门要依法履职、通力合作,建立对民办学校的沟通协调和联合监管机制。完善和细化民办学校年度检查工作并及时公布检查结果,接受社会监督。加强对民办学校的日常监管,依法查处教育培训机构无证无照经营、超范围经营、发布虚假广告等违法违规行为。发挥民办教育协会等行业协会作用,逐步完善行业自律等监督机制。

2. 完善民办学校法人治理结构。参照《青岛市中小学校管理办法》的要求,依法完善办学章程,充分发挥内部管理体制和运行机制灵活多样的优势,建立健全民办学校董事会(理事会)、行政机构和监事会,形成决策、执行、监督相互独立并相互制约的法人治理结构,形成自我管理、自我约束、自担风险机制。

3. 健全民办学校并购重组和举办者变更退出机制。除捐资举办的民办学校外,其他民办学校存续期间,出资或投资者对所有者权益(股权)可以依法增设、释股、转让、继承、赠与。

4. 实行民办学校属地化管理。对办学不规范、社会信誉差的民办学校,主管教育部门应会同相关职能部门,建立相应的风险预警、资产清算、监管与退

出、师生安置等管理办法。

5. 依法保护民办学校办学自主权。民办中小学在教育部门核定的办学规模内，面向社会自主招生；在完成国家规定课程前提下，按有关规定自主开展教育教学活动；经教育部门批准后，民办学校可引进境外课程和教材。公办学校参与举办的民办学校，应具备独立的法人资格，具有与公办学校相分离的校园和基本教育教学设施，实行独立的管理机制、独立的财务会计制度、独立的招生办法、独立的校本课程设置、独立的颁发学业证书"五独立"。

四、保障措施

（一）加强统筹协调。各区、市要结合各自实际制定行动计划，并认真组织实施。充分发挥民办教育联席会议制度的作用，加强对辖区内民办教育工作的统筹协调。各级教育部门要紧密依托和联合发展改革、编制、公安、民政、财政、人力资源和社会保障、城乡建设、国土资源、规划、价格、税务、工商等部门，按照青岛市教育局等12部门关于《积极支持民间资本进入教育领域促进民办教育健康发展办法》（青教通字〔2016〕20号）的要求，共同做好民办教育工作。

（二）加强督导考核。教育督导部门将落实民办教育三年行动计划重点工作纳入对各区市政府教育督导的内容。各级教育部门要加强三年行动计划实施情况的检查考核，对成绩突出的单位和个人予以表彰，并将结果向社会公示。

（三）加强宣传引导。要广泛宣传国家、省、市关于鼓励发展民办教育的法规、政策、措施和重大意义，培育发展民办教育的优秀典型，典型引路，多形式、多渠道、多层面积极展示民办教育发展成果，动员、鼓励全社会共同关心和支持民办教育发展，营造加快发展民办教育的良好社会氛围。

青岛市教育局印发《关于新形势下全面加强非营利性民办学校管理的若干措施》的通知

青教通字〔2017〕81号

各区、市教（体）育局，高新区人才服务和教育体育局，各民办学校，机关各处室：

《关于新形势下全面加强非营利性民办学校管理的若干措施》，已经市教育局研究通过。现印发给你们，请结合实际，认真贯彻执行。执行过程中的新情况、新问题，请及时报告我局。

青岛市教育局
2017年12月4日

关于新形势下全面加强非营利性民办学校管理的若干措施

为贯彻落实党的十九大精神和中央、省市关于民办教育工作的新要求，深化教育体制机制改革，进一步规范非营利性民办学校管理，促进民办教育健康稳定发展，现就新形势下全面加强非营利性民办学校管理，提出以下若干工作措施。

一、加强党对民办学校的领导

（一）健全党的组织。坚持应建必建，凡有3名以上正式党员的民办学校，都要单独建立党组织。党员人数不足3名的，可通过派入党员教师、推荐党员职工等方式，创造条件单独建立党组织；也可采取与公办学校联合组建、挂靠组建等形式建立联合党组织。

（二）选优配强党组织书记。选拔民办学校党组织书记要突出党性观念强、专业素质强的要求，一般从学校管理层中产生。符合条件的董（理）事长、校长，报经上级党组织同意，可担任学校党组织书记；民办学校除党组织成员外至少明确1名同志具体负责，保证党建工作有人管、有人抓。

（三）健全党组织参与决策和监督制度。涉及民办学校发展规划、重要改革、人事安排等重大事项，党组织要参与讨论研究，董（理）事会在作出决定前，要征得党组织同意。建立健全党组织与学校董（理）事会、监事会日常沟通协商制度，以及党组织与行政领导班子联席会议制度；强化党组织对学校重要决策实施的监督,定期组织党员、教职工代表等听取校长工作报告以及学校重大事项情况通报。

（四）提高思想政治教育和德育工作实效。推动习近平新时代中国特色社会主义思想进教材、进课堂、进头脑,把培育和践行社会主义核心价值观融入教书育人全过程、各环节。民办学校要加强教材、教学体系建设,优选经依法审定的思想政治课和德育课教材,保证足够的课时。党的组织书记每学期至少为师生讲1次形势政策课,解读好师生关心的热点难点问题。把思想政治教育和德育工作融入学生日常学习生活,抓好教室、寝室、图书馆、食堂和网络等思想文化阵地建设与管理。重视和加强校外第二课堂建设。

二、推进现代学校制度建设

（五）完善学校法人治理。民办学校要依法完善章程,按照章程自主管理学校。要完善学校内部管理体制和运行机制,建立健全决策机构（董事会或理事会）、执行机构（行政班子）和监督机构（党组织、监事会）,形成决策、执行、监督相对独立、相互支持的法人治理结构。要完善民办学校校长选聘机制,依法保障校长行使管理权。校长应熟悉教育及相关法律法规,具有5年以上教育管理经验和良好办学业绩,个人信用状况良好。民办学校关键管理岗位要实行亲属回避制。

（六）完善教职工代表大会制度。民办学校要依法保障教职工代表大会的民主管理和民主监督权,学校章程、发展规划、教职工队伍建设、教育教学改革、校园建设以及其他重大改革和重大问题解决方案的报告,须经教职工代表大会审议,提出意见和建议。对涉及教职工切身利益的事项和选举事项,应当采用无记名投票方式表决,经教职工代表大会全体代表半数以上通过方为有效。民办学校要实行校务信息公开制度,依照有关规定主动公开相关信息。

（七）建立健全资产管理和财务会计制度。民办学校应当明确产权关系,建立健全资产管理制度,要根据国家有关规定,执行非营利性民间组织的相应会计制度,依法设置会计账簿,实行会计核算并建立健全第三方审计制度。民办学历教育学校举办者应依法履行出资义务,将出资用于办学的土地、校舍和其他资产足额过户到学校名下;存续期间,应将举办者出资、政府补助、受赠、收费、办学积累等各类资产分类登记入账,定期开展资产清查,并将清查结果向社会公布。民办学校对举办者投入学校的资产、国有资产、受赠的财产以及办学积累享有法人财产权,任何组织和个人不得侵占、挪用、抽逃。

（八）落实安全管理责任。民办学校应遵守国家有关安全法规,确保校园安全技术防范系统建设符合国家和地方有关标准,学校选址和校舍建筑符合国家抗震设防、消防技术等相关要求。建立安全工作组织机构,建立健全安全管理制度,配备安全保卫人员。制定和完善突发事件应急预案,定期开展安全检查、巡查,及时发现和消除安全隐患。加强学生和教职员工安全教育培训,定期开展针对上课、课间、午休、用餐等不同场景的安全演练,提高师生安全意识和逃生自救能力。

三、加强对民办学校的监督管理

(九)强化年检工作。市、区(市)两级教育主管部门要切实发挥年检对民办学校管理的"总抓手"作用,严格工作要求、规范工作流程、完善检查内容。可采取政府购买服务的方式,集中招标确定会计机构,对民办学校财务年度报表进行统一审计,提高年检的真实性和实效性。实行"黄牌"和"黑名单"制度,对年检不合格学校进行警示,对严重违规违法办学机构、且不按照要求整改的,在依法处置的同时,列入黑名单,在网上公布,便于社会识别和监督。

(十)加强日常巡查抽查。市、区(市)两级教育主管部门要定期不定期组织对所属民办学校进行检查,重点是办学场所周边环境、学校管理秩序、教学设施配备、收费标准及办法、学校网站、宣传材料、招生广告、合同文本、课程设置与教师资质等状况。对于发现的问题,要求立即整改。制作"温馨提示",在各类民办学校突出位置张贴,提高广大市民维权意识和分辨能力,从源头上减少违法违规事件的发生。

(十一)健全举报投诉处置和社会监督员制度。市、区(市)两级教育主管部门和民办学校要加强对投诉举报公开电话管理,做到建章立制、专人负责,并严格执行首问责任制。信访投诉案件的处置,在证据搜集、流程运转、文书制作、答复处置等环节要依法、规范、统一、准确、及时。常年聘请人大代表、政协委员、业内人员、学生家长、媒体记者等社会人士,分别组建民办教育监督员队伍,开展调研、巡查等活动,对民办教育实施有效社会监督。

(十二)建立民办学校信息管理和风险防范机制。市、区(市)两级教育主管部门和民办学校要加强办学管理信息系统标准化建设,建立民办教育服务和管理信息平台,推进民办教育信息统计、研究和公开工作。完善办学风险评估、预警机制。对办学水平低、社会信誉差的民办学校,教育主管部门应会同相关职能部门,提前进行风险警示,并制定资产清算、师生安置等预案。

(十三)完善教育执法联动机制。市、区(市)两级教育部门应不断完善教育行政执法裁量基准、规范,优化行政执法运行流程。健全教育和相关行政执法部门联动的教育行政执法工作机制,通过"联席会议、业务协调例会、联络员、快速联动"等途径,对社会机构和个人非法办学,尤其是涉及多部门监管责任的教育违法行为,实行部门联动,以提高处罚效果。

（十四）发挥民间组织作用。突出发挥市民办教育协会在行业自我管理、自我服务、自我约束、自我发展等方面的作用,采取建立民办教育协会理事会内部纪检工作机制、研究制定民办教育行业准则、签署民办教育服务承诺、向民办学校发出公开倡议等措施,转变治理方式,强化行业自律,逐步建立起政府指导服务、行业自我管理和社会化中介服务相结合的运行机制。

（十五）组织民办学校信用等级评估。市、区(市)两级教育主管部门将委托第三方专业机构,根据年检、业内和社会评议等方面情况,对民办学校在办学行为、办学条件、教育质量、社会效益等方面,开展办学信用综合评价,按照评价成绩高低,划分等级,实行星级挂牌服务。

（十六）加强督导评估。市教育督导部门将民办教育的扶持与规范的内容纳入对各区(市)教育督导的指标体系,进行年度考核。市、区(市)两级教育主管部门在组织对幼儿园、学历中小学检查评估等工作中,公办、民办一视同仁,实行"统一时间、统一标准、统一考量、统一发布"。

（十七）切实加强领导。市、区(市)两级教育主管部门要积极争取党委、政府支持,建立并完善联席会议等制度,协调解决民办教育扶持与规范管理的重大问题。具体工作由教育主管部门牵头,有关部门按照职责分工,积极做好服务、管理、监督工作。各区(市)教育主管部门应成立专门负责民办教育管理职能部门,配备专职人员,具体负责本地区民办学校的统筹规划、扶持发展、综合协调、统一管理、执法监督等。

（十八）市、区(市)两级教育主管部门要深入推进民办教育综合改革,总结推广先进地区和学校的成功做法和管理经验,广泛宣传民办教育发展成果。按照国家有关规定表彰奖励在民办教育改革发展中作出突出贡献的集体和个人,树立民办教育良好社会形象,努力营造全社会共同关心、共同支持民办教育的良好氛围。

第二部分

总体报告

山东省民办教育发展现状及对策

改革开放以来，在省委、省政府的积极鼓励和大力支持下，山东省民办教育取得了长足发展，基本形成从学前教育到高等教育、从学历教育到非学历教育、从学校教育到社会教育的教育体系，形式多样，种类齐全，充满生机活力。截至2017年年底，全省共有学历教育和学前教育民办学校8972所，在校生278.1万人，分别占全省学校总数和在校生总数的27.3%和15.8%。其中在高等教育方面，有民办普通高等学校40所（占全省高校总数的27.6%），包括普通本科高校12所、独立学院11所和高职专科学校17所，在校生36.4万人，占全省高校在校生总数的18.1%。在高中阶段教育方面，有民办中等职业学校99所，在校生11.3万人，分别占全省中职学校总数和在校生总数的24.7%和14.3%；有民办普通高中162所，在校生22.3万人，分别占全省普通高中学校总数和在校生总数的27.4%和13.5%。在义务教育阶段方面，有民办初中317所，在校生40.5万人，分别占全省初中总数和在校生总数的10.7%和12.3%；有民办小学282所，在校生46.1万人，分别占全省小学总数和在校生总数的2.9%和6.5%。在学前教育方面，有民办幼儿园8072所，在园幼儿121.4万人，分别占全省幼儿园总数和在校生总数的42.4%和43.8%，民办学前教育撑起全省学前教育的近"半壁江山"。各级各类民办学校教职工总数达25.5万余人，其中专任教师16.7万人，占全省学校专任教师数的14.3%。民办学校产权占地面积达6867万平方米，校舍建筑面积达3382万平方米，固定资产超过487亿元。

山东省民办教育发展规模和人才培养质量居全国前列，党建和思想政治工作不断加强，现代学校制度初步构建，参与决策水平不断提高，专业设置更贴近经济社会发展需要，内涵建设不断深入，在推动山东省深化教育改革、增加教育资源供给、提供教育多样化选择等方面发挥了积极作用，已成为山东省教育事业的重要组成部分。

一、山东省民办教育发展环境

（一）经济发展稳中向好，新旧动能转换带来契机

2017年山东省经济总体保持稳中向好发展态势。根据数据统计，全省实现生产总值（GDP）72678.2亿元，按可比价格计算，比上年增长7.4%。其中，第一产业增加值4876.7亿元，增长3.5%；第二产业增加值32925.1亿元，增长6.3%；第三产业增加值34876.3亿元，增长9.1%。三产业构成为

6.7：45.3：48.0。人均生产总值72851元，按年均汇率折算为10790美元。其中，新经济规模发展壮大，高新技术产业产值占规模以上工业的比例为35.0%，比上年提高1.2%；区域经济融合协调发展，山东半岛蓝色经济区、黄河三角洲高效生态经济区生产总值分别为33972.1亿元、9686.6亿元，分别比上年增长7.2%和6.0%。县域经济实力不断壮大，地方一般公共预算收入超过30亿元、50亿元、70亿元、100亿元的县（市、区）分别达到55个、29个、20个和8个。[①]这些地区对人才的需求比较大，也对人才数量和质量提出了更高的要求。

同期教育财政经费收支方面，2017年全省教育经费总投入为2394.60亿元，比上年的2242.30亿元增长6.79%。其中，国家财政性教育经费为1979.71亿元，比上年的1875.45亿元增长5.56%。全省一般公共预算教育经费为1888.83亿元，比上年增长3.60%，占一般公共预算支出的比例为20.40%。2017年全省普通小学、普通初中、普通高中、中等职业学校、普通高等学校生均一般公共预算教育事业费支出增幅分别为：4.10%、4.08%、7.47%、2.67%、6.81%。对普通高中的支出增幅最高。[②]

2017年，山东申请新旧动能转换综合试验区，并于2018年初获批，这是党的十九大后获批的首个区域性国家发展战略综合试验区，也是中国第一个以新旧动能转换为主题的区域发展战略综合试验区。新旧动能转换综合试验区以供给侧结构性改革为主线，以新技术、新产业、新业态、新模式为核心，以知识、技术、信息、数据等新生产要素为支撑，促进产业智慧化、智慧产业化、跨界融合化、品牌高端化，要建成全国重要的新经济发展聚集地和东北亚地区极具活力的增长极。这是山东发展的重大机遇和挑战，也为全省教育事业提出了新的要求，教育要为新旧动能转换提供智力与人才支持。

（二）人口规模全国领先，出生率快速增长

2017年最新统计数据显示，山东省是中国第二个人口过亿省份。山东省常住人口10005.83万，仅排在广东之后。2017年山东出生率为17.54‰，全国出生率为12.43‰，差距扩大突破5‰。2017年山东出生人口为174.98万，占全国出生人口总数的十分之一。自2014年以来，山东人口出生率一直高于全国平均水平，并且差距越来越大，2017年山东出生率高于全国出生率5.11‰，0～14岁人口占总人口的17.21%，15～64岁人口占68.80%，65岁及以上人口占13.99%。城镇化水平继续提升，常住人口城镇化率达到60.58%，比上年年末

---

① 数据来自2017年山东省国民经济和社会发展统计公报。
② 数据来自2017年山东省教育经费执行情况统计公告。

提高 1.56％。① 人口的增长对学前各级各类尤其是学前教育、义务教育提出了新的课题和挑战。

（三）教育改革新政落地，分类管理方向清晰

2017 年，国家层面紧紧围绕中央关心、社会关注、人民关切的热点难点问题，推出 20 项教育新政，推动重点领域和关键环节工作取得突破。主要涵盖加快推进"双一流"建设、加强中小学和幼儿园安全风险防控体系建设、加强和改进新形势下高校思想政治工作、深化产教融合、深化高等教育领域"放管服"改革等一批新政，这些新政的推行将带来新的变革，对整个教育事业会产生深远影响。

在民办教育领域，2016 年新修订的《民办教育促进法》于 2017 年 9 月 1 日起正式实施。2016 年 12 月 30 日，教育部等五部门又联合下发《民办学校分类登记实施细则》。同一天，教育部、人力资源和社会保障部、工商总局联合印发《营利性民办学校监督管理实施细则》，一系列政策传递出鲜明信号：分类发展、鼓励与规范。山东省关于促进民办教育发展的新政策于 2018 年 5 月出台，在财政扶持、民办教师待遇等方面实现了创新。至此，山东省民办教育分类管理政策正式落地，民办教育发展进入新的历史时期。

二、山东省民办学校发展现状 ②

2017 年，山东省民办学校逐渐由规模扩张向内涵提升转型，民办学历教育在学校数量、在校生数量等方面都出现不同程度的变化，普遍更加重视师资队伍建设和适应区域经济社会发展需要，在规范办学、质量提升方面特征明显。

（一）民办学校数量

到 2017 年，全省民办幼儿园共 8072 所，民办小学 282 所，民办初中 317 所，民办高中 162 所，民办中职学校 99 所，民办高校 40 所。除民办中职学校数量下降外，其他类别民办学校数量都有增加，尤其是民办幼儿园数量增幅明显。

1. 民办幼儿园

近年山东省民办学前教育快速发展，民办幼儿园数量逐年显著增加，到 2017 年民办幼儿园总数占全省幼儿园数量的比例达到新高（表 1），几乎占到半数，这与人口高峰及二胎政策的开放密切相关。

---

① 数据源自 2017 年山东统计年鉴。

② 为显示变化趋势，本报告中所有学校的数据选自山东省教育事业统计资料（2014—2016 年，2017 年）。

表1 2014—2017年山东省民办幼儿园数量发展情况

年份	民办幼儿园数/所	全省幼儿园总数/所	民办幼儿园数占比/%
2014	7185	18512	38.81
2015	7410	18648	39.74
2016	7873	18853	41.76
2017	8072	19020	42.44

2014—2017年山东省民办幼儿园数量呈现逐步增长的趋势,民办幼儿园由2014年的7185所增加到2017年的8072所,增长12.35%,占全省幼儿园的比例由38.81%上升至42.44%。2014—2017年山东省民办幼儿园规模呈现扩大的趋势,增幅比较稳定。

2.民办中小学

2017年山东省民办小学共有282所,占全省小学数量(9738所)的2.90%(表2),民办小学在全省小学所占比例较小,但随着人口出生率的增长,民办小学数量也在增长。2014—2017年数据显示,民办小学在全省普通小学数量占比上升,但增幅比较小。可见在义务教育小学阶段,政府承担了主要责任。

表2 2014—2017年山东省民办小学学校数量发展情况

年份	民办小学学校数/所	普通小学学校数/所	民办小学学校数占比/%
2014	240	10770	2.23
2015	249	10404	2.39
2016	266	10027	2.65
2017	282	9738	2.90

2017年,包括民办九年一贯制等初级中学在内,全省民办初中①共418所,占全省初中(3127所)的13.37%,而占全省民办普通中学(479所)的比例达到87.27%,从中可以看出山东省民办初中在全省初中中所占的比例较小,但是民办初中在民办普通中学中占据主体地位。

表3 2014—2017年山东省民办初中学校数量发展情况

年份	民办初中学校数/所	普通初中学校数/所	民办初中学校数占比/%
2014	334	3046	10.97
2015	348	3030	11.49

① 本部分内容中的民办初中主要统计了民办初级中学、民办九年一贯制、民办完全中学和民办十二年一贯制学校相关数据。与本书其他关于民办初中的数量统计口径不一致。

年份	民办初中学校数／所	普通初中学校数／所	民办初中学校数占比／％
2016	395	3075	12.85
2017	418	3127	13.37

2014 年起，民办初中学校数量处于上升态势，在全省普通初中学校总数中的占比由 10.97％上升至 13.37％（表 3）。民办初中学校数量上升，这和民办初中质量提升，满足家长对优质教育的需求相适应。通过优质公办学校名牌效应建立起来的教育集团和连锁发展的品牌民办学校，在政府资助下，形成了一批在全省有影响力的优质学校。

3. 民办高中

截至 2017 年，山东省共有民办普通高中 162 所，占全省普通高中的 27.36％，其中完全中学 48 所，高级中学 61 所，十二年一贯制学校 53 所。

表 4　2014—2017 年山东省民办高中学校数量发展情况

年份	民办高中学校数／所	普通高中学校数／所	民办高中学校数占比／％
2014	101	544	18.57
2015	117	555	21.08
2016	145	580	25.00
2017	162	592	27.36

民办高中数量连年增长。从 2014—2017 年的数据看，在民办教育分类管理新政、集团化办学和社会对高中学校的较大需求影响下，民办高中数量逐年增长，占全省普通高中的比例由 18.57％增长到 27.36％（表 4）。

4. 民办中职

截至 2017 年底，山东省共有民办中职学校 99 所，占山东省中职学校总数的 24.69％（表 5），含调整后中等职业学校 37 所、中等技术学校 19 所、成人中等专业学校 10 所、职业高中 33 所。

表 5　2014—2017 年山东省民办中职学校数量基本情况

年份	民办中职学校数／所	全省中职学校数／所	民办中职学校数占比／％
2014	124	460	26.96
2015	118	435	27.13
2016	111	428	25.93
2017	99	401	24.69

民办中职学校数量逐年下降。从 2014—2017 年的数据看,由于民办中职学校合并优化,民办中职学校数量自 2015 年起持续减少,占中职学校的比例由 2015 年的 27.13% 下降到 2017 年的 24.69%。

5. 民办高校

民办高校数量基本保持稳定,略有所波动。2017 年,山东省共有普通高等学校 145 所,民办高校 40 所,占全省高校数量的 27.59%(表 6)。其中民办普通高等职业院校 17 所,民办高等职业院校占全省普通高等职业院校数量的 22.2%;民办本科高校 12 所,独立学院 11 所,民办本科层次高校占全省普通本科院校总数(67 所)的 34.33%。民办高校数量基本保持稳定,全省高等教育需求量基本得到满足,民办高校数量约占全省高校总数的 1/3。

表 6 2014—2017 年山东省民办高校数量基本情况

年份	普通高校总数 / 所	公办高校数 / 所	民办高校数 / 所（含独立学院）	民办高校数占比 / %
2014	142	104	38	26.76
2015	143	105	38	26.57
2016	144	105	39	27.08
2017	145	105	40	27.59

（二）在校生数

从数据看,民办幼儿园、中小学、高中、中职、高校在校生数量均呈逐年上升趋势,尤其是民办幼儿园在园人数,约占全省幼儿园在园人数的一半,民办幼儿园为缓解全省幼儿入园难问题做出了重要贡献。

1. 民办幼儿园

2014—2017 年,山东省民办幼儿园的入园人数、在园人数均呈现逐步增长趋势。就入园人数来看,2017 年全省民办幼儿园的入园人数比 2014 年增加 56713 人,占全省幼儿园入园人数的比例上升 7.24%;在园人数方面,2017 年为 121.42 万人,比 2014 年增加 22.73 万人,占全省幼儿园在园人数的比例上升 6.24%(表 7)。民办幼儿园在园人数占全省比例也呈逐年上升趋势。

表 7 2014—2017 年山东省民办幼儿园在园人数数量情况

年份	民办幼儿园在园人数 / 万人	全省幼儿园在园人数 / 万人	民办幼儿园在园人数占比 / %
2014	98.69	262.81	37.55
2015	105.68	270.97	39.00
2016	115.26	274.43	41.88
2017	121.42	275.95	43.79

2. 民办中小学

伴随着人口出生率的上升，对义务教育尤其是优质义务教育的需求增大，山东省中小学入学人数和在校生人数也呈增长态势，选择在民办中小学就读的人数也相应增长。民办中小学在推进普及义务教育进程、提高义务教育水平、实现义务教育均衡发展方面发挥了重要作用。

2017年山东省民办小学共招收学生70908人，占全省招生人数的5.58%。全省民办小学在校生461146人，占全省总在校生人数的6.51%（表8）。民办小学在校生数占全省小学在校生数的比例由2014年的4.70%增长至2017年的6.51%。

表8　2014—2017年山东省民办小学在校生数量发展情况

年份	民办小学 在校生数／人	普通小学 在校生数／人	民办小学 在校生数占比／%
2014	304704	6483063	4.70
2015	327575	6740226	4.86
2016	413959	6913144	5.99
2017	461146	7084730	6.51

民办初中数量也同样呈小幅上升态势，体现了家长对优质教育资源的需求。2017年民办初中在校生人数为404530人（表9），2014—2017年民办初中在校生数占全省初中在校生数的比例由9.67%上升至12.28%。

表9　2014—2017年山东省民办初中在校生数量发展情况

年份	民办初中 在校生数／人	普通初中 在校生数／人	民办初中 在校生数占比／%
2014	245815	2542037	9.67
2015	318090	3109384	10.23
2016	352867	3131029	11.27
2017	404530	3293601	12.28

3. 民办高中

2017年山东省民办普通高中共招收学生84190人，占全省高中招生人数的15.31%。2017年全省民办普通高中在校生223225人，占全省总在校生人数的13.49%（表10）。与民办初中发展相适应，民办高中在校生人数也在逐年增长，占全省高中在校生数的比例由2014年的7.94%上升至13.49%。

表10　2014—2017年山东省民办高中在校生数量发展情况

年份	民办高中在校生数／人	全省高中在校生数／人	民办高中在校生数占比／%
2014	136022	1712659	7.94
2015	150456	1691196	8.90
2016	180302	1664949	10.83
2017	223225	1654861	13.49

4. 民办中职

民办中职学校在校生数量稳步增长。2017年全省民办中等职业学校共有在校生113437人，约占山东省中职在校生总数的14.30%。与2016年相比，2017年民办中等职业学校在校生数增加了7171人，增幅为6.75%（表11）。民办中职学校在校生占比逐年上升，尤其在2017年增长显著，比2016年增加了1.18%。可见，虽然民办中职学校数量减少，但由于政府对中职教育政策的引导，民办中职学校优化合并，在校生人数仍然呈上升态势。

表11　2014—2017年山东省民办中职在校生数量发展情况

年份	民办中职在校生数／人	全省中职在校生数／人	民办中职在校生数占比／%
2014	116519	948167	12.29
2015	109174	857264	12.74
2016	106266	809826	13.12
2017	113437	793357	14.30

5. 民办高校

民办高校学生规模有所扩大。2017年，山东省普通高校的普通本专科在校生规模为2015300人，民办高校在校生为364400人（表12）。

表12　2014—2017年山东省民办高校在校生数量情况

年份	民办高校在校生数／人	普通高校在校生总数／人	民办高校在校生数占比／%
2014	332500	1796700	18.51
2015	349900	1900600	18.41
2016	368400	1995900	18.46
2017	364400	2015300	18.08

从数据上看，虽然民办高校在校生数量连年增长，但是占全省高校在校生总数的比例却略有波动，2015年比2014年有所下降，到2016年又开始增长，到

2017年达到近四年最低值,由占比 18.51％下降至 18.08％。虽然占比有所变化,但是规模却在扩大,民办高校在高等教育大众化进程中发挥着重要的作用。

（三）师资队伍

全省各级各类民办学校教师队伍建设逐渐受到学校重视,民办幼儿园、中小学、高中、中职、高校的专任教师人数均实现了不同程度的稳定增长,学历结构也有所改善。

1. 民办幼儿园

全省幼儿园教师人数规模较大,2017 年山东省民办幼儿园专任教师 86949 人,占全省幼儿园专任教师的 49.99％（表 13）。从 2014—2017 年数据来看,专任教师数量整体呈逐年增长趋势,占全省比例同样也在增长。民办幼儿园教师是全省民办学校教师中的主力军,占全省民办教师的比例一直高达 60％以上。但与在园人数相比,专任教师的缺口依然很大。

表 13　2014—2017 年山东省民办学前教育专任教师发展情况

年份	民办学前专任教师数／人	全省学前专任教师数／人	占全省专任教师数比／％	占全省民办教师数比／％
2014	62069	141524	43.86	62.93
2015	71451	154602	46.22	64.76
2016	79558	164177	48.46	64.17
2017	86949	173948	49.99	64.47

2. 民办小学

随着民办小学数量和在校生人数的逐年增长,民办小学专任教师数量也随之呈增长态势,尤其从 2016 年开始增幅较大。2017 年全省民办小学专任教师 15665 人,占全省普通小学专任教师比例为 4.15％（表 14）,占比在 2014—2017 年平稳增长。

表 14　2014—2017 年山东省民办小学专任教师发展情况

年份	民办小学专任教师数／人	全省小学专任教师数／人	民办小学专任教师数占比／％
2014	10952	359082	3.05
2015	11593	361152	3.21
2016	13948	369973	3.77
2017	15665	377103	4.15

3. 民办普通中学

2017 年山东省民办普通中学专任教师 53859 人，占全省普通中学专任教师数的比例为 11.83％。无论是专任教师总数还是占全省比例，都在逐年增加。但是，民办普通中学教职工中专任教师数占民办学校教职工总数的比例为 81.49％，全省普通中学教职工中专任教师数占比为 90.66％，民办普通中学专任教师的比例有待提高。

表 15　2014—2017 年山东省民办普通中学专任教师发展情况

年份	民办普通中学专任教师数／人	全省普通中学专任教师数／人	民办普通中学专任教师数占比／％
2014	32411	417447	7.76
2015	37756	425155	8.88
2016	44311	436116	10.16
2017	53859	455113	11.83

4. 民办中职

2017 年，山东省民办中等职业学校专任教师 4802 人，占全省中职学校专任教师数的 9.87％（表 16）。虽然占比从 2014 年起逐年增加，但专任教师中的高级职称教师流失严重。2017 年民办中职学校正高级教师流失 15 人，流失率达 23.44％，副高级教师流失 39 人，流失率为 8.57％。同时，其他拥有职称的专任教师也出现了不同程度的流失。与之相反的是民办中职学校中无职称专任教师比例逐年增加。可见，民办中职学校难以吸引优秀教师，专任教师师资队伍建设不容乐观。

表 16　2014—2017 年山东省民办中职专任教师发展情况

年份	民办中职专任教师数／人	全省中职专任教师数／人	民办中职专任教师数占比／％
2014	5076	49274	10.30
2015	4752	48926	9.71
2016	4798	48244	9.95
2017	4802	48659	9.87

5. 民办高校

民办高校专任教师数逐年增长，2017 年共有专任教师 19800 人，占全省高校专任教师的 17.87％，占全省比例也在平稳上升。2017 年全省普通高校教职工的数量比 2016 年增加 3966 人，民办高校教职工增长速度小于全省普通高校教职工的增长速度，但民办高校专任教师的增长明显高于教职工的增长。生师比在 2017 年有所下降,反映出民办高校开始加强师资队伍建设,更加注重教育教学质量。

表 17　2014—2017 年山东省民办高校专任教师发展情况

年份	民办高校 专任教师数／人	全省普通高校 专任教师数／人	民办高校专任 教师数占比／%	民办高校 师生比
2014	17600	101400	17.36	18.89：1
2015	18100	104700	17.29	19.33：1
2016	19000	107700	17.64	19.39：1
2017	19800	110800	17.87	18.40：1

三、内涵建设

通过调研发现,山东省民办学校近年来逐渐从规模扩张转向内涵质量提升。民办学校遵循教育规律,立足优质特色,狠抓内涵建设,教育教学质量和水平不断提升,涌现了一批办学质量较高、社会信誉较好的民办学校,受到社会的高度认可。

潍坊市民办学校在政府的引导支持下,通过集团化办学、共同体建设、办学联盟、管理输出、选派师资、委托管理等多种模式,推动优质民办学校快速发展。目前,全市已建立"271"教育集团、潍坊外国语教育集团、潍坊北海教育集团、高密市豪迈教育集团、寿光世纪教育集团等 13 个教育集团,成为辐射带动区域民办教育发展的龙头和品牌。另外上海新纪元教育集团、佛山光正教育集团、大连枫叶教育集团也在潍坊投资办学,设立学校。潍坊本土的"271"教育集团从潍坊走向全国,先后在全国举办 15 所学校,其中有 8 处学校设在潍坊以外。

威海市第二实验小学、环翠国际中学、威海大光华国际学校、威海市实验外国语学校等民办义务教育和高中学校,积极推行特色化办学,极大满足了家长和学生对小班化教学、优质个性化教育以及国际化教育的需求,形成了"要择校,找民办"的局面。威海景义外国语学校、威海北洋职业技术学校、临港区职业中专等民办中等职业学校,克服资金困难,着力打造品牌专业,实行订单式培养,推进校企合作,走出了一条特色化的技能人才培养之路,不仅满足了广大人民群众的教育需求,也扩大了就业,为维护社会和谐稳定发挥了不容忽视的重要作用。

泰安实行"名校办民校"战略,如泰安师范附属学校选择有经济实力且具有教育情怀的大型企业合作,硬件由企业提供,软件及技术由学校负责。总校与分校之间采用"A＋X"的模式,"A"即各学校在办学理念、课程建设、学校管理上执行相对统一的标准;"X"即各分校法人独立,财务独立,师资独立,自我管理,自主发展。其通过"统一＋分散"的方式进行集团化运作,缩小校际差异,提高每一所分校的整体办学水平。

山东省民办高校内涵建设在全国领先。学校总数居全国前列,涌现出一批管理规范、条件良好、特色鲜明、质量较高、社会声誉良好的优质民办高校,并在国内已经具有较高的地位和较大影响。如山东英才学院、山东协和学院等高校,近年来一直居于民办大学排行榜前六位,并在综合类全国民办高校排行榜、医学类民办高校排行榜上名列首位。在国家精品课建设、国家教学名师和国家万人计划教学名师培养、国家级本科教学团队建设、国家级实验示范中心建设等方面取得了突破,进入全国毕业生就业典型经验高校 50 强、全国高校创新创业 50 强,在全国民办高校中领先。近年来山东省民办本科高校科技活动、社科活动都取得了较大程度的进步和发展,科研成绩提升较快,科研实力整体提升。从课题研究来看,民办高校课题研究数量和比例总体处于上升趋势。

四、扶持与规范

近年来,山东省民办学校将质量提升作为各级各类学校发展的主要目标。对此,政府部门在加强规范管理的基础上,着力通过增加扶持资金和政策优惠等措施引导民办学校的内涵发展,各地政府做了很多突破性的工作。

青岛市政府于 2017 年 9 月发布《青岛市民办教育三年行动计划(2018—2020年)》,未来三年,青岛非营利性民办教育机构在财税政策、土地政策、教师身份待遇上全面参照或对接公办教育政策。目标是使青岛民办教育机构总量增加20%,其中民办学校增加 10 所。一是落实青岛市民办教育专项资金。在保证国家规定或要求的资金补助政策落实的基础上,按照公办学校培养学生成本,给予民办学校一定比例的经费补助。民办教育发展专项资金列入同级财政预算,专项资金总额根据实际情况,实施动态调整。建立政府购买教育服务机制,通过安排生均教育经费、保障教师待遇和专业发展经费、补助学校教学科研经费等形式对民办学校进行公共财政扶持,逐步完善差额补助、定额补助、项目补助、奖励性补助等多元化的公共财政资助体系。二是鼓励探索多元化投资办学模式。支持各类办学主体通过独资、合资、合作等多种方式参与民办教育。鼓励行业、企业等社会力量参与公办学校办学,鼓励大中型企业以职业学校为重点投资办学。鼓励优质公办学校通过各种方式支持民办学校办学。对非营利性民办中小学,积极探索建立"社会投资建校、政府支持师资、收费保障运转、部门协调监管、资产学校所有"的民办教育发展体制。鼓励中外合作办学。探索委托管理等办学形式。依照国家有关规定,支持民办学校建立民办教育发展基金。支持社会力量设立教育投资公司。探索组建青岛教育发展投资集团有限公司,搭建教育投资运作实体平台,通过合理运用部分财政性资金、设立投资性资金、盘活存量资产等方式,吸引民间资本参与教育事业发展,鼓励以混合投资形式引导和支持社会力量投资兴办各类教育。探索通过以土地、校舍等要素低租金或零租金等方式,吸引教育名家或品牌学校通过民办教育机制办学,建设高端学校。民办学校或者其举办者以办学名义取得的土地使用权、校舍产权应当登记在学校名下,并向审批机关备案。建立民办学校信用等级评估制度。三是将开展非营利性民办学校教师养老保险与公办学校教师同等待遇试点工作。民办学校要按照有关规定为自聘教师办理基本养老保险、补充保险和住房公积金。要以实施教师资格制度和人事代理制度为基础,建立健全学校、政府、个人社会保险费用分担机制。民办学校按规定为教师缴纳基本养老保险和职业年金,财政将按照一定比例,进行事后补助。另外,民办学校引进符合市级和区市高层次人才条件的人员从事教学工作,如需纳入事业机构编制管理,由相应教育部门提出申请,机构编制部门审议通过后,将所需事业编制核定到教育部门所属公办学校,下达用编进人计划,纳入机构编制实名制管理。符合引进人才政策的教师在住房安置、子女就学、政府特殊津贴、教科研经费等方面,享受当地人才管理办法所规定的同等优惠政策。

潍坊市政府积极鼓励社会力量通过多种方式兴办教育,建立形成了"社会投资建校、政府支持师资、收费保障运转、部门协调监管、资产学校所有"的民办教育办学运行模式,民办教育得到了快速发展,形成了形式多样、类别齐全、层次完整的民办教育体系。一是突出师资队伍,保证教育质量。由政府支持部分师资,全市选派 7000 名公办教师到民办学校支教,这部分师资由财政支持工资福利。落实自聘教师社会保障权益。市教育局、人社局出台政策,对于学校自聘的教师,逐步落实与公办教师同等的工资与社会保障待遇。目前全市有 2773 名民办学校自聘教师参加了事业单位保险,所需费用主要由学校承担,稳定了教师队伍,为社会力量办学提供了人力资源保障。二是拓宽融资渠道,推动多元办学。明确提出支持社会力量设立教育投资公司,鼓励金融机构为民办学校提供多种形式的融资服务。2013 年,潍坊国信教育投资公司成立,先后为潍坊文华国际学校投入资金 4800 万元,吸引潍坊通达海运公司为潍坊文华国际学校投入社会资金近亿元;为潍坊行知学校投入资金 4390 万元,吸引潍坊元泰置业有限公司为潍坊行知学校投入社会资金 2 亿元。三是落实法人财产,保障出资权益。明确规定出资者投入学校的资产归学校所有,出资人产(股)权份额可以转让,但学校存续期间不得抽回资金,切实保障了学校稳定健康发展。探索实行奖励性回报制度。非营利性民办学校,在扣除办学成本、预留学校发展基金以及提取其他有关费用后,在办学有结余的前提下,经学校决策机构研究决定,并报教育行政部门核准,可以从办学结余中提取一定比例的经费,用于奖励出资人。年奖励金额以出资人累积出资额为基数,按不超过银行一年期贷款基准利率的2倍计算。四是健全管理体系,提高服务质量。市、县两级教育行政部门专门设立了具体负责民办教育管理和服务的科室。将各级各类民办学校纳入各科室和直属单位的统一管理与服务,在安全管理、教育教学、学生资助、教师培训、评选表彰等方面,确保与公办学校同等对待。

寿光市在政府主导下,采用多种模式调动社会各方力量积极参与民办教育发展。寿光市委、市政府大力支持各类办学主体通过独资、合资、合作、股份制等方式举办民办教育,积极探索国有资本、集体资本和非公有资本以多种形式举办混合制民办教育的模式,重点发展非营利性全日制民办中小学。在此基础上,寿光不断完善非营利性民办中小学"社会投资建校、政府支持师资、收费保障运转、部门协调监管、资产学校所有"的民办教育发展体制。渤海实验学校由寿光宏景城镇建设投资有限公司投资3亿多元,在寿光滨海(羊口)经济开发区建成。这所学校同时也是寿光一中羊口校区,由寿光一中负责管理。该校建成后,使地处偏远、教育资源相对薄弱的羊口经济开发区及附近乡镇的学生得以就近享受优质教育资源。寿光还出台系列支持政策,明确了民办学校和公办学校在建设用地、职称评聘、在职进修、评优树先、养老医疗保险、住房公积金等方面享受同样的政策。同时,寿光所有民办学校均享受市财政生均公用经费补贴,民办学校在校生与公办学校学生一样享受困难生补助和乘车补贴。除了师资援助,寿光现代德润学校所在的洛城街道还通过以奖代补和购买服务等方式,每年支持学校500万元建设发展资金。通过政策支持、师资助教、名校集团化管理、资金扶持和管理机制创新等举措,寿光促进了民办教育的快速健康发展,增加了优质教育资源的多元化供给渠道,满足了人民群众对优质教育资源的多元需求。

威海积极制定扶持政策促进民办教育快速发展。市、区两级政府把民办教育纳入国民经济和社会发展规划,落实并推行系列扶持政策,支持民办学校的发展。一是财政资金支持。落实国家政策,威海市自2009年对民办中等职业学校一、二年级学生实行免费的扶持政策,2015年将免学费范围扩大为所有年级。同年建立了学前教育生均财政拨款机制,对普惠性民办幼儿园按照每生每年500元的标准给予公用经费补助。2016年又将民办义务教育学校纳入公用经费保障范围,与公办学校学生享受同等待遇。除此之外,环翠区对开办初期资金运转困难的民办学校,每年给予100万~150万元的经费补助;经济技术开发区对达到办园类别的民办普惠性幼儿园按照每班1万~2.5万元进行补助,同时根据认定普惠性幼儿园时间的长短,财政承担 10%～50% 比例的非公办幼儿教师的人员经费。二是落实土地和税收优惠政策。对新建、扩建的民办学校,按照公益性事业用地给予优惠。对从事学历教育的民办学校提供学历教育服务取得的合法收入(包括保育费、学费、住宿费等)免征增值税。三是加大对民办学校融资支持力度。市金融办引导全市 7 家银行业机构参与支持民办教育发展,贷款余额 2.17 亿元,其中民办学校基础设施建设贷款 1.5 亿元。四是实行公办学校教师到民办学校支教制度。市直单位和环翠区、文登区分别从公办学校选派骨干教师到民办学校支教,环翠区、经济技术开发区还组织民办学校教师到公办学校"以岗代训",提高教师水平。

五、问题与困难

至 2017 年,山东省已形成形式多样、种类齐全的民办教育体系,为教育改革提供了重要的理论和实践经验。但在总体发展过程中还存在着诸如发展不平衡、不充分,政策不完善,学校资金、师资队伍建设问题和由规模扩张向质量提升的转型过程中产生的思路不新、认识模糊、管理体制陈旧、评价不科学等一系列问题。

(一)民办教育新旧政策需进行衔接与过渡

在国家层面上,新民促法已经实施,关于促进民办教育发展的法律法规已经到位,但很多具体问题难以落地,实施条例尚未出台。在省级层面上,山东省意见于 2018 年 5 月 30 日已出台,但部分条款操作性不强,实施分类管理的一些关键问题仍未解决,而且省级层面的《民办学校分类登记实施细则》和《营利性民办学校监管实施细则》尚未出台,不利于民办学校分类登记、营利性民办学校监管,也不利于对民办教育发展的分类扶持、税费等优惠政策的顺利实施。同时,指导民办教育发展的配套政策还不完善。修订后的《中华人民共和国民办教育促进法》《国务院关于鼓励社会力量兴办教育促进民办教育健康发展的若干意见》《中共中央办公厅关于加强民办学校党的建设工作的意见(试行)》《民办学校分类登记实施细则》《营利性民办学校监督管理实施细则》等法律规章和文件的出台,基本形成了民办教育分类管理的政策制度体系,但民办教育新政的真正落地,尚需要地方政府和相关职能部门制定出台相关配套文件,对社会和民办教育举办者关注的一些焦点问题,予以明确。特别是在现有民办学校重新登记的过渡期,应明确非营利性学校的补偿或奖励办法,营利性学校的财务清算、确权、税费缴纳,地方财政对民办教育的扶持政策,非营利性学校的监督管理办法等。目前,我省的配套文件还在制定之中,政策的导向还不明朗,现有的民办教育举办者和有意向进入民办教育的企业和个人仍在观望。

（二）扶持民办教育发展的公共财政体系有待健全

教育经费投入不足是影响民办教育发展的根本性问题。民办教育的发展离不开资金的投入，只有资金不断投入，学校的发展才会更好。但民办学校的教育经费来源单一，主要来自举办者的投入和办学积累，社会捐赠和银行贷款只占教育投入的很小一部分，所以导致民办学校办学经费不足，这也是民办学校普遍存在的问题。民办学校办学经费不足势必影响到民办学校的办学质量和人才培养质量，阻碍民办学校的健康发展。

近年来，省教育厅、省财政厅加大对民办教育财政支持力度，先出台了"民办本科高校特色名校建设工程""山东省民办本科优势特色专业支持计划"，对入选学校给予财政支持；后又设立了民办高校基础能力建设资金，给予民办高校基本建设贴息贷款，为民办高校发展提供资金扶持。2014—2016年，省财政累计安排1.18亿元，支持全省民办本科高校60个优势特色专业建设。2016年，省财政设立民办高校奖励资金5400万元，2017年此类奖励金为4000万元。这些奖励扶持资金的设立表现了省教育厅、省财政厅对民办高校的支持，这也是许多省份所没有的。但同时，我们也看到，这些支持力度与一些省相比还有差距。据调研，全国有16个省市设立专项资金或给予生均拨款扶持民办学校发展。如陕西省已连续5年，每年投入3亿元支持民办高校发展；上海市从2006年起每年按照生均500～2000元的标准给予民办高校专项补助；吉林省按照生均3000元的标准给予民办高校补助；重庆市按照生均1400～2200元的标准拨给有关民办高校；温州市按照公立院校生均经费的20%给予民办高校补贴。

（三）师资队伍不稳定成为制约民办教育健康发展的瓶颈

民办学校教师队伍建设发展较快，但依然存在很多问题，成为制约民办学校发展的重要因素之一。《民办教育促进法》明确规定民办学校的教师与公办学校教师具有同等的法律地位，民办学校教职工在业务培训、职务聘任、教龄和工龄计算、表彰奖励、社会活动等方面依法享有与公办学校教职工同等的权利。但在现实中，民办学校教职员工在上述方面，特别是工资补贴、社会保障、退休待遇等方面的政策与公办教师相比有很大差距。民办学校教师待遇低，造成大部分教师仅把民办学校当作"培养锻炼基地"，较多民办学校教师由于对市场化聘任制度的忧虑，缺少职业安全感和归属感，认为在民办学校工作，发展空间不足，所以把民办学校当作跳板，在积累一定工作经验之后选择跳槽到公办学校。民办学校教师的流动性大于公办学校，师资流失现象严重。

六、对策建议

（一）强化党的领导，全面加强民办学校的党建工作

要进一步切实加强民办学校党的建设，落实民办学校党建工作责任制，完善民办学校党组织设置，多途径选派党政干部在民办学校中担任职务。强化党的领导，健全党组织参与民办学校决策制度，重大事项要征得党组织同意，发挥民办学校党组织的政治核心作用，维护民办学校和谐稳定，牢牢把握社会主义办学方向。

教育等相关行政职能部门应加大对民办学校办学的政策引导与业务指导，准确传达党中央加强民办学校党建工作的精神和要求，敦促民办学校将党建工作、思想政治教育工作纳入学校事业发展和人才队伍培养规划。要强化党对民办学校的坚强领导，通过发挥民办学校党组织的应有职能，深入推进习近平新时代中国特色社会主义思想进教材、进课堂、进头脑，把社会主义核心价值观融入教育教学全过程、教书育人各环节，不断增强广大师生对中国特色社会主义的道路自信、理论自信、制度自信、文化自信。与时俱进，创新网络思想政治教育方式，提高思想政治教育的针对性、实效性，增强民办学校思想政治教育工作的吸引力、感染力。

（二）坚持公益导向，引导民办教育坚持育人为本

新时代民办教育的改革发展，应认真贯彻落实党的十九大精神，以习近平新时代中国特色社会主义思想为指导，全面贯彻党的教育方针，坚持社会主义办学方向，坚持立德树人，培育和践行社会主义核心价值观。从国家发展战略高度出发，不断完善从中央到地方的民办教育新制度体系，全面落实法律法规和各项政策措施，坚持育人为本、德育为先、分类管理、公益导向、优化环境、综合施策、依法管理、规范办学、鼓励创新、上下联动的基本原则，培养德智体美全面发展的社会主义建设者和接班人。积极引导民办学校服务社会需求，始终把社会效益放在首位，更新办学理念，深化教育教学改革，加强内涵建设，创新办学模式。

（三）强化地方政府责任，稳妥推进分类管理

1. 强化政府责任，建立民办教育健康发展的制度保障

市、区两级政府将发展民办教育纳入经济社会发展和教育事业整体规划，加强制度建设、标准制定、政策实施、统筹协调工作，积极推进民办教育健康发展。一是市、区两级政府成立由分管领导为组长的领导小组，并建立编制、发改、教育、公安、民政、财政、人社、国土、工商、住建、地税、国税、物价、金融等部

门参加的民办教育联席会议制度,加强对民办教育工作的领导,协调解决民办教育发展的重点难点问题。二是落实《国务院关于鼓励社会力量兴办教育促进民办教育健康发展的若干意见》和省政府将出台的实施意见,以地方政府名义出台相关政策,统筹教育、登记、财政、土地、收费等相关政策,破解民办教育改革发展难题,营造有利于民办教育发展的制度环境,促进民办教育的健康发展。三是改进政府管理方式。进一步清理涉及民办教育的行政许可事项,向社会公布权力清单、责任清单,优化审批流程,加强事中事后监管,提高管理服务水平。

2. 推进非营利性和营利性分类改革,明确民办教育发展方向

以 2016 年 11 月 7 日《全国人民代表大会常务委员会关于修改中华人民共和国民办教育促进法的决定》的公布为节点,这之后设立的民办学校原则上不再进行非营利性和营利性的转换,各学校按照法律法规和相关配套政策完善相关制度,教育、人社、编制、工商和民政等部门依法依规加强分类登记和管理。这之前设立的民办学校,按照举办者自愿的原则,通过政策引导,进行重新登记和分类管理。选择登记为非营利性民办学校的,依法修改学校章程,继续办学,到民政部门或编制部门履行新的登记手续;选择登记为营利性民办学校的,依法进行财务清算,经相关部门和机构依法明确土地、校舍、办学积累等财产的权属,并缴纳相关税费,依法修改学校章程,在工商部门办理登记,继续办学。过渡期建议以市级文件出台为准,全日制学历教育的民办学校的过渡期为文件出台后 5 年,非全日制学历教育的民办培训机构的过渡期为 2 年。按照既要保护受教育者的合法权益又要激励企业和社会办学积极性的原则,建立非营利性和营利性民办学校分类退出机制。

3. 落实并完善各项扶持政策,优化民办教育发展环境

一是加大财政投入力度。调整优化教育支出结构,加大各级财政对民办教育的扶持力度,探索建立差额补助、定额补助、项目补助、奖励性补助等多元化的公共财政扶持体系。省市两级设立民办教育发展专项资金,统筹用于民办学校特别是非营利性民办学校的生均经费拨付、教师队伍建设、安保及校车补助、企业年金补贴、重点建设项目的扶持、为民办教育做出突出贡献的集体和个人的奖励等。二是落实税费优惠等激励政策。非营利性民办学校与公办学校享有同等待遇,按照税法规定进行免税资格认定后,免征非营业性收入的企业所得税。对企业办的各类学校和幼儿园自用的房产、土地,免征房产税、城镇土地使用税。对民办学校用电、用水、用气、用热,执行与公办学校相同的价格政策。三是落实好差别化用地政策。其中,非营利性民办学校享受公办学校同等政策,按划拨等方式供应土地;校舍及附属性设施在立项、规费减免、环保等方面与公办学校享受同等政策。营利性民办学校按国家相应政策供给土地。只有一个意向用地者,可按协议方式供地。土地使用权人申请改变全部或者部分土地用途的,政府应当将申请改变用途的土地收回,按时定价,重新依法供应。四是加大金融支持力度。鼓励全市银行业机构在风险可控的前提下,为产权明晰、办学规范、信誉良好的民办院校开辟"绿色通道",对民办学校扩大办学规模和改善办学条件提供必要的信贷支持。探索拓宽抵质押物范围,支持民办学校将有偿取得的不属于教育设施的土地、产权清晰的固定资产、具备财产性和可转让性的知识产权、商标权、学费收费权等作为抵质押物向银行申请贷款,最大限度满足其融资需求。争取引进和发起设立民办教育领域产业基金或股权投资基金,撬动更多社会资本参与民办教育事业发展。

4.健全教师社会保障体系,推进民办教师队伍建设

一是完善学校、个人、政府合理分担的民办学校教职工社会保障机制。落实好民办学校为教职工足额缴纳社会保险费和住房公积金的规定。鼓励民办学校为教职工建立补充养老保险、企业年金,改善教职工退休后的待遇。政府可对建立企业年金的民办学校给予适当补贴。二是完善民办学校教师人事代理制度,促进教师合理流动。落实并用好非营利性民办学校教师享受当地公办学校同等的人才引进政策。三是在前期探索的基础上,进一步完善公办与民办学校教师合理流动机制,建立规范有序的公办教师到民办学校支教制度。

（四）坚持特色办学,不断提高办学质量

新时代民办教育的改革发展,应把培育优质民办教育资源放在重要位置,整体提升教育教学质量。政府应加强引导,鼓励支持高水平有特色民办学校培育优质学科、专业、课程、师资、管理,着力打造一批具有国际影响力和竞争力的民办教育品牌,着力培养一批有理想、有境界、有情怀、有担当的民办教育家。支持普惠性民办幼儿园和民办中小学校的发展,满足多样化社会需求。引导民办职业院校明确技术技能人才培养定位,服务区域经济和产业发展,深化产教融合、校企合作。支持具有一定品牌影响力的民办学校通过兼并重组、协议合作、委托代管等方式,扩大民办优质教育资源覆盖面。民办学校应立足自身办学资源,潜心挖掘办学特色,实施内涵发展、特色发展和错位发展战略,加强品牌专业建设,在培育特色学科、特色人才方面多下功夫。此外,还应加大对民办教育的正面宣传引导,引发更多的社会关注,营造全社会关心民办教育改革发展的良好氛围,努力打造优质的民办教育,满足人民日益增长的对优质教育的需要。

第三部分

类别报告

山东省民办学前教育发展报告

学前教育是终身学习的开端,也是国民教育体系的重要组成部分。办好学前教育,关系着学生人生的起点,也关系着国家和民族的未来发展。因此,国家一直高度重视学前教育问题。随着"二胎"生育指标的放开,如何解决学前儿童的入园问题受到了政府的高度重视。山东省民办学前教育作为全省学前教育的重要组成部分,弥补了公办学前教育资源不足的问题,满足了人民群众多样化和差别化的学前教育需求。

近年来,随着国家政策的鼓励和市场环境的变化,山东省民办学前教育事业有了很大的发展,但发展过程中一些"旧疾"和"新患"也阻碍了民办学前教育整体质量的提高。本章在调研的基础上,分析山东省民办学前教育的发展现状、取得的成绩及存在的主要问题,提出促进民办学前教育发展的对策建议,以期能更好地促进山东省民办学前教育事业的发展。

一、山东省民办学前教育发展现状

截至 2017 年,山东省共有民办幼儿园 8072 所(其中普惠性幼儿园 3382 所),占全省幼儿园总数的 42.44%;入园幼儿 445878 人,占全省幼儿园入园幼儿人数的 42.39%;在园幼儿 1214219 人,占全省幼儿园在园幼儿人数的 43.79%;离园人数 389694 人,占全省幼儿园离园幼儿人数的 38.76%。

(一)民办学前教育规模逐步扩大

2014—2017 年,山东省民办幼儿园数量呈现逐步增长的趋势。由表 1 可以看出,山东省民办幼儿园由 2014 年的 7185 所增加到 2017 年的 8072 所,增长 12.35%,占全省幼儿园的比例由 38.81% 上升至 42.44%;在班级数量方面,山东省民办幼儿园的班级数量由 38583 个增加到 46629 个,增长 20.85%,占全省幼儿园班级总数的比例由 40.40% 上升至 45.95%。综合数据表明,2014—2017 年,山东省民办幼儿园规模呈现扩大的趋势,但幅度较小。

表 1　2014—2017 年山东省民办幼儿园学校数量情况

年份	民办幼儿园数 / 所	全省幼儿园总数 / 所	占全省幼儿园数比 / %
2014	7185	18512	38.81
2015	7410	18648	39.74

年份	民办幼儿园数 / 所	全省幼儿园总数 / 所	占全省幼儿园数比 / %
2016	7873	18853	41.76
2017	8072	19020	42.44

资料来源:根据山东省教育事业统计资料整理而成。

　　2017 年山东省各市民办幼儿园发展基本情况如下:2017 年临沂市和济宁市的民办幼儿园数量处于全省领先地位;相对于 2016 年,2017 年济宁市民办幼儿园增加了 45 所,枣庄市、临沂市、菏泽市和烟台市的民办幼儿园数量均有所下降,其中菏泽市民办幼儿园数量减少了 57 所,其他市的民办幼儿园数量都有不同程度的增加(表 2)。总体来看,2014—2017 年,山东省民办幼儿园数量相对稳定。

表 2　2014—2017 年山东省各市民办幼儿园数量情况

各市民办幼儿园 / 所	年份			
	2014	2015	2016	2017
济南市民办幼儿园 / 所	645	659	697	710
青岛市民办幼儿园 / 所	715	738	650	673
淄博市民办幼儿园 / 所	258	259	269	272
枣庄市民办幼儿园 / 所	110	121	169	154
东营市民办幼儿园 / 所	75	83	71	79
烟台市民办幼儿园 / 所	580	537	542	541
潍坊市民办幼儿园 / 所	531	564	747	756
济宁市民办幼儿园 / 所	618	692	839	884
泰安市民办幼儿园 / 所	228	256	289	326
威海市民办幼儿园 / 所	95	109	114	126
日照市民办幼儿园 / 所	130	137	162	191
莱芜市民办幼儿园 / 所	98	98	103	111
临沂市民办幼儿园 / 所	1679	1678	1634	1614
德州市民办幼儿园 / 所	477	526	554	574
聊城市民办幼儿园 / 所	74	85	90	154
滨州市民办幼儿园 / 所	66	79	90	97
菏泽市民办幼儿园 / 所	816	789	864	807

资料来源:根据山东省教育事业统计资料整理而成。

2014—2017 年，山东省民办幼儿园在城区和镇区的发展规模上整体呈上升趋势，在乡村的发展规模上呈下降趋势。由表 3 可以看出，2014—2017 年，城区民办幼儿园的数量由 2939 所增至 3385 所，城区民办幼儿园数量占全省民办幼儿园比例由 40.90% 上升至 41.94%；镇区幼儿园的数量由 2083 所增加至 2594 所，在全省民办幼儿园中的比例由 28.99% 上升至 32.14%；乡村幼儿园数量由 2163 所减少至 2093 所，在全省民办幼儿园中的比例由 30.10% 下降至 25.93%。

表3　2014—2017 年山东省民办幼儿园城乡数量情况

年份	城区		镇区		乡村	
	民办幼儿园数／所	占全省民办幼儿园数比／%	民办幼儿园数／所	占全省民办幼儿园数比／%	民办幼儿园数／所	占全省民办幼儿园数比／%
2014	2939	40.90	2083	28.99	2163	30.10
2015	3035	40.96	2323	31.35	2052	27.69
2016	3190	40.52	2549	32.38	2134	27.11
2017	3385	41.94	2594	32.14	2093	25.93

资料来源：根据山东省教育事业统计资料整理而成。

（二）民办学前教育学生数量呈增长趋势

2014—2017 年，山东省民办幼儿园的入园人数、在园人数和离园人数均呈现逐步增长趋势。就入园人数来看，2017 年全省民办幼儿园的入园人数比 2014 年增加 56713 人，占全省幼儿园入园人数的比例上升 7.24%；在园人数方面，2017 年比 2014 年增加 227357 人，占全省幼儿园在园人数的比例上升 6.24%；同时，2017 年离园人数比 2014 年增加 61117 人，占全省幼儿园离园人数的比例上升 5.52%（表 4）。尽管离园人数的比例有所上升，但总体看来，2017 年山东省民办幼儿园的整体人数呈增长趋势。

表4　2014—2017 年山东省民办幼儿园学生数量情况

年份	入园人数		在园人数		离园人数	
	数量／人	占全省幼儿入园人数比／%	数量／人	占全省幼儿在园人数比／%	数量／人	占全省幼儿离园人数比／%
2014	389165	35.15	986862	37.55	328577	33.24
2015	391312	35.92	1056815	38.88	345196	34.73
2016	423124	40.17	1152562	41.88	380040	37.68
2017	445878	42.39	1214219	43.79	389694	38.76

资料来源：根据山东省教育事业统计资料整理而成。

（三）民办学前教育教师队伍逐步扩大

2017 年山东省民办幼儿园共有教职工 134867 人。2014—2017 年，山东省民办幼儿园专任教师数量整体呈增长趋势；代课教师数量呈现大幅度下降趋势；兼任教师方面，2014—2016 年呈下降趋势，但在 2016—2017 年又有回升趋势。2017 年，山东省民办幼儿园专任教师共 86949 人，占全省幼儿园专任教师总数的 49.99%；代课教师共 807 人，占全省幼儿园代课教师总数的 3.98%；兼任教师 336 人，占全省幼儿园兼任教师总数的 20.95%。与 2014 年相比，2017 年专任教师增加 24880 人，上升 40.08%；代课教师减少 3205 人，减少 79.89%；2014—2016 年，兼任教师减少 205 人，减少 48.01%，但从 2016—2017 年又增加 114 人，上升 51.35%（表 5）。总体来看，山东省民办幼儿园的教师数量呈增加趋势，同时说明对教师的要求也在不断提高。

表 5 2014—2017 年山东省民办幼儿园教职工数量情况

年份	专任教师			代课教师			兼任教师		
	专任教师人数／人	占全省专任教师数比／%	占全省民办教师数比／%	代课教师数／人	占全省代课教师数比／%	占全省民办教师数比／%	兼任教师人数／人	占全省兼任教师数比／%	占全省民办教师数比／%
2014	62069	43.86	62.93	4012	14.69	4.07	427	24.71	0.43
2015	71451	46.22	64.76	2567	12.58	2.33	214	14.39	0.19
2016	79558	48.46	64.17	2779	13.51	2.41	222	14.12	0.18
2017	86949	49.99	64.47	807	3.98	0.60	336	20.95	0.25

资料来源：根据山东省教育事业统计资料整理而成。

二、山东省民办学前教育发展的探索

（一）重视环境创设，创造安全便利的幼儿成长空间

幼儿的成长离不开环境，环境作为一种隐性课程，在开发幼儿智力、促进幼儿个性和谐发展等方面具有独特的作用。幼儿园是促进幼儿身心发展的重要场所之一，因此，幼儿园环境的创设对幼儿的发展具有极大的影响。《幼儿园指导纲要》明确指出："环境是重要的教育资源，应通过创设并有效利用环境促进幼儿的发展。"山东省民办幼儿园在创设幼儿园环境时，注重园所环境的教育性，按照安全性、适应性、自主性和丰富动态性的原则，从幼儿园整体的硬件配备到环境建设细节都结合幼儿的兴趣、关注点及年龄发展特点，创设与幼儿园教育目标相一致的园所环境，为幼儿发展创造一个安全、舒适、便利、促发展的学习、成长空间。

【案例 1】 北京京师幼学莱芜长勺幼儿园注重教育环境建设①

北京京师幼学莱芜长勺幼儿园是北京师范大学老教授协会实验幼儿园旗下的又一新型幼儿园。幼儿园占地面积约 10000 平方米,建筑面积约 5000 平方米,户内外活动场地约 3000 平方米,园所设有托、小、中、大班的 12 个活动室。幼儿园注重每一个教育细节,致力于为幼儿创造安全、环保、舒适、快乐的学习环境和成长空间。园内建筑结构合理、布局安全、色彩鲜明、充满童趣,专设多功能厅、舞蹈房、图书室、美术室等。活动教室光线充足,地面安全、环保、防滑,盥洗室配有儿童蹲便池、儿童小洗手池,洗手池上配有小镜子,形状、高度符合幼儿人体工程学特点,每班配有一套完整的教具和适合孩子年龄特点的图书,种类繁多。同时,一体机、空调、净化饮水机、监控系统等一应俱全。户外有宽敞的活动场地,配有多组综合功能的大型玩具,为幼儿的学习和成长提供了一个洁净、卫生、安全、优美的环境。

（二）学生培养特色化发展

随着社会教育需求的多样化,山东省部分民办幼儿园根据市场需求开设特色课程,比如蒙台梭利课程、艺术课程、双语课程,创办特色幼儿园,使幼儿园课程呈现百花齐放的局面,在不同程度上满足了家长和儿童的需求。同时,民办幼儿园也提供周到的服务,例如儿童随到随学、延长在园时间、全托班、周末兴趣班,尤其是兴趣班的设立,幼儿园能够根据儿童发展的差异性,培养其不同的兴趣特长,既满足了学前儿童发展的需求,也提高了民办幼儿园的市场竞争力和社会影响力。此外,越来越多的民办幼儿园更加注重利用先进的教学设备,为学前儿童提供优良的服务。

【案例 2】 德州东海巴黎城幼儿园开设艺术教育课,促进幼儿全面发展②

在政府各级部门的支持和帮助下,德州东海巴黎城幼儿园成立了"奥尔夫音乐教学实验班",并以此为龙头,将音乐教育作为一种有效的载体,渗透于幼儿的一日生活中,促进幼儿全面和健康发展,进一步带动了全园艺术教育的开展。东海巴黎城幼儿园将每天下午的第一节课设为艺术教育课,课堂通过说、唱、跳、奏、绘画等艺术形式,以生动活泼、丰富多彩的快乐教学形式,让幼儿饱受艺术熏陶。艺术教育课不仅使幼儿的音乐素质得到了明显的提高,还极大地丰富了他们的情感体验,激发了幼儿感受美、表现美、创造美的情趣,促进了幼

---

① 资料来源:北京京师幼学莱芜长勺幼儿园网站。
② 资料来源:德州市学前教育网。

儿的创造力、自信力、反应能力、专注精神和合作精神以及全人格的发展。东海巴黎城幼儿园的"奥尔夫音乐教学实验班"取得了显著的成效，不但受到了幼儿的欢迎和家长的认可，而且受到了德州市学前教育研究所的肯定与赞扬，同时将"奥尔夫音乐"现场会设在了东海巴黎城幼儿园。

（三）重视师资队伍建设，提升教师综合素质

在学前教育过程中，幼儿园教师不仅是知识的传递者，还是幼儿学习活动的支持者、合作者和引导者，可以说幼儿教师是幼儿成长的奠基人，是幼儿教育发展的决定性因素，幼儿园教师队伍的状况直接影响着幼儿园的办园水平和幼儿的健康成长。山东省民办幼儿园在办园过程中高度重视幼儿教师队伍建设，通过提升教师待遇水平、进修学习、专家培训、新老结对工程等方式，努力改善民办幼儿园师资队伍不稳定、总体素质偏低的现状，着力提高教师队伍整体素质，推进幼儿园教育教学质量，进而不断提高幼儿园办园水平。

【案例3】 泰山外国语幼儿园重视系统培训，促进教师专业发展[①]

泰山外国语幼儿园为留住优秀幼教人才，不仅给予教师丰厚的福利待遇，改善教师的工作环境，还设置了高雅的教师书屋，为教师的业余学习提供便利条件，提升教师的综合素质。同时，幼儿园注重系统培训，每月通过网络视频会议系统开展5～10次园长、教师、保育员、保健医生等任职资格系统培训；每年对骨干教师和园长各进行两次大型现场式集训；每年根据需求不定期进行幼儿园中层、厨师等各类人员的现场式集训。此外，泰山外国语幼儿园是由山东银座•英才幼教集团实施管理的幼儿园，集团拥有的银座幼教核心团队和"百名专家讲师团"会定期对分园进行现场督导。幼儿园通过优质资源的整合、共享与借鉴等促进教师专业发展。

（四）家园共育，提高办园质量

家庭是儿童生命的摇篮，家长是儿童教育的启蒙者。对于学前儿童的教育仅靠幼儿园或家长是无法胜任的，必须通过家园合作才能充分发挥教育的效果。基于此，山东省部分民办幼儿园已开始重视家庭教育，本着尊重、平等、合作的原则，争取家长的理解、支持和主动参与，积极帮助家长提高教育能力，通过举办亲子活动、家长开放日、家长沙龙、家长义工等活动促进家园合作，甚至有部分民办幼儿园建立家长学校，实现幼儿园教育和家庭教育的同步，调动家长和教师合作教育的积极性，保证家园合作的质量和效果。

---

① 资料来源：泰安市教育局网站。

【案例4】 德州市民办幼儿园重视家园合作,提高家园共育水平 [1]

德州市部分民办幼儿园较早地意识到加强幼儿园教师与家长的沟通是促进幼儿园现代化管理的一个有效途径,因此在建园之初,幼儿园就将家长工作纳入教育资源之中。从电话随访到家长开放日,从家长座谈会到家委会,德州市民办幼儿园致力于通过开设形式多样的家园合作活动,提高家园共育水平。"孩子未入园,家长先入学",每年新生入园前,幼儿园都会分层次召开家长层面的沟通交流会,从单位文化到能力准备再到心理疏通,目的是引导家长和幼儿园联手帮助幼儿快速度过分离焦虑期,适应幼儿园生活。此外,每年幼儿园除了召开大、中、小主题家长会外,还会邀请一些家庭教育专家、优秀家长到幼儿园与其他家长近距离分享经验。

三、山东省民办学前教育存在的主要问题

（一）办学条件呈现两极化趋势

从整体发展情况来看,山东省民办幼儿园在办园条件上得到了一定程度的改善,但是民办幼儿园内部存在着"贫富两极分化"的现象。对于一些民办园来说,他们可以通过收取高昂的学费和赞助费来解决学校资金问题,提高办园条件。这部分民办园不论是在园舍条件、教学设施、保教设施等硬件方面,还是在园区环境、教师队伍、教育方式等软件方面都能提供较为充足的保障。由于政府的财政更倾向于原本已经很优质的示范园,因此对普通民办园的财政分担比例较低。对于另一些幼儿园来说,它们的政府专项经费少,同时难以吸引较高的赞助费,而普通群众的家庭收入又不足以支付高昂的学费,使得这些幼儿园的办学条件相对较差。从调研情况来看,山东省大量的民办幼儿园都是规模较小的幼儿园,呈现出"低小散"的现象,即存在着"质量低、规模小、分布散"的弊端。这部分民办幼儿园的办园条件相对落后,校舍不足,配套设施不到位,甚至还有少部分的"民房式"幼儿园,严重影响了教学工作和适龄儿童的健康成长。山东省民办幼儿园两极分化的办学条件,既加剧了普通群众"入园难""入园贵"的问题,也不利于山东省民办学前教育整体质量的提高与发展。

（二）教育资源城乡分布不均

山东省民办幼儿园城乡分布不均,乡村民办幼儿园数量与城镇幼儿园数量存在一定差距,且差距不断拉大。从表6可以看出,2017年城镇民办幼儿园

---

[1] 资料来源:德州市学前教育网。

共有 5979 所，占全省民办幼儿园总数的 74.07％；乡村民办幼儿园共有 2903 所，占全省民办幼儿园总数的 25.93％。2014—2017 年，山东省城镇民办幼儿园占比由 69.90％增加至 74.07％，而乡村民办幼儿园占比由 30.10％减少至 25.93％，总体来看，山东省民办幼儿园城镇数量分布差距由 2014 年的 39.80％增加到 2017 年的 48.14％，差距逐渐拉大。

表6　2014—2017 年山东省民办幼儿园城乡分布数量占比情况

年份	城镇		乡村	
	民办幼儿园数 / 所	占全省民办幼儿园数比 /％	民办幼儿园数 / 所	占全省民办幼儿园数比 /％
2014	5022	69.90	2163	30.10
2015	5358	72.31	2052	27.69
2016	5739	72.89	2134	27.11
2017	5979	74.07	2093	25.93

资料来源：根据山东省教育事业统计资料整理而成。

（三）师生比距离教职工配备标准有一定的差距

根据教育部《幼儿园教职工配备标准（暂行）》规定，全日制幼儿园教职工与幼儿比应为 1:5 ～ 1:7。从表 7 可以看出，2014—2017 年，山东省民办幼儿园的师生比虽然由 1:10 上升到了 1:9，但是距离教育部规定的幼儿园教职工配备标准还有一定的差距，也就是说当前山东省民办幼儿园在教职工配备方面还不能满足社会对民办学前教育教职工数量的需求，需要进一步扩充民办学前教育教师队伍。

表7　2014—2017 年山东省民办幼儿园师生比

年份	教职工数 / 人	在园人数 / 人	师生比
2014	98633	986862	1:10
2015	110330	1056815	1:9.58
2016	123765	1152562	1:9.31
2017	134867	1214219	1:9

资料来源：根据山东省教育事业统计资料整理而成。

（四）师资队伍稳定性差，教师学历偏低

师资队伍是办好教育的关键。民办学前教育师资队伍的学历和稳定性不仅影响着幼儿教育的质量，也影响着民办学前教育的社会认可度。从目前的调研情况来看，山东省民办幼儿教师流动性大、师资队伍不稳定、幼儿教师的学历

偏低等问题严重阻碍了民办幼儿园的发展。

首先，由于市场竞争激烈，民办幼儿园不得不通过提供越来越多的服务吸引生源，比如园车接送、寒暑假班，而这些周到的服务必然会加重教师的工作量，使教师难以踏踏实实地留在民办园工作。而且存在很大一部分教师把当前的工作作为临时性工作，最终还是想考入公办园。其次，目前山东省民办学前教育教师大多是幼儿师范学校、高职、高专的毕业生，一般的民办幼儿园很难招到正规大学学前教育专业的本科生，更不用说学前教育专业的硕士研究生了。以2016年为例，2016年山东省民办幼儿园专任教师中具有硕士研究生学历的教师人数占民办幼儿园专任教师总数的0.09%；具有专科及专科以下学历的教师人数占民办幼儿园专任教师总数的89.8%。民办幼儿园教师整体上文化基础弱、底子薄，入职培训和在职培训只是专业技能培训，忽视了教育理论和教育理念的提升。再加上民办幼儿园教师本身社会地位低、薪资低、心理压力大、缺乏社会保障和职业幸福感等因素，加剧了民办幼儿园教师的流动性。

四、促进山东省民办学前教育发展的对策建议

根据《国务院关于学前教育深化改革规范发展的若干意见》指出的"牢牢把握公益普惠基本方向，坚持公办民办并举""积极扶持民办园提供普惠性服务"可知，民办幼儿园将逐渐成为我国学前教育事业发展的重要支持力量，而发展普惠性民办学前教育则成为解决当前"入园难""入园贵"的重要举措。为此，山东省各方力量必须采取多种有效措施，以进一步促进山东省民办学前教育，尤其是普惠性民办学前教育的发展。

（一）加大政府扶持力度，促进普惠性民办学前教育发展

首先，政府要加强引领和宣传，为民办学前教育的发展营造良好的社会氛围。通过电视媒体、新闻传播等多种方式介绍国家鼓励扶持民办学前教育、普惠性民办学前教育发展的相关政策，宣传较好的民办幼儿园，这样一方面可以提高社会对民办幼儿园的信任度，改变群众对民办学前教育、普惠性民办学前教育的错误理解；另一方面可以促进民办幼儿园以理性的眼光看待"普惠性"和"营利性"之间的关系，积极向普惠性民办幼儿园转型。

其次，健全民办学前教育相关政策，细化相关规定，形成完善的政策支持体系。一是根据国家有关法律法规，建立健全民办学前教育分类管理的相关配套政策，明确普惠性的标准、政府对普惠性民办园的责任以及如何扶持普惠性民办学前教育发展等问题，使相关的扶持政策落实；二是分类对待民办幼儿园，对于较大规模的民办园，尊重其按照市场化规律发展，不强迫其向普惠性民办园发展，对于其他民办园，政府可以给予相应的支持和引导，积极推进其向普惠性

民办园发展;三是在学前教育发展上,政府应做到对民办园与公办园一同规划、一同部署、一同检查和一视同仁,真正贯彻民办园与公办园在同一片蓝天下发展的政策。

再次,加大政府经费扶持力度,扩展普惠性学前教育资源。一是各级政府做好经费预算,根据各地实际情况合理分配学前教育资源的比例,给予民办幼儿园适度的倾斜,根据民办幼儿园的实际需求,提供必要的直接或间接资助;二是建立省财政扶持机制,各市、县(区)探索设立民办教育发展专项基金,大力扶持民办学前教育发展;三是对于普惠性学前教育的财政投入,可根据各地实际情况,因地制宜地制定经费投入与成本分担机制,明确政府、幼儿园和家长成本分担的比例,制定普惠性民办园的财政支持标准等。

此外,由政府牵头,鼓励社会力量对民办学前教育,尤其是对普惠性民办学前教育进行资助,例如通过召集有意愿的企业、个人和社会组织等为民办学前教育捐助资金和物资,拓宽经费筹措渠道,增加民办园的物资资源,减轻民办幼儿园的办园成本。

(二)设立专门的行政部门,加强对民办学前教育的监管

在加强对民办学前教育扶持的同时,进一步加强对民办学前教育的监管力度。一是进一步规范民办幼儿园的办园审批制度,审批制度和民办幼儿园的办园水平、教学质量有直接关系,因此,应按照国家有关规定,各市结合地方实情制定民办幼儿园办学条件的具体标准,对于即将办的幼儿园部分硬件设施,比如办园场所、教学设备等必须严格要求,并设立相应的行政职能部门,配备专职人员,加强对民办幼儿园的规范管理。二是健全民办学前教育监测机制,建立由教育行政部门、教育专家和民办学前教育代表组成的评估组,对民办幼儿园的硬件设施、教学质量、保教质量等定期进行全面检查和评估,对于不符合标准的幼儿园要进行整改,情况严重者则取消办园资格,以促进山东省民办学前教育的可持续发展。三是建立对普惠性民办学前教育经费使用效益的监管制度,保证每年用于发展普惠性民办园的资金不被挪为他用,可通过根据对普惠性民办园分级考核的情况确定经费补助金额,并将经费补助情况公示以接受社会监督,对于经费使用情况不明的幼儿园给予相应处分。

(三)保障教师权益,提高教师专业素养,稳定师资队伍

民办学前教育中教师队伍的稳定性问题是影响民办学前教育发展的重要因素,要提高山东省民办学前教育的发展水平,首先应满足社会对民办学前教育教师的需求,稳定师资队伍。为此,应从保障教师权益和提高教师专业素养两方面入手。首先在教师权益方面,健全民办学前教育教师支持体系。提高民

办学前教育教师的工资待遇,同时为普惠性民办园教师设置最低工资标准。参考各地各园情况编制科学合理的政府、幼儿园和个人分担比例,从而制定为民办学前教育教师足额缴纳社会保险和住房公积金的规定,以完善民办学前教育教师的社会保障机制。鼓励民办学前教育为教师建立补充养老保险、企业年金,改善教师退休后的待遇,为教师提供可靠的社会保障,给予民办学前教育教师心理上的安慰。打破公办园、民办园在师资培训、教师发展上的差别,对民办幼儿园教师培训、职称评审、资格认定、职称评定和评优评先等工作制定相应的标准,增加普惠性民办园教师培训的名额,鼓励民办园教师外出培训和进修,并给予财政支持。其次,在提高教师专业素养方面,加强对民办园在职教师的专业培训,包括教师的教育理论、教育理念和专业技能水平,提升教师队伍的专业素养和职业观;同时,应完善公办园与民办园教师之间的合理流动机制,建立规范有序的公办园教师到民办园"支教"的制度,可由政府职能部门统筹规划,对民办幼儿园实行"一对一"的"帮扶带"工作,促进民办学前教育教师专业素养的提高,提高民办学前教育教师的社会认可度,从而进一步稳定师资队伍。

（四）民办幼儿园自身要规范办园、特色办园,提高办园质量

民办幼儿园的发展不仅需要政府、社会等外界力量的支持与帮助,更要发挥幼儿园自身优势,提高办园质量。为此,山东省民办幼儿园要做好以下几方面工作:首先,民办幼儿园举办者要依法依规举办幼儿园,严格按照国家的教育方针和教育理念规范办园;其次,民办幼儿园要坚持以人为本、理论与实际相结合、科学设置课程和满足社会需求的原则办特色幼儿园,积极进行园本化研究,打造自身风格、特色品牌和特色服务;再次,民办幼儿园之间要加强联系与合作,实现优势互补、信息共享、资源整合,形成山东省民办幼儿园的共同体,既发展自身,又促进山东省民办学前教育的整体发展。

山东省民办中小学发展报告

义务教育是我国教育工作的根基所在,更是提升国民素质的基本保障。推进义务教育的均衡发展是当前我国义务教育的战略性任务,也是实现教育公平、健康、和谐发展的根本途径。作为义务教育事业的重要组成部分,民办中小学在推进普及义务教育进程、提高义务教育水平、实现义务教育均衡发展方面发挥了重要作用,成为义务教育发展过程中不可忽视的力量。本章将对山东省民办中小学的办学现状进行分析,探究民办中小学存在的基本问题,并寻求解决策略,从而为促进山东省民办中小学的发展提供一定的帮助,进而为山东省义务教育事业发展贡献绵薄之力。

一、山东省民办中小学发展现状

(一)山东省民办小学发展现状

1. 民办小学学校数量情况

2017年山东省民办小学共有282所,占全省小学数量(9738所)的2.90%,山东省民办小学在全省小学所占比例较少。

(1)山东省各地级市民办小学分布情况。

在了解山东省民办小学整体情况基础上,对山东省各市民办小学的学校数量进一步统计,研究发现山东省各市民办小学分布极其不均衡,具有明显差异。如图1所示,菏泽、聊城、临沂、德州市民办初中小学数量较为突出,分别为78、35、35、39所,远超其他地级市;潍坊、济宁市民办小学的学校数量,分别为25、21所;以青岛、淄博、泰安为主的大部分地级市民办小学学校数量在8～15所之间;烟台、济南、东营、威海的民办小学数量却明显不足,均不到5所学校,而日照市民办小学数量为0。

(2)山东省民办小学的城区、镇区、乡村分布情况。

如图2所示,山东省民办小学学校在城区、镇区、乡村的分布存在差异。民办小学的数量以镇区为主,城区其次,乡村最少,分别为125、99、58所,可见民办小学在镇区发展较好,而在乡村地区比较欠缺。

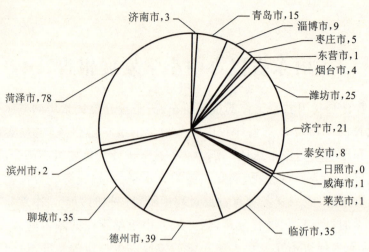

图1　2017年山东省各地级市民办小学的数量

资料来源：根据山东省教育事业统计资料整理而成。

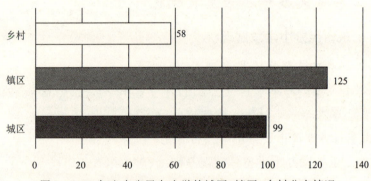

图2　2017年山东省民办小学的城区、镇区、乡村分布情况

资料来源：根据山东省教育事业统计资料整理而成。

（3）山东省各地级市民办小学的城区、镇区、乡村分布情况

如图3所示，各地级市民办小学在城区、镇区、乡村分布的数量情况存在差异。在城区，以潍坊市民办小学数量最为显著，高达23所，青岛、聊城市在10所以上，而其余地级市的学校均不足10所；在镇区，菏泽市以53所民办小学数量远远领先于其他地级市，临沂、德州、济宁市镇区民办小学的数量在10～20所左右，处于中等水平，而其余地级市的数量较少，在10所以下；在乡村，各地级市的发展情况较为薄弱，以临沂、德州、聊城、菏泽四市的学校数量为主要部分，分别为10、9、12、21，占到了总量的89.66%。总体来看，山东省各地级市民办小学在城区、镇区的数量分布相对比较均衡，而在乡村地区各市的发展情况差异巨大，相当部分市的乡村无民办小学，有待进一步加强。

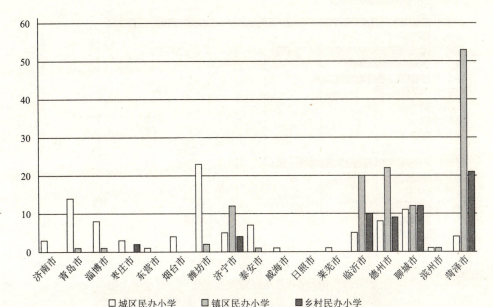

图3 山东省各地级市民办小学城区、镇区、乡村分布情况

资料来源:根据山东省教育事业统计资料整理而成。

2. 民办小学学生情况

相关数据显示,2017年山东省民办小学共招收学生70908人,占全省招生人数的5.58%;全省民办小学在校生461146人,占全省总在校生人数的6.51%;全省民办小学毕业生72757人,占全省总毕业生人数的6.56%。由于各地级市民办小学发展情况不同,其在校生数占全省民办小学在校生数的比例也存在差异。如图4所示,在校生占比前三名分别为菏泽、聊城和潍坊,各占29.45%、13.90%、11.86%。日照、东营、莱芜在校生占比相对较小,分别仅占0.44%、0.20%、0.01%。

在学校办学规模上,相关数据显示,2017年山东省普通小学的学校平均规模为728人/校(小学校数为9738,在校学生数为7084730),而民办普通小学的学校平均规模为1635人/校(小学校数为282,在校学生数为461146)。同时,城区、镇区和乡村的学校规模有很大的区别。根据表1数据计算,全省城区民办普通小学学校平均规模为1643人/校,镇区平均为1909人/校,乡村平均为1033人/校。在班级规模上,2017年全省普通小学的平均班额为42人(小学班数为170289,在校学生数为7084730)。而民办普通小学的平均班额为38人(小学班数为12003,在校学生数为461146),其中城区民办普通小学平均班额为35人,镇区为41人,乡村为39人。

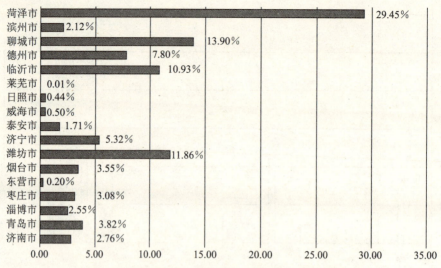

图4　2017年山东省各地级市民办普通小学在校生占比
资料来源：根据山东省教育事业统计资料整理而成。

表1　2017年山东省民办普通小学学生情况

	毕业生数／人	招生数／人	在校生数／人	学校数／所	班级数／个
城区	25257	30780	162622	99	4671
镇区	38676	31359	238636	125	5809
乡村	8824	8769	59888	58	1523

资料来源：根据山东省教育事业统计资料整理而成。

3. 民办普通小学师资情况

如图5所示，菏泽、聊城的民办小学教师数量达3000人以上，远高于其他地级市；潍坊、临沂、德州位于第二梯队，分别为2385、1945、1657人；济南、青岛、枣庄、济宁市的民办小学教师数量比较相近，为500～1100人；其他地级市民办小学教师数量比较少，尤其是莱芜市的民办小学教师数量最少，仅有24人。从各地级市民办小学教师的数量分布上可以看出，各地级市民办小学教师具有很大差异，教师资源分布极其不均衡。

如图6所示，对山东省民办小学专任教师占教师总数的比例进行统计。数据显示，东营、潍坊、临沂的民办初中专任教师远高于其他地级市，占比在89%以上；而济南、威海的民办小学专任教师比例却处于较低水平，不足60%。结合前面各市民办小学的教职工总数，教职工人数最多的菏泽专任教师占比仅有76.38%，而教职工人数非常少的东营市专任教师占比却高达96.00%，由此可以看出山东省各市民办小学的专任教师与教师总数不成正相关，也表明各市民办小学教师的师资队伍配置存在很大差异性。

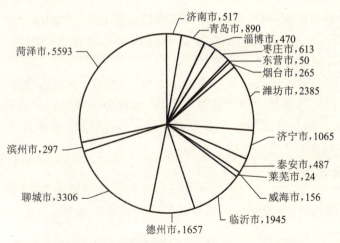

图 5　2017 年山东省各地级市民办普通小学教师数量

资料来源：根据山东省教育事业统计资料整理而成。

注：日照市缺乏数据，在此不计入统计。

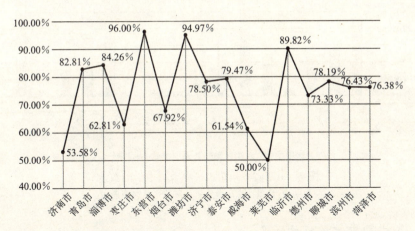

图 6　2017 年山东省各地级市民办普通小学专任教师在全体教师中的占比

资料来源：根据山东省教育事业统计资料整理而成。

（二）山东省民办初中的发展现状

初中教育是我国义务教育的重要组成部分，不但与初等教育紧密衔接，而且是中等教育不可分割的一块，成为衔接小学和高中的重要教育阶段。我国普通中学主要包括初中和高中，而本部分主要介绍山东省民办初中的发展状况，其中初中主要包括初级中学和九年一贯制学校。

为了更好地了解山东省民办初中的发展情况，有必要对山东省民办普通中学的基本情况有初步了解。截至 2017 年，山东省有普通中学 3560 所，其中民办普通中学共有 479 所，占全省普通中学的 13.46%。从整体上看，山东省民办普通中学的数量和比例较低，但与 2016 年同比数据相比较（2016 年山东省普通中学有 3504 所，其中民办普通中学共有 451 所，占全省普通中学的 12.87%），山东省民办普通中学数量呈上升趋势。

通过对山东省各地级市民办普通中学城区、镇区、乡村的分布情况统计，发现山东省各市民办普通中学数量分布不均，而且各市城、镇、乡差异明显。如图 7 所示，菏泽市民办普通中学数量最多高达 93 所；潍坊、青岛其次，分别为 57、47 所；临沂、德州、聊城市学校数量相当，在 30 所以上；东营、威海、莱芜市数量最少，不足 5 所；其他市学校数量为 10～30 所。各市城、镇、乡民办普通中学的差异，以青岛、潍坊市为代表的一些地级市以城区学校为主；菏泽、临沂、德州市以镇区学校为主；所有地级市的乡村学校数量明显偏少。

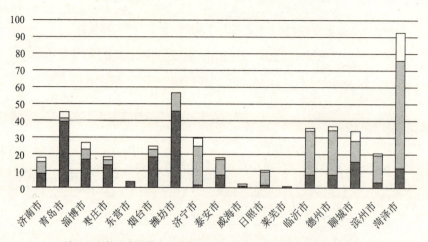

图 7　山东省各地级市民办普通中学的数量

资料来源：根据山东省教育事业统计资料整理而成。

1. 民办初中学校数量情况

2017 年山东省民办初中共有 317 所，占全省初中（2968 所）的 10.68%，而占全省民办普通中学总数（479 所）的 66.18%，从中可以看出山东省民办初中在全省初中所占比例较小，但是民办初中在民办普通中学中占据主体地位。

（1）山东省各地级市民办初中分布情况。

在了解山东省民办初中整体情况基础上，对山东省各市民办初中的学校数量进一步统计，研究发现山东省各市民办初中分布极其不均衡，具有明显差异。如图 8 所示，菏泽、潍坊、德州市民办初中学校数量较为突出，分别为 67、37、32 所，远超其他地级市；聊城、临沂、济宁市民办初中的学校数量分别为 23、26、20 所；以青岛、淄博为主的大部分地级市民办初中学校数量为 10～20 所；而莱芜、东营、日照市的民办初中数量却明显不足,均不到10所学校。

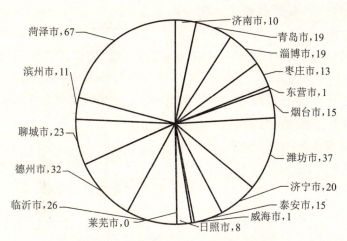

图8 山东省各地级市民办初中的数量

资料来源:根据山东省教育事业统计资料整理而成。

注:对民办初中统计了民办初级中学、民办九年一贯制学校相关数据。

(2)山东省两类民办初中的城区、镇区、乡村分布情况。

如图9所示,山东省民办九年一贯制、民办初级中学两类学校在城区、镇区、乡村的分布存在差异。九年一贯制学校的数量以镇区最多,城区次之,乡村最少,分别为113、89、28所,可见九年一贯制学校在镇区发展较好,而在乡村地区比较欠缺;民办初级中学在镇区、城区数量水平相当,其数量分别为39、40所,同样在乡村地区发展力量较为薄弱。在城区、镇区、乡村地区之内,两类学校也存在差异,但总体上来看,各个地区的民办九年一贯制学校数量明显多于民办初级中学。

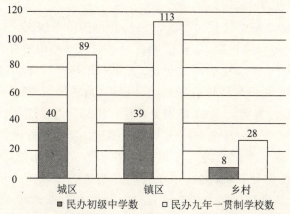

图9 山东省两类民办中学的城区、镇区、乡村分布情况

资料来源:根据山东省教育事业统计资料整理而成。

（3）山东省各地级市民办初中的城区、镇区、乡村分布情况。

如图10所示，各地级市民办初中的城区、镇区、乡村分布情况不太一致。在城区内，以潍坊市民办初中数量最多，高达34所，青岛、淄博、烟台市在10所以上，而其余地级市的学校均不足10所；在镇区内，菏泽市以43所民办初中远远领先于其他地级市，临沂、德州、济宁市地区民办初中的数量在20所左右，处于中等水平，而其余地级市的学校数量较少，在10所以下；在乡村内，各地级市的民办初中发展情况较为良好，以菏泽、潍坊学校数量较为突出，分别为51、37，大部分地级市为10～30所，处于10所以下的地级市较少，以东营和威海市为例。总体来看，山东省各地级市民办初中在城区、镇区的数量在部分地区出现偏多或偏少情况，而在乡村地区各市的发展情况相对均衡。

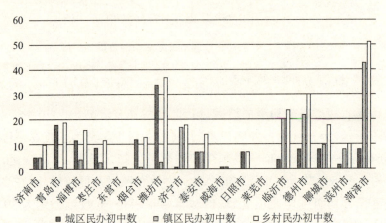

■ 城区民办初中数　□ 镇区民办初中数　□ 乡村民办初中数

图10　山东省各地级市民办初中城区、镇区、乡村分布情况

资料来源：根据山东省教育事业统计资料整理而成。

2. 民办初中学生数量情况

（1）山东省民办初中班数的城区、镇区、乡村的分布情况。

如图11所示，城区、镇区、乡村区域内的各年级学校班数分布情况具有一致性，一年级至四年级班级数呈递减趋势，其中一年级到三年级的班级数比较相近，下降幅度较小，而四年级班级数量明显偏少，与三年级相比下降幅度超大。

自我国实行九年制义务教育以来，小学和初中学制基本确定为"五三""六三"或"五四"学制，与全国情况基本一致，山东大部分地级市初中以三年制为主，仅威海、烟台少部分地区的初中学制为四年制。此外，三年制学段的初中，其四年级多设为补习班，因此山东省民办初中的一、二、三年级的班数远高于四年级班数。从学校班级数量的城区、镇区、乡村分布来看，镇区内一到三年级学校数量高于城区和乡村，乡村地区各年级的班级数量均比较少，并远低于城区和镇区。

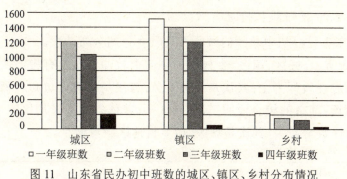

图11　山东省民办初中班数的城区、镇区、乡村分布情况

资料来源：根据山东省教育事业统计资料整理而成。

（2）山东省民办初中班级人数的城区、镇区、乡村分布情况。

根据山东省民办初中班数的城区、镇区、乡村数据统计结果，对山东省民办初中班级人数进一步统计，发现城区、镇区、乡村的一年级到四年级的人数和班级数分布一致，呈递减趋势，而且四年级学生数明显偏少，即补习班为主的班级人数最少。通过对原始数据的比对，发现一年级的学生数量为2017年度的招生数量，由此可推理二年级至三年级的学生数量应该与2016、2015年度的学生入学数量基本吻合。2017、2016、2015年度招生数量反映了各年度民办初中的招生情况，2015—2017年逐年呈增长态势。

图12中，城区、镇区、乡村的预计毕业生数和实际毕业生数存在一定的出入，镇区和乡村实际毕业生少于预计毕业生数，城区则多于预计毕业生数。此外，作为正常毕业班级的三、四年级学生数量总和应当与预计毕业生数、实际毕业生数基本吻合，但通过比对发现三、四年级的学生数量之和高于预计毕业生数或实际毕业生数。由此说明山东省民办初中的毕业班级存在毕业生未正常毕业或者下一年度复读的现象，而且这类现象在城区和镇区略高于乡村。

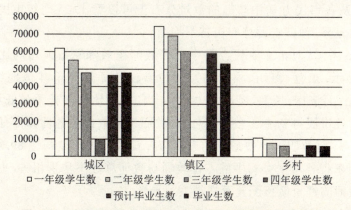

图12　山东省民办初中学生人数的城区、镇区、乡村分布情况

资料来源：根据山东省教育事业统计资料整理而成。

3.民办初中教师队伍情况

（1）山东省民办初中教师的城区、镇区、乡村的分布情况。

如图13所示，城区、镇区、乡村的民办初中教师分布具有相似性，各区域内民办初中以专任教师为主；其次是工勤人员；再次是行政人员和教辅人员，二者数量比较相近；其余的校企业职工、代课教师、兼任教师数量均比较少。民办初中教师在镇区数量最多，其次是城区，而乡村地区数量最少。

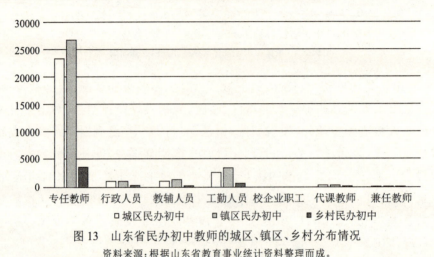

图13　山东省民办初中教师的城区、镇区、乡村分布情况
资料来源：根据山东省教育事业统计资料整理而成。

（2）山东省各市民办初中教师人数的分布情况。

如图14所示，菏泽、潍坊的民办初中教师数量达10000人以上，远高于其他地级市；聊城、德州位于第二梯队，分别为6049、5107人；临沂、济南、青岛、枣庄、烟台、济宁的民办初中教师数量比较相近，在3000和5000之间；其他地级市民办初中教师数量比较少，尤其是莱芜、东营的民办初中教师数量最少，仅有200多人。从各市民办初中教师的数量分布上可以看出，各地级市民办初中教师具有很大差异，教师资源分布极其不均衡。

如图15所示，对山东省民办初中专任教师在教师总数所占的比例进行统计。数据显示，东营、潍坊、临沂民办初中专任教师远高于其他地级市，占比在89%以上；而济南、威海、莱芜民办初中专任教师比例却处于最低水平，不足75%。结合各市民办初中的教职工总数，教职工人数最多的菏泽专任教师占比仅有80.13%，而教职工人数最少的东营市专任教师占比达却达89.45%，由此可以看出山东省各市民办初中的专任教师与教师总数不呈正相关，也表明各市民办初中教师的师资队伍配置存在很大差异性。

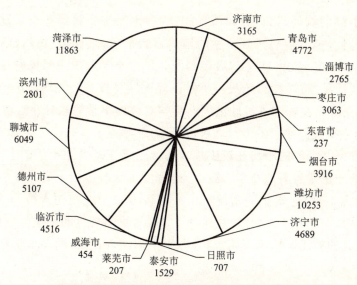

图 14　山东省各市民办初中教师人数的分布情况
资料来源：根据山东省教育事业统计资料整理而成。

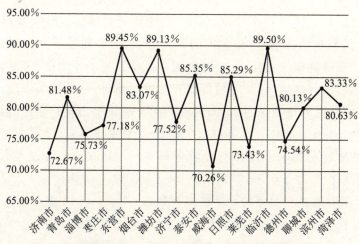

图 15　山东省各市民办初中专任教师人数在教师总数的占比
资料来源：根据山东省教育事业统计资料整理而成。

二、山东省民办中小学发展存在的主要问题

（一）山东省民办小学和初中存在的特殊性问题

1. 山东省民办小学存在的特殊性问题

（1）山东省民办小学在乡村地区办学力量薄弱。

山东省各地级市民办小学的城区、镇区、乡村分布情况存在特殊性，与各地

级市民办小学的城区、镇区分布情况相比,各地级市乡村民办小学发展情况具有极大差异性,拥有乡村民办小学的地级市包括菏泽、聊城、德州、临沂、济宁、枣庄,仅有 6 个市,其余 11 个地级市则没有民办小学。山东省民办小学在乡村地区的薄弱情况,将直接影响民办小学在促进城乡教育资源均衡化过程中应发挥的作用,更难以发挥在乡村地区民办小学对公办小学的教育补给功能。

（2）山东省民办小学的专任教师配置不足。

山东省民办小学的平均在校生规模远高于山东省普通小学的水平,但其班级规模却低于山东省普通小学,这在一定程度上反映出山东省民办小学学校规模大、班级多、班级人数少的情况。山东省民办小学在校生人数为 461146 人,专任教师总数是 15665 人,其师生比为 1:29,与我国规定的小学师生比 1:19 相比,具有很大的差距。这也表明,与公办小学相比,山东省民办小学专任教师相对不足。

2. 山东省民办初中存在的特殊性问题

（1）山东省各市民办初中在城区、镇区内办学情况差异性较大,而乡村地区比较均衡。

基于对山东省民办初中学校、学生、教师数量的城区、镇区、乡村分布情况分析,各市民办初中在城区、镇区内的差异较大,而乡村发展水平比较相近,均比较薄弱。形成这样的差异,主要源自城乡经济发展的不均衡化,城区、镇区经济较为发达和良好的地区,具备较好的社会办学条件,容易吸引生源,创办更多的民办初中,从而各市城区、镇区的民办初中发展情况出现差异化;但经济条件落后的乡村地区,因社会办学条件的欠缺以及生源的流失,使得乡村地区的办学条件和需求远不及城区和镇区,从而各市乡村地区民办初中发展水平整体偏低,差异性弱化。

（2）山东省民办初中存在逐年扩招现象。

通过对民办初中各年级人数统计,发现初中三年级、二年级、一年级人数呈增长趋势。各年级人数应与当年入学年度的招生人数基本一致,从三年级、二年级、一年级对应的 2015—2017 年度人数来看,山东省民办初中存在逐年扩招现象。生源的扩招从一定程度上反映出民办初中在不断发展,但同样为民办初中带来运营、管理等方面的相关问题和隐患。

（3）民办初中需设置四年级补习班,满足未能正常毕业学生的需要。

在读的三、四年级学生为准毕业生,其数量之和均大于预计毕业生与实际毕业生人数,这表明每年山东省民办初中有一部分学生未能按照学习年限正常毕业,每年将有新的"留级"学生复读和补习。这一现状也促使民办初中进一步承办四年级补习班以满足未能正常毕业学生的需要。

（二）山东省民办小学和初中存在的普遍性问题

1. 山东省各地级市民办中小学发展不均衡

通过对各地级市民办中小学的学校、学生、教师数量情况分析可知，山东省各地级市民办中小学办学存在很大差异，以菏泽、聊城、德州为首的地级市民办中小学发展情况明显领先于其他地级市，而以东营、威海、日照为代表的地级市民办中小学发展情况却明显不足。山东省各地级市间的民办中小学发展不均衡情况，反映出地级市民办中小学的政治、经济、文化等环境条件不对等，而各地级市民办中小学的差异性发展也将进一步加剧各地级市民办教育的不均衡发展。

2. 山东省民办中小学办学情况存在城区、镇区、乡村差异

山东省各地级市的民办中小学学校、学生、教师数量情况存在城区、镇区、乡村差异，镇区成为民办中小学发展最为良好的地区，城区略逊于镇区，但是乡村的民办中小学远落后于城区和镇区，成为民办中小学发展最为薄弱的区域。在整体推进九年义务教育发展的过程中，民办中小学发挥了很重要的作用，但其现存的城区、镇区、乡村差异也在一定程度上加剧了城乡教育资源的不均衡化。为保证民办中小学在我国初等教育和中等教育中继续发挥更大的作用，教育资源的城乡合理配置成为今后民办中小学发展需要权衡的重要方面。

3. 山东省各地级市民办中小学的发展规模与专任教师配比不相符

结合前面对各市学校、学生、教师数量的统计可知，以菏泽为首的地级市民办中小学整体规模优先于其他地区，而东营等地级市民办中小学整体办学规模比较薄弱。在此基础上，对各市专任教师在教职工总数的占比进行统计，发现菏泽这样的民办中小学发展较好的地级市，专任教师占比却低于东营这样的民办中小学发展较为薄弱的地级市。从中可以看出，以菏泽为主的地区专任教师比较欠缺。专任教师是衡量学校师资队伍和整体办学水平的重要指标，民办中小学需要加强对专任教师的引进和培养。

三、促进山东省民办中小学发展的对策建议

（一）完善顶层设计，制定扶持民办中小学发展的政策

根据新修订的《民办教育促进法》规定，我国民办教育实施营利性和非营利性民办学校分类管理，义务教育阶段民办学校均为非营利性办学，为我国义务教育阶段的民办教育指明了发展方向，明确了其办学属性。在政策的制定上，民办中小学应当包含在义务教育阶段的范畴。民办中小学可与公办小学同等享受在招生计划、师资聘用、土地房产、税费减免、政府补贴等方面的政策。

（二）加大财政资金支持，建立民办中小学多元化的资金筹措机制

由于办学属性的特殊性，民办中小学办学资金紧缺是制约学校师资、办学条件等发展的根源所在，因此建立多元化的资金筹措机制是促进民办中小学发展的根本所在。山东省政府应当积极承担起民办中小学教育资金筹措体系中的主渠道责任，进而帮助民办中小学建立包括举办方、学费、社会捐赠等多元化的资金筹措体系。据统计，截至 2017 年 8 月底，山东省 9 个市、33 个中小学采用 PPP 模式建设，累计投资达到 58.7 亿元。目前，潍坊、德州、菏泽、枣庄、青岛在民办中小学发展补充教育资源方面做了大量探索，取得了显著成效，值得山东省其他地级市借鉴。

（三）合理配置教育资源，促进民办中小学教育城乡一体化发展

城乡教育资源分布不均衡是当前我国教育事业发展的普遍现状，主要受到经济、政治、文化、历史等多方因素的制约。但义务教育是公共产品，政府作为公共产品的主导者，有义务为公众合理配置教育资源，实现教育资源的公平化、均衡化。当前城乡教育资源配置不均衡，不仅表现为学校规模、硬件设施的不均衡，还表现在城乡地区存在基础设施条件、资金、人力、技术、信息等资源的不对等。单纯以物质条件对城乡地区实施平均分配，势必会造成乡村地区教育资源浪费或城镇教育资源短缺的新问题，同样会造成教育资源的不合理配置，加剧城乡教育不协调发展。随着人们物质生活水平的提高，基本的办学条件已经难以满足人们对优质教育资源的需求。因此解决城乡教育资源不均衡的问题，关键还是要加大对乡村教育的补偿，尤其是对优质教育资源的补给。只有为乡村地区配置公平、优质的教育资源，学生才可安心上学，学校方可持续发展，进而缓解城乡教育资源分布不均衡问题。

（四）加强监督管理，保障民办中小学的教育教学质量

山东省民办中小学在学校、学生数量上已经实现长足发展，成为山东省义务教育事业发展的重要力量，但随着规模化的持续发展，民办中小学需要进一步提升办学水平，提高教育教学质量，从而实现学校健康、可持续发展。首先，应当建立对民办中小学的检查机制。加强对民办中小学的管理机构建设，完善学校年度报告制度和检查制度、学校财务会计制度、内部控制制度、审计监督制度等，保障学校的合法办学行为。其次，对民办中小学的教学活动实施监管。要依照国家课程方案和课程标准选用教材，开设课程，满足学生的发展要求，完成教学培养任务。再次，完善学校的安全保障机制。加强对民办中小学的风险防范，学校建立相关的安全管理和应急预警处理机制，为学校的平稳运营提供

良好环境,更为学校实现高水平发展提供有利条件。

(五)提高师资队伍水平,建立民办中小学师资保障机制

教师是民办中小学平稳运行和可持续发展的必要条件,尤其是专任教师,成为民办中小学发展的中坚力量。首先,应当建立合法、规范的教职工聘用制度,吸引优质师资。由于民办中小学没有国家编制,很大程度上影响了民办学校对优质师资的选拔和聘用,但民办学校依然可以通过提高师资待遇、建立灵活晋升机制等措施来吸引优质师资,从根本上提高师资队伍的水平。其次,建立师资保障机制,维护教师的合法权益。民办中小学不仅需要吸引优质师资,更重要的是建立保障优质师资长期在民办学校服务的有效机制。民办中小学教师在资格认定、职务评聘、培养培训、评优表彰、医疗保险等方面,应当享受与公办教师同等权利。建立一支结构合理、业务精湛、长效稳定的高素质师资队伍,对民办中小学来说至关重要,民办中小学师资队伍建设应当成为教学工作之外最重要的工作。

山东省民办普通高中发展报告

普通高中即普通高级中学，属于高级中等教育学校的范畴，用以区别中师、中专、职高、技校等学校。普通高中是我国高级中等教育的实施主体，是高级中等教育的基本组成部分，上承初中，下启大学，学制一般为三年。普通高中教育是在九年义务教育基础之上进一步提高国民素质、面向大众的非义务性基础教育，是使学生进入高等教育学校或社会的过渡阶段，是终身教育的重要组成部分，兼有按层次分的"中等教育"与按类别分的"普通教育"两重性质。

2010年，山东省出台《山东省中长期教育改革和发展规划纲要（2011—2020年）》（以下简称《纲要》），指出："大力支持民办教育发展。各级政府要把发展民办教育作为重要工作职责，制定促进民办教育发展的优惠政策，鼓励出资、捐资办学，利用多种融资方式发展民办教育"，同时强调通过"推进普通高中规范化建设、提高普通高中教育质量、支持普通高中办出特色，来促进普通高中教育优质发展"。近年来，在《纲要》的指导下，全省民办普通高中教育事业持续健康发展，取得了较大的进步。2017年，《山东省"十三五"教育事业发展规划》出台，进一步提出"以完善管理体制和政策体系为重点，释放社会力量办学活力，促进民办教育发展，创新和扩大教育服务多样化供给"。同时，指出"加强特色高中建设，推动形成'一校一品''一校多品'"。而民办教育素以灵活、自主而著称，更有机会办出特色。因此，山东省民办普通高中又迎来了新的发展机遇。

一、山东省民办普通高中发展现状

近几年，山东省民办普通高中教育取得较大发展。如表1所示，截至2017年，山东省共有民办普通高中162所，占全省普通高中的27.36%，其中完全中学48所、高级中学61所、十二年一贯制学校53所。共有教职工29270人，总固定资产118.20亿元，总占地面积1324.47万平方米，总校舍建筑面积631.70万平方米，共有图书670.43万册，分别占全省普通高中的17.29%、19.45%、19.68%、21.18%、11.28%。显然，民办普通高中已然成为我省普通高中教育中不可忽视的力量。

表 1 2017 年山东省民办普通高中办学基本条件

	学校数 / 所	教职工数 / 人	占地面积 / 万平方米	建筑面积 / 万平方米	固定资产 / 亿元	图书 / 万册
普通高中	592	169272	6811.20	3210.66	558.19	5945.25
民办普通高中	162	29270	1324.47	631.70	118.20	670.43
民办普通高中占比 / %	27.36	17.29	19.45	19.68	21.18	11.28

资料来源:根据山东省教育事业统计资料整理而成。

(一)民办普通高中分布情况

如图 1 所示,山东省民办普通高中在各地级市之间的分布并不均衡,其中民办普通高中数为 20 所以上的有青岛市、菏泽市,均为 26 所;10 ~ 20 所的有潍坊市、烟台市、济宁市、临沂市、聊城市、滨州市,各有 20 所、10 所、10 所、10 所、11 所、10 所;其余皆为 10 所以下,特别是东营市、泰安市、威海市、日照市、莱芜市,分别仅有 3 所、3 所、2 所、3 所、1 所。可见,山东省各地级市的民办普通高中发展水平不一。

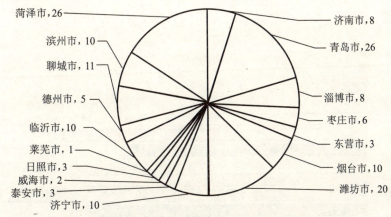

图 1 2017 年山东省各地级市民办普通高中学校数量
资料来源:根据山东省教育事业统计资料整理而成。

山东省各地级市民办普通高中的占比也有很大的不同。如图 2 所示,以 2017 年为例,各地级市民办普通高中学校占各市普通高中总数的比例有很大差别,其中菏泽市占比最高,达到 50.98%,占普通高中总数的一半以上;泰安市占比最低,仅占 9.68%,发展相对缓慢。17 个地级市民办普通高中的发展规模有很大不同,其中青岛市、潍坊市、滨州市、菏泽市发展规模已经较大,占比均超过了 30%,泰安市、威海市、莱芜市民办普通高中发展相对缓慢,占比均不到 12%。

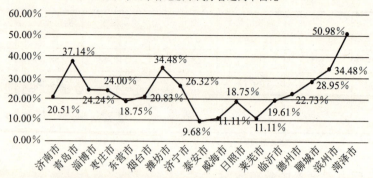

图2　2017年山东省各地级市民办普通高中占比
资料来源：根据山东省教育事业统计资料整理而成。

山东省民办普通高中主要集中在城镇。全省162所民办普通高中位于城区的有82所、位于镇区的有68所、位于乡村的有12所，分别占总数的50.62％、41.98％、7.41％。同时，在民办普通高中的类型上，城区、镇区、乡村呈现不一样的特点。如图3所示，城区和镇区高级中学数量最多，完全中学和十二年一贯制学校的数量相当，而在乡村十二年一贯制学校独领风骚，三分之二的组织或个人选择以十二年一贯制学校的方式在乡村发展民办普通高中教育。

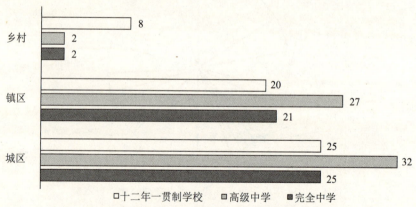

图3　2017年山东省城区、镇区、乡村民办普通高中情况
资料来源：根据山东省教育事业统计资料整理而成。

各地级市民办普通高中在城区、镇区和乡村的分布情况也呈现不同的特点。如图4所示，有10个地级市民办普通高中集中位于城区，6个地级市民办普通高中集中位于镇区，民办普通高中在乡村发展相对比较缓慢。同时，东营市和莱芜市所有的民办普通高中均位于城区，而德州市的民办普通高中均位于镇区。

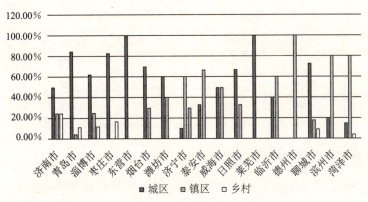

图4 2017年山东省各地级市城区、镇区、乡村民办普通高中情况
资料来源：根据山东省教育事业统计资料整理而成。

（二）民办普通高中学生情况

相关数据显示，2017年山东省民办普通高中共招收学生84190人，占全省招生人数的15.31%；全省民办普通高中在校生223225人，占全省总在校生人数的13.49%；全省民办普通高中毕业生45337人，占全省总毕业生人数的8.19%。由于各地级市民办普通高中发展情况不同，各地级市民办普通高中在校生在本地级市的占比也不同。如图5所示，民办普通高中在校生占比前三名分别为菏泽、枣庄和潍坊，各占28.91%、24.59%、22.39%。威海、东营、泰安在校生占比相对较小，分别仅占3.98%、3.76%、2.13%。

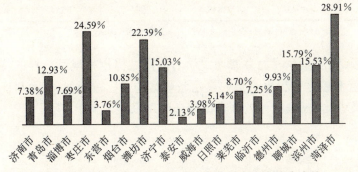

图5 2017年山东省各地级市民办普通高中在校生占比
资料来源：根据山东省教育事业统计资料整理而成。

在学校办学规模上，相关数据显示，2017年山东省普通高中的学校平均规模为2795人／校，而民办普通高中的学校平均规模仅为1378人／校。可见，民办普通高中的办学规模普遍偏小，不利于规模效益的形成。同时，城区、镇区和乡村的学校规模有很大的区别。如表2所示，2017年全省城区民办普通高中学校平均规模为1136人／校，镇区平均为1768人／校，乡村平均为823人／校。

表2　2017年山东省民办普通高中学生情况

	毕业生数／人	招生数／人	在校生数／人	学校数／所	班级数／个
城区	22589	34767	93114	82	2024
镇区	21764	45200	120238	68	2327
乡村	984	4223	9873	12	200

资料来源：根据山东省教育事业统计资料整理而成。

（三）民办普通中学师资情况

如表3所示，2017年山东省民办普通中学共有教职工66093人，占全省普通中学教职工总数的比例为13.17％。其中，专任教师53859人，行政人员2595人，教辅人员2554人，工勤人员7057人。同时，民办学校的人员结构存在一定的不足，具体而言，民办普通中学教职工中专任教师占比为81.49％，全省普通中学教职工中专任教师占比为90.66％，可见，民办普通中学在专任教师中的比例有待提高。而民办普通中学教职工中工勤人员占比为10.68％，全省普通中学教职工中工勤人员占比为2.94％，可见，民办普通中学中工勤人员的比例过高，有待优化。

表3　2017年山东省普通中学教职工情况

	教职工数／人	教职工			
		专任教师／人	行政人员／人	教辅人员／人	工勤人员／人
合计	502004	455113	9547	22512	14781
民办	66093	53859	2595	2554	7057

资料来源：根据山东省教育事业统计资料整理而成。

在城区、镇区和乡村民办普通中学的教师结构也呈现不一样的特点。如图6所示，城区和镇区的民办普通中学在教师结构上比较相似，而乡村民办普通中学工勤人员占比过高、专任教师占比偏低的现象更为突出、明显。

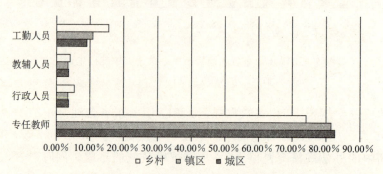

图6　2017年山东省普通中学城区、镇区和乡村教职工结构

资料来源：根据山东省教育事业统计资料整理而成。

二、山东省民办普通高中发展存在的主要问题

（一）学校办学效益有待提高

相较过去，民办学校在硬件条件上已经有了很大的提高。具体而言，民办普通高中教职工数、固定资产总数、占地面积总数、校舍建筑面积总数、图书总数分别占全省普通高中的 17.29％、19.45％、19.68％、21.18％、11.28％，除生均图书低于全省普通高中平均水平外，在生均教职工数、生均固定资产、生均占地面积、生均建筑面积等方面均高于全省普通高中平均水平，这反映出民办普通高中的办学条件已经有了很大提高。2017 年我省民办普通高中学校数占全省普通高中学校数的比例为 27.36％，但是在校生人数占全省总在校生人数的比例仅为 13.49％，以 27.36％的学校占比却只拥有 13.49％的学生，直接反映出民办学校的学生规模较少，本质上说明我省民办普通高中的办学效益较低。同时，2017 年山东省普通高中的学校平均规模为 2795 人／校，而民办普通高中的学校平均规模仅为 1378 人／校。这些数据都表明，与公办学校相比，民办普通高中存在办学效益较低的问题。民办学校投入较大，却没有取得与之相匹配的产出。因此，如何提高民办普通高中的办学效益，扩大学校的学生规模，是需要政府、社会、学校通力合作、共同解决的问题。

（二）班级规模需要继续缩小

相关数据表明，2017 年我省民办普通高中的平均班额为 49 人／班，其中城区民办普通高中平均班额为 46 人／班，镇区为 52 人／班，乡村为 49 人／班。而《山东省中长期教育改革和发展规划纲要（2011—2020 年）》明确指出：到 2015 年，全省所有普通高中达到基本办学条件标准，班额控制在 50 人以内；到 2020 年，办学条件进一步改善，班额控制在 40 人以内。显然，我省民办普通高中要想在 2020 年实现班额控制在 40 人的目标，仍需进一步降低学校班级人数。因此，如何缩小学校班级规模也是民办普通高中需要着手解决的问题之一。

（三）专任教师占比有待增加

2017 年山东省民办普通中学教职工中专任教师占比为 81.49％，全省普通中学教职工中专任教师占比为 90.66％。同时，民办普通中学教职工中工勤人员占比为 10.68％，全省普通中学教职工中工勤人员占比为 2.94％。可见，民办普通中学的专任教师比例与公办学校相比，存在占比偏低的情况。众所周知，专任教师是学校开展各项教育教学活动的关键，是学校办学最为重要的主体之一，其对于学校的办学水平的提高、教学质量的提升尤为重要。因此，针对全省民办普通中学所存在的专任教师比例偏低、工勤人员比例过高等问题，民办普

通中学需要采取相应的措施,进一步提高学校专任教师的比例。

（四）民办高中区域发展不均衡

通过对山东省17个地级市民办普通高中的发展状况进行分析,我们不难发现,各地级市民办普通高中发展水平各不相同。首先,各地级市普通高中学校数量上差距较大。如青岛市、菏泽市民办普通高中学校数均为26所,而东营市、泰安市等地级市民办普通高中学校数量不超过3所。其次,各地级市民办普通高中占全市普通高中的比例差距明显。如菏泽市民办普通高中占全市普通高中总数的占比为50.98%,超过一半的普通高中为民办的,而泰安市仅有9.68%的普通高中为民办学校。再次,各地级市民办普通高中在校生人数占比各不相同。如菏泽市有28.91%的学生就读于民办普通高中,而泰安市仅有2.13%的学生就读于民办普通高中。通过上述比较不难看出,全省各地级市民办普通高中发展并不均衡。

三、促进山东省民办普通高中发展的对策建议

针对当前我省民办普通高中在办学过程中存在的各种问题,应从以下几个方面入手进行解决。

（一）恪守契约精神,提升学校办学声誉

一所学校如果缺乏契约精神,不但会使公众产生不靠谱的感觉,而且其自身往往会失去更多的发展机会。针对当前我省民办普通高中社会认可度较低的问题,民办学校应该恪守契约精神,以提高学校办学实力为旨趣,不断开拓创新,提高办学质量,优化办学环境,树立学校品牌,进而提高学校的办学声誉。民办学校要想获得社会的认可,在办学过程中要秉持对国家、对社会、对家庭负责的态度,提高升学率和成材率,为公众交上一份满意的答卷。对于家庭而言,在父母将孩子送进民办学校的那一刻起双方就已经建立了契约关系,家庭付出了高额的学费,学校就有责任和义务把学生培养成才。学校要发布真实可靠的招生信息,使得公众能够了解民办普通高中的实际情况,以诚信获得公众的认可,从而改变公众对民办学校的看法。总之,民办普通高中应恪守契约精神,坚持诚信办学,提升办学实力,进而提高学校办学声誉,获得公众的认可。

（二）提升学校办学效益,缩小学校班额

学校的办学效益,是指学校产出与投入的对比关系,这是一种数量化的含义,投入越少、产出越多,说明其在同等资源消耗下培养更多的人才或培养等量的人才而消耗更少,效益也就越高。针对我省民办普通高中办学效益有待提高

的问题,提升民办普通高中的办学规模是首要任务。办学规模主要是指民办高中的在校生人数,反映了学校的产出能力。相关研究表明:当学校规模较小时,资源利用率低,生均成本一般较高。随着学校规模的扩大,生均成本将随之下降,学校的各类教学资源会得到充分利用。学校规模的大小,直接影响办学效益,生均成本随着学校规模的增大而下降,而且随着学校规模的增大而下降的速率是递减的。人力资源利用率则随着学校规模的增大而提高,并且随着学校规模的增大而提高的速率是递减的。当然,也不能一味地增大办学规模,也要考虑好学校自身的办学条件,只有当学校的规模达到合理的水平时,才能取得最佳规模效益。为此,政府、社会和学校必须采取相应的措施,调整民办学校的学生规模,通过扩大民办高中招生人数,使在校人数趋近一个合理的临界值,进而提高民办学校的资源利用率,从而提高学校办学效益。同时,针对民办高中班额过大的问题,各民办学校应该采取有效的措施,缩小班额。

(三)制订专项计划,提高专任教师比例

针对民办普通中学专任教师比例偏低的问题,民办学校应制订专项计划提高学校专任教师的比例。民办学校的发展,教师是根本,教师是一所学校最宝贵的财富,好的教师是学校发展的基石。而在学校的教职工当中,专任教师可以说是最为重要的群体。各民办学校的举办者应当充分认识到专任教师对于学校发展的重要性,在此基础上,针对各自学校专任教师的具体情况,制订相应的专项计划,合理地引进专任教师,培养专任教师,从而提高学校专任教师的比例,为学校的教育教学活动顺利地进行提供保证。同时,要提高专任教师的师资水平,为专任教师的成长提供平台和条件。总之,专任教师对于学校的发展尤为关键,民办普通中学要不断提高专任教师的比例和水平,进而提高民办普通中学的办学质量。

(四)制定政策,促进各地级市民办高中发展

2017年我省民办普通高中数量占全省普通高中总数的27.36%,显然,民办普通高中教育已然成为我省普通高中教育的重要组成部分。《山东省"十三五"教育事业发展规划》强调:"'十三五'期间,以政府办学为主体、社会各界共同参与、公办与民办学校共同发展的格局基本形成。"但是,各地级市民办普通高中教育发展并不均衡,没有普通高中教育的均衡发展,就很难形成共同发展的局面。同时,《纲要》指出:"各级政府要把发展民办教育作为重要工作职责,制定促进民办教育发展的优惠政策,鼓励出资、捐资办学,利用多种融资方式发展民办教育。"为此,针对各地级市民办普通高中教育发展不均衡的问题,各地

级市主管教育的相关部门应因地制宜,制定合理的政策促进当地民办普通高中教育的发展,使民办教育真正成为推动当地普通高中教育发展的重要力量。如2017年8月29日青岛市教育局印发了《青岛市民办教育三年行动计划(2018—2020年)》的通知,为青岛市民办教育短期发展指明了方向,在此基础上,青岛西海岸新区提出"五个扶持"战略,分别在政策、机制、土地、资金、队伍五个方面予以扶持,以促进民办教育事业健康发展,为新区提供优质的多元教育资源。

山东省民办中等职业学校发展报告

中等职业教育(简称"中职")是在高中教育阶段进行的职业教育,也包括一部分高中毕业后的职业培训,它是专门培养社会各行业所需技能型人才的教育领域,其特点是在完成初高中基础教育内容的同时,培养出各行业所需的技术能手,也同时为各高等院校进一步输送高素质的专门人才打下基础。因此,中等职业教育的功能是既承担着国家九年义务教育的职责,又肩负着培养各行业高素质技能型人才之重任。同时,民办中等职业教育扩大了职业教育资源总量,增加了职业教育选择的机会,增强了职业教育改革发展的活力,成为加快职业教育发展、扩大职业教育规模的重要生力军,且为经济社会发展进步做出了贡献。

一、山东省民办中等职业学校基本情况

山东省依靠区位优势和经济、人文等良好的外部环境,以及多年来发展职业教育所奠定的坚实基础、较为有效的政策措施,使得中等职业教育的结构协调水平、发展规模水平和拥有资源水平等方面均处于全国领先位置。同时,作为民办教育大省,山东省的民办中等职业教育已成为山东省职业教育事业的重要组成部分。

(一)基本概况

如表 1 所示,截至 2017 年底,山东省共有民办中等职业学校 99 所,约占山东省中等职业学校总数的 24.69%,含调整后中等职业学校 37 所、中等技术学校 19 所、成人中等专业学校 10 所、职业高中学校 33 所。全省民办中等职业学校固定资产共计 30.89 亿元,占全省中职学校固定资产的 12.12%,校舍建筑面积 203.40 万平方米,占全省校舍建筑面积的 12.72%。图书 297.27 万册,占全省中等职业学校图书的 12.75%。

表 1　2017 年山东省民办中等职业学校办学基本条件

	学校数/所	教职工数/人	占地面积/万平方米	建筑面积/万平方米	固定资产/亿元	图书/万册
中等职业学校	401	60408	3473.73	1598.96	254.91	2332.41
民办中职学校	99	6643	—	203.40	30.89	297.27
民办中职学校办学条件占比/%	24.69	11.00	—	12.72	12.12	12.75

资料来源:根据山东省教育事业统计资料整理而成。

（二）学校情况

山东省民办中等职业学校分布在 16 个地级市,各地级市民办中等职业学校的数量有较大的差异,如菏泽、青岛等地级市拥有 10 所以上民办中等职业学校,而诸如聊城、日照等地级市民办中职学校的数量较少。各地级市民办中等职业教育在发展程度上也有较大的区别。如图 2 所示,在全省 17 个地级市中,威海、菏泽、莱芜、滨州、潍坊、临沂的民办中等职业教育发展较好,这些地级市民办中职学校数占当地中职学校总数的比例分别为 50.00%、44.44%、37.50%、35.29%、30.30%、29.41%。其中,威海市的民办中等职业教育发展最好。但是,也有些地级市的民办中等职业教育发展并不乐观,如东营市没有一所民办中等职业学校。这也反映出全省民办中等职业教育发展不均衡的特点。

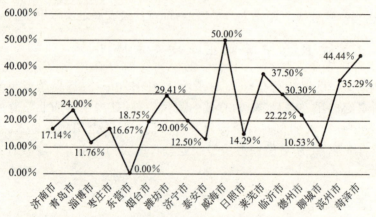

图 1　2017 年山东省各地级市民办中等职业学校占比
资料来源:根据山东省教育事业统计资料整理而成。

2012—2017 年,山东省中等职业学校总体数量逐年减少,民办中职学校数量也逐年递减。从表 2 来看,民办中职学校占整个中等职业教育总量的比例在 2012—2014 年比较稳定,均为 26% 左右,每年略有增加;2015 年占比达到最高峰,为 27.13%;之后,占比逐年下降,2017 年达到 6 年中的最低值 24.69%。6 年间民办中职学校减少了 48 所,减幅为 32.65%。民办中等职业学校通过撤销、合并等措施,使民办学校的教育资源得到进一步优化,民办学校更加注重学校的规模建设,以取得更大的规模效益。

表 2　2012—2017 年山东省民办中职学校数量情况

年份	民办中职学校数 / 所	全省中职学校总数 / 所	民办中职学校数占比 /%
2012	147	560	26.25
2013	140	525	26.67

年份	民办中职学校数/所	全省中职学校总数/所	民办中职学校数占比/%
2014	124	460	26.96
2015	118	435	27.13
2016	111	428	25.93
2017	99	401	24.69

资料来源:根据山东省教育事业统计资料整理而成。

(三)学生情况

2017年全省民办中等职业学校共有在校生113437人,占山东省中职在校生总数的14.30%,所有在校生中全日制学生的数量为112366人,占总在校人数的99.06%,可见,山东省民办中等职业教育以全日制教育为主。2017年招生总人数为42028人,约占全省总招生人数的16.09%;毕业生总人数为30138人,约占全省总毕业人数的12.14%。2017年与2016年相比,除招生数上无明显变化外,在校生数和毕业生数都发生了较大的变化。如表3所示,与2016年相比,2017年民办中等职业学校在校生数为113437人,增加了7171人,增幅为6.75%;而毕业生数为30138人,减少了5593人,跌幅为15.65%,这是由较多学生未能按时毕业所导致的。

表3　2016—2017山东省民办中职学生数量情况

年份	实际招生		在校生		毕业生	
	人数/人	占总实际招生数比/%	人数/人	占总在校生数比/%	人数/人	占总毕业生数比/%
2016	42498	14.75	·106266	13.12	35731	12.46
2017	42028	16.09	113437	14.30	30138	12.14

资料来源:根据山东省教育事业统计资料整理而成。

(四)教师情况

2017年,山东省民办中等职业学校教职工数为6643人,占山东省中职教职工总数的11.00%。其中专任教师4802人,校外兼职教师474人。专任教师中,有正高级职称者49人,有副高级职称者416人,有中级职称者1254人,有初级职称者1024人,无职称者2059人。从表4中的统计数据来看,民办中职学校的专任教师中,高级职称教师数的比例很小,且具有高级职称的专任老师流失严重。以2017年为例,相较前一年,民办中职学校具有正高级职称教师流失15人,流失率达23.44%,有副高级职称教师流失39人,流失率8.57%。同时,其他拥有职称的专任教师也出现了不同程度的流失。与之相反的是，民办中职学校中无职称专任教师比例逐年增加，显然民办中职存在难吸引优秀教师的困难。

表4　2015—2017年山东省民办中职学校教师职称情况

年份	专任教师数／人	职称				
		正高级／人	副高级／人	中级／人	初级／人	无职称／人
2015	4752	67	461	1470	1043	1711
2016	4798	64	455	1300	1053	1926
2017	4802	49	416	1254	1024	2059

资料来源：根据山东省教育事业统计资料整理而成。

如图2所示，民办中等职业学校的专任教师中拥有高级职称的人数比例较低，其中有正高级职称教师的占比仅为1.02%，有副高级职称教师的占比为8.66%，而有42.88%的专任教师是没有职称的。通过对图2分析可以发现全省中等职业学校教师职称结构为"橄榄型"结构，而民办中等职业学校教师职称结构呈现"金子塔"型。有副高级、中级、初级职称的教师作为学校日常教育教学工作的主力，在民办中等职业学校的占比却比较小，这使得那些新进的、无经验、无职称的教师得被迫填补他们的空白，这在一定程度上势必会影响学校的教育教学质量，从而影响学校的发展。

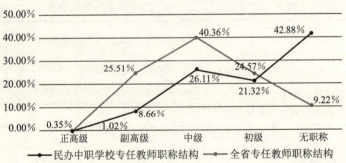

图2　2017年全省专任教师职称结构与民办学校专任教师职称结构
资料来源：根据山东省教育事业统计资料整理而成。

二、山东省民办中等职业学校存在的主要问题

（一）学生流失率较高，按时毕业率较低

相关数据显示，山东省2015年、2016年、2017年民办中等职业学校招收学生人数分别为43923人、42498人、42028人，在理想状况下三年的总招生数应为2017年民办中等职业学校的在校生人数，总共应有128449人，但实际上2017年在校人数仅为113437人，学生在校人数减少了15012人，学生流失率为

11.69％，这反映出民办学校存在学生流失率较高的问题。同时，中等职业学校的学制一般为三年，按正常的时间计算，2015年入学的新生将于2018年毕业，2015年全省民办中等职业学校共招收了43923人，但实际毕业人数仅为30138人，纵使除去流失的学生，仍有很大一部分学生未能按时毕业，这反映出民办学校存在毕业率低的问题。

（二）教师队伍不稳定，专任教师流失严重

2017年民办中等职业学校中无职称教师占专任教师的比例为42.88％，而公办学校的这一比例仅为9.22％。可见，民办学校存在无职称教师占比高的问题。而这一问题是民办中职学校的教师流失比较严重所导致的，每年都得招收大量的、无职称的新老师以弥补学校原有老师的流失。从拥有副高级、中级、初级职称的专任教师占比，不难发现民办中职学校所流失的教师以这些骨干教师为主。具体的数据也能进一步说明，以2017年为例，相较前一年，民办中职学校正高级教师流失15人，流失率达23.44％，副高级教师流失39，流失率8.57％。以上分析表明，我省民办中等职业学校存在教师队伍不稳定、专任教师流失严重的问题。

（三）基础条件较薄弱，有待进一步提高

2017年民办中等职业学校在校生人数占全省总在校生人数的14.30％，而在一些硬件条件上并未达到这一标准。如民办学校教职工占全省中职学校教职工的比例为11.00％，固定资产占比为12.12％，校舍建筑面积占比12.72％，图书量占比12.75％。显然，这些硬件条件无法与民办学校的学生数相匹配。山东省民办中等职业学校距离国家标准仍有一定的距离。2017年全省民办中等职业学校生均校舍建筑面积为17.93平方米，生均图书约为26册，而根据教育部发布的《中等职业学校设置标准》规定：中等职业学校生均建筑面积不得低于20平方米，生均图书不得低于30册。《中等职业学校设置标准》规定中等职业学校师生比要达到1:20。2017年我省民办中等职业学校的师生比为1:24，低于国家规定1:20的最低标准，反映出民办中等职业学校师资条件相对不足。通过以上数据不难发现，山东省民办中等职业学校在办学条件上离国家的标准仍有一定的距离，在后续的发展上民办学校需要进一步提高办学条件。

三、促进山东省民办中等职业教育发展的对策建议

针对当前山东省民办中等职业学校所存在的问题，应从以下几个方面着手进行解决。

（一）重视学校内涵发展，提高学校办学质量

针对山东省民办中等职业学校学生流失严重、学生按时毕业率低的问题，民办中等职业学校应该认识到问题的严重性，以学校内涵建设为推手。第一，做好学生管理。严格的管理是办好一所学校的前提。针对中职学生当中存在的不良行为习惯，做好学生管理是减少学生流失的重要手段。第二，关心爱护学生。中职学生是一个特殊群体，普遍存在自卑、自控能力差的现状。面对这一特殊群体，教职员工不能一味地埋怨学生素质差、难教，要从关心、爱护学生做起，帮助他们找回自信，坚定信心。第三，进行教学管理改革。学生选择上中职，主要目的就是学一技之长，能够满足社会的需要。因此，教学质量的高低直接影响着学生的去留。要让每位教师都认识到教学质量的重要性，认识到教学质量是学校的生命线，认识到提高教学质量的重要意义。第四，提高教师素质。要提高专任教师的道德素养、专业素养、心理素养。教师应能够做到言传身教，为人师表，对学生既要严格要求，又要循循善诱、诲人不倦。

总之，学校应坚持内涵建设，全面提高学校的办学水平，提高教育教学质量，对学生严格要求，采取多种途径提高人才培养质量，使学生在校期间学有所得、学有所成，从而降低学生流失率，提高学生毕业率。

（二）提高教师的获得感，稳定学校师资队伍

教师流失严重是民办学校的通病，如何稳定教师队伍是学校发展的关键。对于民办学校而言，留住老师要从以下几个方面做起。第一，坚持事业留人。真正的人才往往最看重的是事业的发展前途，因此民办学校应当建立良好的激励机制，鼓励教师成长、发展，为教师成长提供专门的经费支持，让广大教师感觉到学校的大力支持，从而提高工作的积极性，同时也为优秀人才的脱颖而出营造良好的氛围。同时，要尊重教师的发展愿望，强调学校和教师的共同发展，鼓励教师的进修、深造等。从学校角度来看，对教师的培训是学校应尽的责任，也是提高教学质量、增强学校竞争力的重要手段。从教师角度来看，进修可以帮助其提高自身素质和更好地发挥自身潜能，提高工作满意度，增强对学校的责任感，学成后能够更好地服务于本校教研工作。广阔的事业发展空间，是大多数教师非常看重的，也是最好的事业留人做法。第二，坚持情感留人。民办学校教师更希望得到情感上的归属。培养教师对学校的认同感和归属感，对于稳定师资队伍是非常重要的。一方面，积极营造"爱惜人才、尊重人才、优待人才"的校园氛围，让教师全身心投入到日常教学和管理工作中。另一方面，在实际工作中，切实关心教师的工作和生活，提供必要的工作和生活条件，对教师给予各方面的照顾和帮助，让教师感觉到学校的温暖，增强教师对学校的忠诚度，

从而减少教师的流失。第三,坚持待遇留人。改革薪酬制度,解决民办学校教师待遇偏低的问题,是学校减少人才流失的根本保证。随着社会和学校的发展,适当提高教师收入水平,保证教师的基本生活需求,足额缴纳社会保险和公积金,解除教师的后顾之忧,是稳定师资队伍的强有力手段。

总之,民办学校应坚持事业留人、情感留人、待遇留人,尤其是在社会统筹、住房公积金、福利保险等方面制定同等待遇,以提高教师的获得感,进而稳定学校的师资队伍,减少教师流失。

(三)落实多元支持政策,助推民办学校发展

针对当前民办中等职业学校办学条件较差的现状,政府应给予民办中等职业教育与公办教育一视同仁的支持,通过统筹优化民办学校办学体制,完善民办学校扶持政策,加强民办学校的指导与管理等方式,助推民办中等职业学校的发展。

第一,要统筹优化民办中等职业教育办学体制。我省职业教育主管部门要把发展民办中等职业教育作为加快职业教育发展的重要措施,努力扩大民办中等职业教育资源,切实落实民办中职学校在专业和课程设置方面的自主权,允许其根据市场要求自主设置专业和课程。支持民办中等职业学校与企业实行多种形式的联合办学,为职业学校与企业共建实习、实作、实训基地牵线,积极推行区域公办、民办教育发展共同体建设。第二,完善推进民办中等职业教育发展的扶持政策。地方政府要将民办中等职业学校建设用地纳入当地城乡建设规划,对于新建、扩建民办中等职业学校,要在征用土地和减免建设配套等方面,给予与公办学校同样的优惠政策。设立民办教育发展专项资金,支持民办学校征地、改建、扩建、教育教学改革、师资队伍建设、贫困生资助以及教育科学研究等项目。各地设立的职业教育专项经费的奖助对象应包括民办中等职业学校,民办教育专项资金要安排一定比例用于发展民办中等职业教育。第三,加强对民办中等职业教育的指导和管理。职业教育管理部门要坚持学历教育和职业培训并举,实行校企合作,实行弹性学习制度;要指导民办中等职业学校切实加强实践教学,注重学生的职业技能培养,努力提高学生的综合职业能力;要指导民办中等职业学校进一步建立和完善法人治理结构,健全内部管理和监督制度,依法办学,科学决策,民主管理,规范运行。要根据民办中等职业教育发展的实际需要,健全管理制度,加强规范管理与服务。

山东省民办高等职业院校发展报告

我国民办高等职业教育兴起于 20 世纪 80 年代，借助于灵活多样的办学形式、以市场为导向的专业设置和以应用型人才培养为目标的精准定位，民办高等职业教育迎来了快速发展的春天。山东省民办高等职业院校经过 30 多年的发展，在办学规模、管理体制、教学和人才培养质量等方面取得很大进步，为山东省社会经济发展培养了数以万计的技能型人才。但是，民办高等职业学校面临发展机遇时，也面临一系列的挑战，特别是在教育转型期，如何寻求高质量、有特色的发展，已成为民办高等职业教育转型发展的关键选择。

一、山东省民办高等职业院校基本情况

民办高等职业院校是以培养高级技能型人才为目标的高等教育机构。与公办高等职业院校相比，民办职业院校在专业设置、办学形式等方面具有独特优势。近年来，山东省政府和地方政府相继出台了一系列促进和规范民办高等职业教育健康发展的政策和法规，为山东民办高等职业教育的发展提供了稳定的政策环境，使民办高等职业院校在办学规模、教育教学质量方面显著提升。

（一）学校数量

2017 年，山东省共有普通高等职业院校 72 所，其中民办普通高等职业院校 16 所，民办高等职业院校占全省普通高等职业院校数量的 22.2%。山东省民办高等职业院校有：山东凯文科技职业学院、山东圣翰财贸职业学院、山东艺术设计职业学院、东营科技职业学院、曲阜远东职业技术学院、青岛飞洋职业技术学院、山东外国语职业学院、山东力明科技职业学院、青岛求实职业技术学院、日照航海工程职业学院、山东外事翻译职业学院、潍坊工商职业学院、山东海事职业学院、山东文化产业职业学院、烟台黄金职业学院和德州科技职业学院。

2014 年，山东省颁布了《山东省非营利性民办职业院校认定管理办法（试行）》，积极鼓励和支持社会力量投资兴办民办职业教育，形成公办职业教育与民办职业教育有序竞争的多元化办学格局。2014—2017 年山东省民办职业院校总数不变，但学校发生了变化。2015 年，山东现代职业学院升格为山东现代学院，由民办职业院校升格为本科院校；山东杏林科技职业学院与曲阜师范大学杏坛学院合作，在其基础上成立了曲阜师范大学杏坛学院，升格为本科院校（本部分所有数据统计不包括这两所院校）。2016—2017 年相继成立了烟台黄

金职业学院、日照航海工程职业学院。所以民办职业院校总数仍然与2014年保持一致。

（二）在校生规模

截至2017年，山东省高等职业院校在校生数为68.70万人，其中民办高等职业院校在校生数为10.90万人，民办高等职业院校学生数占全省普通高等职业院校学生数的比例为15.87%。从在校生规模来看，全省民办高职院校之间存在较大差距。根据2017年山东省教育事业统计资料显示，在校生最多的院校学生数占全省民办高职院校在校生数的13.46%，在校生数最少的院校学生数只占0.72%。

从民办高职院校的发展趋势来看，民办高职院校在校生规模呈现先下降后增长再下降趋势。2014—2015年民办高职院校在校生占全省普通高等职业院校在校生的比例由17.46%下降到15.50%，2015—2016年由15.50%增长到17.66%，2016—2017年由17.66%下降到15.87%（表1）。

表1　2014—2017年山东省高职院校学生数量情况

年份	全省高等职业院校在校生数/人	民办高等职业院校在校生数/人	民办高职院校在校生数占全省高职院校在校生数比/%
2014	543132	94835	17.46
2015	613796	95159	15.50
2016	675987	119382	17.66
2017	687088	109067	15.87

（三）生师比与教师队伍结构

1.教师、学生数量变化情况

2017年，山东省民办高等职业院校毕业生总计36662人，占全省高职院校毕业生总数的16.83%，比上年增长3.33%。招生数总计28850人，占全省高职招生总数的11.81%，比上年降低2.22%。在校生总计109067人，占全省高职在校生的15.87%，比上年减少1.79%。

2017年山东省高等职业院校专任教师总计34493人，其中民办高职院校专任教师总计5789人，占全省高职院校总数的16.78%，比上年增长6.51%。2014—2017年全省民办高职院校专任教师数量总体呈增长趋势，由2014年的4967人增长到2017年的5789人。

从生师比角度来看，民办普通高等职业院校生师比总体呈现先上升后下降趋势。2014—2015年，生师比由19.09∶1上升到19.75∶1，2016—2017年，生师比由21.97∶1下降到18.84∶1（表2）。教育部颁布的《普通高等学校基本办学条件指标（试行）》中规定生师比指标不大于 18 为合格，18 ～ 22 为临界区间，不小于 22 为未达到生师比要求。所以，山东省民办高等职业院校的生师比处于教育部所规定的职业院校生师比标准之内，达到教育部规定的生师比要求。

表2　2014—2017 年民办高等职业院校生师比情况

年份	学生总数/人	教师总数/人	生师比
2014	94835	4967	19.09∶1
2015	95159	4819	19.75∶1
2016	119382	5435	21.97∶1
2017	109067	5789	18.84∶1

2. 专任教师年龄结构变化情况

从数据统计来看，山东省民办高等职业院校改变了过去大量聘任公办院校退休教师的状况，专任教师的年龄结构向更加均衡的方向发展。根据 2017 年山东省教育事业统计资料显示，2017 年山东省民办高等职业院校 29 岁以下专任教师所占比例比 2016 年降低，30 ～ 39 岁的专任教师所占比例比 2016 年增加。2016—2017 年，30 ～ 45 岁中青年教师占全体教师的比例呈缓慢增长趋势。与 2016 年相比，45 ～ 60 岁教师数量增加 155 人（表3）。45 ～ 60 岁专任教师数量增加的原因，一是若干所民办高等职业院校为了自身发展的需要大量聘请公办退休教师补充教师队伍；二是 2017 年 1 所中等技术学校升格为职业院校，致使民办高等职业院校教师数量增加。

表3　2016—2017 年山东省民办高等职业院校教师年龄结构情况

年份	各年龄阶段人数/人								
	<30 岁	30 ～<35 岁	35 ～<40 岁	40 ～<45 岁	45 ～<50 岁	50 ～<55 岁	55 ～<60 岁	60 ～<65 岁	≥65 岁
2016	1882	1132	723	478	355	323	184	213	145
2017	1321	1182	1272	558	461	362	194	288	151

3. 专任教师职称结构变化情况

在教师职称结构构成上，具有高级职称的教师所占比例逐年提高。2014—2017 年，山东省民办高等职业院校有高级职称者占比总体呈现先下降后增长趋势。其中，2014—2015 年，有高级职称者占比呈下降趋势。原因之一是山东现代职业学院升格为本科高校，导致有高级职称者占比有所下降。2016—2017 年，山东省民办高等职业院校教师有高级职称者占比从 24.93% 提高到 27.72%，增长 2.79%。在有高级职称教师中，有正高级职称者由 6.90% 提高到 7.17%，有副高级职称者由 18.03％提高到 20.56％。有高级职称的教师所占比例提高的原因主要有三个方面：一是民办高等职业院校对高级人才比较重视，积极引进高级人才，提升学校内涵建设；二是发掘内部潜力，促进自有教师的快速成长；三是山东省政府为大力支持民办高校发展，下放职称评审权至各民办高校，各民办高校根据学校发展需要，自主设置职称评审标准。所以，2016—2017 年，全省民办高职专任教师有高级职称者占比增幅较大。

表4 2014—2017 年山东省民办高等职业院校专任教师职称结构情况

年份	专任教师	正高级职称		副高级职称		高级职称	
	数量/人	数量/人	比例/％	数量/人	比例/％	数量/人	比例/％
2014	4967	447	9.00	939	18.90	1386	27.90
2015	4819	333	6.91	869	18.03	1202	24.94
2016	5435	375	6.90	980	18.03	1355	24.93
2017	5789	415	7.17	1190	20.56	1605	27.72

4.专任教师学历结构变化情况

在教师学历结构构成上，2016—2017 年，民办高等职业院校具有硕士学历的专任教师数量有所提升，具有博士学历的专任教师数量所占比例有所降低。2016—2017 年，山东省民办高等职业院校具有硕士学历的专任教师所占比例由 35.66％提升到 36.47％；具有博士学历的专任教师所占比例由 1.45％下降到 0.80％，下降了 0.65％。

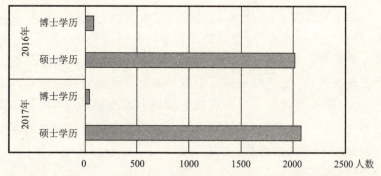

图1 2016—2017 年山东省高等民办职业院校专任教师学历情况

5.民办高等职业院校基本办学条件

山东省民办高等职业院校教育条件不断改善。2017 年，全省民办高等职业院校产权占地面积总计 699.6 万平方米，占全省民办高校占地面积的 32.53％。民办高等职业院校教研仪器设备价值总计 74917 万元，占全省民办高校的 29.04％。民办高等职业院校固定资产总计 480069 万元，占全省民办高校的 25.03%。民办高等职业院校计算机总计 24190 台,占全省民办高校的 30.74%。

表5　2016—2017 年山东省民办高等职业院校基本办学条件

产权占地面积/万平方米	占地面积在全省民办高校占比/%	产权教研仪器设备价值/万元	教研仪器设备价值在全省民办高校占比/%	产权固定资产/万元	固定资产在全省民办高校占比/%	产权计算机/台	计算机数在全省民办高校占比/%
699.6	32.53	74917	29.04	480069	25.03%	24190	30.74

二、山东省民办高等职业院校存在的主要问题

（一）专任教师流动性大,师资队伍不稳定

学校师资队伍建设情况是一所学校办学水平和办学质量的显著标志。山东省民办职业院校经过 30 多年发展,专任教师队伍建设在数量方面已经达到相当大的规模,中高级职称的数量不断增长。但是教师队伍流动性大仍然是制约民办职业院校发展和质量提升的主要障碍,特别是拥有博士学位的高水平师资,流动性相对来说更大,这对于民办职业院校提升专任教师队伍学历结构是非常不利的。

例如 2016—2017 年,山东某职业学院专任教师数量由 612 名减少至 547 名,一年内专任教师流失 65 名,其中拥有博士学位教师流失 22 名。所以不得不反思教师流失的原因,思考如何稳定专任教师队伍。

从教师职业发展来说,随着教师教龄的增长,教师在教学、科研方面的能力不断增长,职称也会不断提升,逐渐从新教师转变成为教学经验丰富、科研成果显著的骨干型教师。但由于民办职业院校在教师工资和福利待遇等方面与公办院校存在较大差距,致使部分教师积极寻求机会转向公办院校或其他事业单位,导致民办高职院校教师流失。所以曾有民办高校领导说"民办院校成为公办院校培养优秀教师的基地"这样无奈的话语。教师流失率过高的现象不但影响了民办职业院校正常的教学,而且严重影响了民办职业院校师资队伍建设,制约了民办职业院校教学质量的提高和学校的发展。

表6　2016—2017 年山东省民办高等职业院校教师学历结构情况

名称	2017年教师学历结构情况		2016年教师学历结构情况	
	博士/人	硕士/人	博士/人	硕士/人
东营科技职业学院	0	41	0	18
青岛飞洋职业技术学院	1	15	1	15

名称	2017年教师学历结构情况		2016年教师学历结构情况	
	博士/人	硕士/人	博士/人	硕士/人
青岛求实职业技术学院	0	403	0	387
潍坊工商职业学院	7	91	4	80
烟台黄金职业学院	8	71	6	49
德州科技职业学院	4	179	5	159
山东海事职业学院	0	89	0	48
日照航海工程职业学院	2	27	0	0
山东外国语职业学院	0	279	22	296
山东艺术设计职业学院	0	59	0	41
山东文化产业职业学院	0	0	0	0
山东外事翻译职业学院	3	288	8	278
山东力明科技职业学院	5	185	5	185
山东圣翰财贸职业学院	8	237	8	231
曲阜远东职业技术学院	0	60	0	60
山东凯文科技职业学院	8	156	23	168
总计	46	2180	82	2015

（二）师资结构有待优化，尚未形成合理人才梯队

高等学校师资结构在一定程度上反映了高校教师队伍在教学、科研等方面的整体实力，体现了高等职业院校的教学和科研水平，直接影响学校的教育质量。高等学校的师资结构主要包括以下三个方面。

一是年龄结构。在2017年山东省民办高等职业院校教师年龄结构中，29岁以下专任教师所占比例为22.81%，30～39岁年龄阶段专任教师所占比例为42.39%，并且中青年教师大多为中级职称。从近几年专任教师年龄结构变化趋势来看，30～39岁年龄阶段专任教师数量呈上升趋势。例如，2014—2017年，山东省民办高等职业院校30～39岁年龄阶段专任教师比例由29.79%上升到42.39%，上升了12.6%。专任教师所占比例上升的原因，主要是学校大力引进高素质的专业带头人和专业骨干教师充实教师队伍，以满足自身发展需要，提升学校人才培养质量和社会声誉。

二是学历结构。在2017年山东省民办高等职业院校教师学历结构中，拥有博士学历的专任教师所占比例为0.79%，拥有硕士学历的专任教师所占比例为37.65%，表明民办高等职业院校教师的学历结构差异较大。高学历教师不但

可以使学生受到更高水平和更加规范的学术训练,而且在学科建设、人才培养质量提升方面能够发挥更大的作用。

三是职称结构。高等职业院校教师队伍的职称结构是一所高校教师学术研究水平的综合反映。高等职业院校教师的职称级别在一定程度上反映了教师的综合素质、科研能力和学术追求,职称结构也是衡量民办高等职业院校教育核心竞争力的重要因素之一。2017年山东省教育事业统计资料显示,山东省民办高等职业院校专任教师中正高级职称占比为7.16%,副高级职称占比为20.55%。而2010年全国普通高校专任教师中正高、副高职称教师占比已经达到11.1%、28.1%。所以民办高等职业院校高级职称教师比例尚未达到2010年专任教师职称结构的平均标准,也表明民办高等职业院校专任教师职称结构尚未形成合理梯队。

(三)民办高等职业院校两极分化严重,发展不平衡

山东省民办高等职业院校发展不平衡主要体现在区域发展不平衡、专业发展不平衡、校际发展不平衡三个方面。

一是区域发展不平衡。从民办高等职业院校分布来看,民办高等职业院校主要集中在济南、青岛、潍坊和日照,这四个城市的民办职业院校占民办职业院校总数的68.75%。其中济南和青岛是民办高等职业院校最多的两个城市,德州、烟台、威海、东营和济宁各有1所民办高等职业院校,其他地级市则没有民办高等职业院校。

二是专业发展不平衡。民办职业院校的办学定位是培养符合社会要求的技能型人才,所以为了与市场需求接轨,满足社会现实的需要,多数民办职业院校设置热门专业,例如计算机应用技术、物流管理、电气自动化等专业,而在其他专业上的资源投入就会相应减少,社会产业结构的调整需要多层次、多方向的技术型人才,同质化专业设置势必会加剧专业间教育资源的不平衡性,造成人才培养的偏差。

三是校际发展不平衡,两极分化现象严重。民办职业院校的发展取决于办学质量的好坏。办学质量越高的民办高校,其师资队伍水平越高,在校生数、招生数越多;而办学质量越差的民办职业院校,其师资队伍整体水平偏低,在校生数和招生人数越少。根据2017年山东省教育事业统计资料显示,山东省民办职业院校在校生人数、每年招生人数差距较大。2017年山东省民办职业院校中,在校生数在5000人以下的学校有5所,超过10000人的学校只有2所,其余学校的在校生数多集中于5000～9000人。从(专科)高职首次志愿投档来看,2017年第一志愿没有投满,差额较大的民办高职院校主要有山东外国语职业学

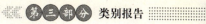

院、日照航海工程职业学院、烟台黄金职业学院、潍坊工商职业学院、青岛求实职业技术学院。其中,山东外国语职业学院、日照航海工程职业学院、山东圣翰财贸职业学院普通文理总缺额都超过850个,烟台黄金职业学院总缺额为687个,潍坊工商职业学院总缺额为551个,山东海事职业学院也有超过400个的缺额。而有些学校的差额较小,例如德州科技职业学院第一志愿总差额为45个。这些数据表明,民办高职院校之间在社会声誉、办学质量之间仍然存在较大差距。

(四)第三方教育质量监测体系有待构建

教育质量是民办高校健康发展的生命线,因此,民办高等职业院校都比较注重学校内部教育质量体系建设。除此之外,引入第三方评价也应当成为民办高等职业院校完善教育质量监测体系的重要组成部分。第三方的教育质量监测体系可以作为学校基础建设的重要考量数据,而且可以根据教学质量监测结果评价教与学的质量,改进教学管理和教学问题。第三方教育质量监测方面较为典型的是麦可思公司推出的教育质量监测体系。目前,山东省民办高等职业教育虽然都制定了学校教育质量保障体系,但独立第三方的教育质量监测体系应当作为学校教育质量监测体系的重要组成部分纳入学校整体教育质量监测体系之中。

三、促进山东省民办职业教育发展的对策建议

为进一步促进山东省民办高等职业教育的发展,满足社会对高级技能型人才的需求,针对山东省民办高等职业教育的特点和存在的问题,应该在以下四个方面采取有针对性的措施。

(一)落实政策法规,提升办学水平

一是落实现有政策法规,发挥政策引领作用。《国家中长期教育改革和发展规划纲要(2010—2020年)》提出要健全公共财政对民办教育的扶持政策,政府可设置专项资金支持民办教育发展,但民办高校仍然以自筹经费为主。在税收优惠政策方面,应当进一步细化民办高等职业院校所享有的优惠政策,并将优惠政策落到实处。

二是建立政府扶持的政策体系。为加快建设现代职业教育体系,增强职业教育服务经济社会发展的能力,应加强民办高职院校政策体系建设,提高民办高职院校的社会地位,在提高民办高职院校法律地位、税收优惠政策、财政扶持、融资、教师待遇等方面给予支持。在融资方面,应建立完善民办高职院校投资、融资扶持政策,拓宽民办高职院校融资渠道,探索利用非教学设施作抵押、

以学校收费权、未来经营收入等作质押贷款融资,也可尝试搭建投资、融资平台,吸引社会资本投资办学。在生均补助方面,应根据地方财政收入水平和民办高职办学成本给予其适当生均补助,以减轻民办高职院校财政负担。

(二)提高教师待遇,稳定教师队伍

中共中央、国务院关于《全面深化新时代教师队伍建设改革的意见》提出,"百年大计,教育为本;教育大计,教师为本"。教师作为教育发展的第一资源,是学校教育发展的关键要素,只有不断提升教师队伍的水平,才能促进学校人才培养质量的提高和学校的发展。山东省面对民办职业院校教师队伍不稳定的现实,需要全面分析影响和制约民办高等职业院校教师队伍建设的因素,从保障教师的待遇和合法权益、加强校内培养与外部引进相结合两个层面稳定教师队伍,提升师资队伍水平。

一是加大统筹力度,提升教师待遇水平。首先,要完善学校、个人、政府合理分担的民办学校教职工社会保障机制。民办学校应依法依规与教职工签订劳动合同,并按规定为教职工足额缴纳社会保险和住房公积金。鼓励民办学校按照国家规定为教职工办理补充养老保险。引导鼓励民办学校建立不断提高教师工资和福利待遇的良性机制,合理确定并适当提高人员经费在学校支出中的比例。其次,提高教师的最低工资标准,保障教师的工资水平不低于或高于同类公办院校的平均水平。再次,保障民办职业院校教师的合法权益,完善民办职业院校教师培训机制,加强民办职业院校专任教师、管理人员的培养力度,加强民办职业院校"双师型"教师队伍建设,提升教师的教学管理水平和科研能力,促进教师队伍建设的专业化发展。

二是加强校内培养与外部引进相结合的师资队伍建设策略。民办职业院校教师队伍建设要坚持"校内培养与外部引进"相结合的师资队伍建设策略。首先,研究制定学科专业师资需求规划,细化教师岗位设置要求,制订分年度人才引进计划,实施分类引进、稳中求进的方针,对师资紧缺专业加大政策倾斜,加快引进学历高、专业技术职务档次高、实践经验丰富、具有发展潜力的骨干教师。其次,挖掘内部潜力,加强青年教师能力培养,通过校内培训、教学过关、参与项目研究等具体措施强化年轻教师能力培养。再次,加强学科带头人、团队和梯队建设。坚持刚性引进和柔性引进相结合,以特聘教授、兼职教授等多种形式从国内外聘请一批教学经验和实践经验丰富的专家承担教学科研任务,给予项目配套经费。

(三)推动内涵发展,提升办学质量

要提高学校办学质量、办学水平,需要推动学校内涵发展。学校内涵发展

主要从学科专业结构优化、"双师型"教师队伍建设、以科研带动学校自身实力的提升三个方面进行。研究制定学校特色专业发展计划,制定人才培养方案,坚持理论与实践相结合,培养学生动手实践能力。坚持培育学科专业集群,形成以特色专业为核心,以专业集群为重点,以提升人才培养质量为目的,为社会发展培养专业技能熟练、素质全面的应用型人才,助力区域经济发展。民办职业院校的办学定位是培养技能型人才,强调理论知识的学习,但更重视实践能力的提高。所以,加强"双师型"教师队伍建设,应坚持"两条腿"走路的方针,一方面加强对校内教师的培训和培养,另一方面加强对企业高技能型人才的引进,以提高民办职业院校"双师型"教师的比例。职业院校科研创新能力的提升是适应现代职业教育发展的本质要求,通过科研创新活动更新教师的专业知识和专业理念,以提高技能型人才的培养质量。

(四)加强政府管理与扶持,推动改革与发展

政府部门应该出台深化民办教育改革的指导意见,明确民办职业教育改革方向。山东省民办职业教育的健康发展离不开各类民办教育政策的支持。为了促进民办教育的健康发展,国家层面、山东省政府层面注重民办教育政策对民办职业院校的规范和引导。

山东省民办本科高校发展报告

山东省民办本科高校的规模已基本稳定，提升内涵和质量是其实现健康可持续发展的着力点。民办本科高校既不同于高职院校，又与公办本科高校存在较大差距，所以突破内涵发展的瓶颈，坚持特色化发展理念，向应用型高校转型，是新时代经济领域新常态下民办本科高校发展的新要求。民办本科高校在一定程度上缓解了现代化建设的多样化需求与现有高等教育规模有限的矛盾，对保证社会稳定、减轻就业压力等起了良好的作用，进一步挖掘了社会资源的潜力，有效地增加了社会投入，补充了财政不足，吸纳社会资金，促进资源共享，对优化资源配置起了一定的调节作用。当然，民办本科高校的发展还面临着一系列的问题和困难，这些困难需要政府、民办高校自身以及社会公众共同努力解决，以更好地促进民办本科高校的发展。

一、山东省民办本科高校发展现状

总体来看，《山东省国民经济和社会发展第十二个五年规划纲要》确定的阶段性目标如期实现，教育事业发展"十二五"规划圆满收官，教育进入提高质量、优化结构、促进公平的新阶段。"十三五"时期，教育发展面临着重要战略机遇期，民办本科高校的发展面对当前的成绩和挑战，要不断开拓发展新境界。

（一）民办本科高校的规模发展

2017年，山东省民办高等教育健康发展。全省共有民办普通高等学校40所，其中本科层次院校23所，包括独立设置的民办本科高校12所，独立学院11所（本书所研究的民办本科高校包括独立设置的民办本科高校和独立学院），占全省普通本科院校总数（67所）的34.33%；民办本校高校在校生共271335人，其中包括独立设置的民办本科高校177645人，独立学院93690人，占全省普通本科院校在校生总数（103.68万）的26.17%，民办本科高校的学校数量和在校生数量整体有所增长，基本保持了一定规模的发展。

1. 学校数量总体稳定

2017年，山东省共有12所民办本科高校，分别为潍坊科技学院、烟台南山学院、青岛滨海学院、山东现代学院、山东协和学院、齐鲁医药学院、青岛黄海学院、山东英才学院、青岛恒星科技学院、山东华宇工学院、青岛工学院、齐鲁理工学院。民办本科高校数量与2016年相同。

按升本的先后顺序,2005 年首批升本的民办高校是烟台南山学院、青岛滨海学院;2008 年潍坊科技学院、齐鲁医药学院、山东英才学院升格为本科;2011年山东协和学院、青岛黄海学院、青岛工学院升格为本科;2014 年青岛恒星科技学院、山东华宇工学院、齐鲁理工学院升格为本科;2015 年山东现代学院升格为本科。其中,青岛工学院、齐鲁理工学院均为独立学院转设为独立设置的民办本科院校。全省 12 所民办本科高校分布在济南、青岛、潍坊、烟台、淄博、德州。济南、青岛各 4 所,潍坊、烟台、淄博、德州各 1 所,基本在山东半岛蓝色经济区。

2017 年,山东省共有 11 所独立学院,分别为烟台大学文经学院、聊城大学东昌学院、青岛理工大学琴岛学院、山东师范大学历山学院、山东财经大学燕山学院、中国石油大学胜利学院、山东科技大学泰山科技学院、青岛农业大学海都学院、山东财经大学东方学院、济南大学泉城学院、北京电影学院现代创意媒体学院。与 2016 年相比独立学院的数量没有变化。

按参与办学的主体数量,独立学院可划分为独办型和合作型两种。目前,山东省 11 所独立学院中有 2 所(山东科技大学泰山科技学院、青岛农业大学海都学院)独办型学校,即由普通高等学校举办;其余 9 所为合作型学校,其中有 4所(中国石油大学胜利学院、山东财经大学燕山学院、山东财经大学东方学院、济南大学泉城学院)是政校型学校,其余 5 所均为混合所有制模式。全省 11 所独立学院主要分布在青岛、泰安等地级市,济南有 3 所,青岛、泰安、烟台各 2 所,聊城、东营各 1 所,形成了以青岛和泰安为东、西两个中心,基本辐射山东省黄蓝经济区的布局。

2. 学生规模有所扩大

2017 年,山东省普通高校的普通本专科在校生校均规模为 13899 人,其中本科院校为 18908 人。山东省民办本科高校招生共计 61766 人,其中本科生26273 人;在校生共计 177645 人,其中本科生 86443 人;毕业生共计 54683 人,其中本科生 16085 人。全省民办本科高校在校生校均规模为 14804 人。民办本科高校在校生校均规模大于普通高校的普通本专科在校生校均规模,但明显小于普通本科院校校均规模。

与 2016 年相比,2017 年民办本科高校的招生数、在校生数和毕业生数明显增长,占全省普通本科高校比例增大。2016 年民办本科高校招生数占全省普通本科高校比例为 9.44%,到 2017 年已经增长为 10.08%,增长 0.64%;2016 年在校生数占全省普通本科高校比例为 8.76%,到 2017 年增长为 8.81%,增长0.05%;2016 年毕业生数占全省普通本科高校比例为 9.51%,到 2017 年增长为9.57%,增长 0.06%(表 1)。从招生人数、在校生人数、毕业生人数三者的增长来看,招生数的增长明显高于在校生人数和毕业生人数的增长。

表1 2016—2017年山东省民办本科高校学生数量基本情况

年份	招生		在校生		毕业生	
	人数/人	占全省普通本科高校比/%	人数/人	占全省普通本科高校比/%	人数/人	占全省普通本科高校比/%
2016	58947	9.44	174853	8.76	48427	9.51
2017	61766	10.08	177645	8.81	54683	9.57

资料来源：根据山东省教育事业统计资料整理而成。

2017年，山东省独立学院招生共计29603人，其中本科生20823人；在校生共计93690人，其中本科生67863人；毕业生共计25078人，其中本科生17564人。全省独立学院在校生校均规模为8518人。独立学院在校生校均规模明显小于普通高校和民办本科高校的在校生校均规模。

2017年与2016年相比，独立学院的招生数、在校生数和毕业生数都有明显增长，招生数和在校生数占全省普通本科高校比例增大，毕业生数占全省普通本科高校比例减小。2016年招生数占全省普通本科高校比例为4.54%，到2017年已经增长为4.83%，增长0.29%；2016年在校生数占全省普通本科高校比例为4.51%，到2017年增长为4.65%，增长0.14%；2016年毕业生数占全省普通本科高校的比例为4.78%，到2017年为4.39%，降低0.39%（表2）。从招生人数、在校生人数、毕业生人数三者的增长来看，招生数的增长明显高于在校生数和毕业生数的增长。

表2 2016—2017年山东省独立学院学生数量基本情况

年份	招生		在校生		毕业生	
	人数/人	占全省普通本科高校比/%	人数/人	占全省普通本科高校比/%	人数/人	占全省普通本科高校比/%
2016	28331	4.54	90064	4.51	24322	4.78
2017	29603	4.83	93690	4.65	25078	4.39

资料来源：根据山东省教育事业统计资料整理而成。

（二）民办本科高校的专业结构发展

山东省民办本科高校学科专业布局逐步优化，各民办高校以就业为导向，根据办学情况和社会需求设置学科、专业，基本形成自己的优势学科、专业。为突出专业优势，提高人才培养质量，山东省民办本科高校在专业建设方面不仅注重数量的增加（12所民办本科高校的本科专业和专科专业数量都较高），还更加强调质量的提升。从表3可以看出，山东民办本科高校几乎每一所学校都有省级特色专业，跨越工学、农学、文学、医学、艺术学、管理学、教育学等学科门类,以工学为主。

表3 2017年山东省民办本科高校省级特色专业一览表

院校名称	专业构成		特色专业		学科门类
	本科专业数量/个	专科专业数量/个	数量/个	名称	
潍坊科技学院	38	38	5	车辆工程、软件工程、化学工程与工艺、园艺、电子信息科学与技术	工学、农学
烟台南山学院	30	43	1	计算机应用技术	工学
青岛滨海学院	43	29	2	日语、金属材料工程	文学、工学
山东现代学院	14	27	4	护理、工程造价、计算机应用技术、汽车检测与维修技术	医学、工学
山东协和学院	24	43	3	临床医学专业、护理专业、护理学专业	医学
齐鲁医药学院	22	11	5	临床医学、护理学、药学、医学影像技术、食品科学与工程	医学、工学
青岛黄海学院	28	30	1	机械设计制造及其自动化	工学
山东英才学院	34	48	4	康复治疗学、环境设计、物流管理、学前教育	医学、艺术学、管理学、教育学
青岛恒星科技学院	17	43	3	印刷媒体技术、数字媒体艺术设计、电气自动化技术专业	工学、艺术学
山东华宇工学院	17	36	3	制冷与空调技术、机电一体化技术、会计电算化	工学、管理学
青岛工学院	33	9	—		—
齐鲁理工学院	38	32	2	自动化专业、电子信息工程	工学

资料来源:根据各院校提交的办学质量自评报告整理而成。

(三)民办本科高校的师资队伍建设

1.教师总体数量增长

2017年民办本科高校教职工和专任教师总数比2016年明显增长,教职工人数增加了318人,专任教师增加了289人。全省普通高校教职工的数量比2016年增加3966人,民办本科高校教职工增长速度小于全省普通高校教职工的增长速度。民办本科高校教职工占全省普通高校教职工的比例有所降低,由8.63%下降到8.61%。民办本科高校专任教师占教职工总数比增长0.54%,专任教师占全省普通高校专任教师比增长0.03%,专任教师的增长明显高于教职工的增长(表4)。

表4 2016—2017 年山东省民办本科高校教师数量情况

年份	教职工		专任教师		
	总数／人	占全省普通高校教职工人数比／%	人数／人	占教职工总数比／%	占全省普通高校专任教师人数比／%
2016	12966	8.63	8873	68.43	8.24
2017	13284	8.61	9162	68.97	8.27

资料来源：根据山东省教育事业统计资料整理而成。

2017 年独立学院高校教职工和专任教师总数比 2016 年有所增长,但变化幅度不大。与民办本科高校专任教师数量相比,独立学院虽然仅少一所院校,但专任教师数量少 4448 人,与民办本科高校形成较大差距。2017 年民办本科高校专任教师占全省普通高校专任教师人数比为 8.27%,独立学院专任教师占全省普通高校教师人数比为 4.25%（表 5）,占比较小。

表5 2016—2017 年山东省独立学院教师数量情况

年份	教职工总数／人	专任教师人数／人	独立学院专任教师占全省高校教师人数比／%
2016	6321	4554	4.23
2017	6445	4714	4.25

资料来源：根据山东省教育事业统计资料整理而成。

2. 具有高级职称教师占比较高

从职称结构来看,民办本科高校有高级职称教师占专任教师的比例增长。2016 年有高级职称教师占比 34.17%,其中有正高级职称教师占比 9.16%;2017 年有高级职称教师占比 34.86%,其中有正高级职称教师占比 9.24%。有高级职称教师比例增长 0.69%,其中有正高级职称教师比例增长 0.08%,有正高级职称教师增长比例相对较低（表 6）。

表6 2016—2017 年山东省民办本科高校专任教师职称情况

年份	专任教师	正高级职称		副高级职称		高级职称	
	数量／人	数量／人	比例／%	数量／人	比例／%	数量／人	比例／%
2016	8873	813	9.16	2219	25.01	3032	34.17
2017	9162	847	9.24	2347	25.62	3194	34.86

资料来源：根据山东省教育事业统计资料整理而成。

2016—2017 年,山东省独立学院有高级职称教师数量有所下降,但下降幅度很小,有高级职称的教师比例仍然维持在 30% 以上。与 2016 年相比,2017 年独立学院正高级职称教师比例下降 0.38%,副高级职称教师比例下降

0.99%（表 7）。

表 7　2016—2017 年山东省独立学院专任教师职称情况

年份	专任教师	正高级职称		副高级职称		高级职称	
	数量／人	数量／人	比例／%	数量／人	比例／%	数量／人	比例／%
2016	4554	399	8.76	1215	26.68	1614	35.44
2017	4714	395	8.38	1211	25.69	1606	34.07

资料来源：根据山东省教育事业统计资料整理而成。

3.教师学历层次提升

从学历结构来看，2016—2017 年，民办本科高校专任教师的学历层次不断提升。民办本科高校具有博士研究生学历教师数量总体有所增长，虽占专任教师的比例较小，但总体呈上涨趋势；具有硕士研究生学历教师数量不断增加，占专任教师比例呈上涨趋势（表 8）。民办本科高校教师队伍学历结构的变化与学校重视人才培养和人才引进相关。

表 8　2016—2017 年山东省民办本科高校教师学历结构情况

年份	博士研究生学历		硕士研究生学历	
	数量／人	比例／%	数量／人	比例／%
2016	385	4.34	4162	46.91
2017	537	5.86	4393	47.95

资料来源：根据山东省教育事业统计资料整理而成。

2016—2017 年，山东省独立学院具有硕士和博士研究生学历教师数量都有所增加，与民办本科高校相比，独立学院具有硕士和博士研究生学历教师所占的比例都较高，但独立学院具有硕士研究生学历的教师数量与民办本科高校数量差距较大（表 8、表 9）。

表 9　2016—2017 年山东省独立学院教师学历结构情况

年份	博士研究生学历		硕士研究生学历	
	数量／人	比例／%	数量／人	比例／%
2016	500	10.98	2554	56.08
2017	538	11.41	2707	57.42

资料来源：根据山东省教育事业统计资料整理而成。

4.教师以中青年为主

从年龄结构来看，民办本科高校和独立学院专任教师队伍均以中青年教师为主，年龄多集中在 40 岁以下，30～35 岁教师数量最多（表 10）。

表10　2016—2017年山东省民办本科高校专任教师年龄结构情况

年份	各年龄阶段人数／人								
	＜30岁	30～ ＜35岁	35～ ＜40岁	40～ ＜45岁	45～ ＜50岁	50～ ＜55岁	55～ ＜60岁	60～ ＜65岁	≥65岁
2016	1966	2231	1692	734	576	545	306	407	416
2017	1818	2163	1991	842	611	590	315	415	417

资料来源：根据山东省教育事业统计资料整理而成。

（四）民办本科高校的办学条件

1. 办学经费有所增加

近两年来，学校合理配置办学经费，根据需要教学日常运行支出经费占学费收入比例逐年提高，生均年教学日常运行支出经费持续增长。学校逐年加大对本科教学的投入力度，保证了教学经费的稳步增长，教学条件不断改善，教学资源日益丰富，为培养高质量人才提供了正常的资金保障，有力地促进了本科教学质量的提高。如潍坊科技学院2017年学校教学日常运行经费支出2907.53万元，生均教学日常运行支出1491.27元；实验经费支出161.29万元，生均实验经费82.73元；实习经费292.47万元，生均实习经费150.01元。青岛恒星科技学院2017年学校教学经费总支出8977.1639万元。其中，基建费1571.7551万元，设备采购费1323.1204万元，教学专项费用1146.9276万元，实习实训费610.5200万元，师资队伍建设费用3284.4324万元，学生奖助学金815.7332万元，其他支出224.6752万元。

2. 教学设施逐步改善

学校高度重视教学基本设施的建设，所有学校的教学设施基本满足教学需要情况。同时学校多渠道筹措资金，提高资源综合配置，实现资源管理科学化和使用效益最大化。如根据2017年统计，潍坊科技学院学校总占地面积为1300771.53平方米，产权占地面积为1169431.63平方米，绿化用地面积为444383.78平方米，学校总建筑面积为621229.53平方米。学校现有教学、科研仪器设备资产总值11277.53万元，生均教学科研仪器设备值0.58万元。当年新增教学科研仪器设备值1079.07万元，新增值达到教学科研仪器设备总值的9.57%。学校拥有图书馆1个，图书馆总面积达到35253平方米，阅览室座位数3628个。图书馆拥有纸质图书1303261册，当年新增24130册，生均纸质图书66.84册。从以上数据来看，学校产权固定资产占学校固定资产总额较高。另外新增教学仪器设备，能够保证学校教学的健康可持续发展。

（五）民办本科高校的科研实力提高

2016—2017年，山东省民办本科高校科技活动、社科活动都取得了较大程度的进步和发展，科研成绩提升较快，科研实力整体提升。从课题研究来看，民办高校课题研究数量总体处于上升趋势（表11、表12）。

表11 2016—2017年山东省民办本科高校科研课题情况

年份	科技课题	社科课题	课题总数	科技课题占比/%	社科课题占比/%
2016	189	884	1073	17.61	82.39
2017	525	1233	1758	29.86	70.14

资料来源：根据山东省教育事业统计资料整理而成。

表12 2016—2017年山东省独立学院科研课题情况

年份	科技课题	社科课题	课题总数	科技课题占比/%	社科课题占比/%
2016	102	380	482	21.16	78.84
2017	134	459	593	22.60	77.40

资料来源：根据山东省教育事业统计资料整理而成。

（六）民办本科高校学生就业和发展

2017年，山东省民办本科高校应届本科毕业生总体就业率约达90%，就业率较高。从毕业生去向来看，就业于企业者占比较高，自主创业人数较少。山东省民办本科高校的升学率（专升本、考研、出国留学所占比例）较低。

表13 2017年山东省民办本科高校就业率一览表

院校	就业						升学					
	初次就业		自主创业				专升本		考研		出国留学	
	人数/人	比例/%	人数/人	比例/%	获自主创业奖人数/人	比例/%	人数/人	比例/%	人数/人	比例/%	人数/人	比例/%
潍坊科技学院	6285	97.17	8	0.12	0	0	441	6.82	219	3.39	10	0.16
青岛滨海学院	5381	99.13	12	0.22	0	0	176	5.70	185	8.98	39	0.76
山东现代学院	5508	96.99	8	0.14	—	—	57	1.00	—	—	—	—
山东协和学院	2481	99.32	12	0.48	0	0	108	8.23	22	1.66	52	2.08
齐鲁医药学院	4176	95.21	11	0.25	0	0	105	2.39	86	1.96	0	0

院校	就业						升学					
	初次就业		自主创业				专升本		考研		出国留学	
	人数/人	比例/%	人数/人	比例/%	获自主创业奖人数/人	比例/%	人数/人	比例/%	人数/人	比例/%	人数/人	比例/%
青岛黄海学院	4969	96.64	32	0.62	0	0	68	1.76	37	2.91	13	0.25
山东英才学院	4546	93.16	12	0.26	1	0.08	8	11.59	39	56.52	22	31.88
青岛恒星科技学院	2955	98.96	23	0.77	—	—	2	0.07	—	—	2	0.07
山东华宇工学院	2125	92.15	2	0.09	—	—	9	0.4	—	—	—	—
青岛工学院	2302	90.16	9	0.35	0	0	16	16.84	71	74.74	8	8.42
北京电影学院现代创意媒体学院	490	85.51	6	1.05	0	0	0	0	3	0.05	21	3.66
济南大学泉城学院	1666	96.97	0	0	0	0	17	8.33	61	4.03	1	0.06
青岛农业大学海都学院	1650	69.10	62	2.60	0	0	71	9.23	115	6.22	7	0.30
山东科技大学泰山科技学院	1918	91.33	6	0.29	0	0	130	12.16	95	9.21	1	0.05
山东师范大学历山学院	1815	92.51	2	0.20	—	—	105	10.99	80	7.94	—	—

资料来源：根据各民办本科高校提交的办学质量自评报告整理。

二、山东省民办本科高校发展遇到的问题

山东省民办本科高校发展虽然总体趋势良好，但仍然面临着许多困境与不利因素，其生存环境也不乐观。剖析山东民办本科高校发展中存在的问题及原

因,不仅有利于了解民办本科高校发展的现状,更有利于山东民办本科高校的可持续发展。

(一)专业发展水平有待提升,学科门类集中

从2017年民办本科高校专业设置的基本情况来看,省级特色专业大部分为工科类,其他学科门类少。民办本科高校专业与公办本科高校存在着数量上的明显差别,如济南大学、聊城大学本科专业数量超过90个。在质量上,公办本科高校具有明显的优势,如山东财经大学拥有国家级特色专业7个,包括财政学、会计学、国际经济与贸易、信息管理与信息系统、工商管理、经济学、金融学。济南大学的机械制造及自动化、应用化学、计算机科学与工程、材料科学与工程4个专业为国家级特色专业。值得注意的是,尽管民办本科高校国家级特色专业缺乏,但其凭借灵活的体制机制优势,以及始终以就业为导向的办学理念,在近几年的发展过程中,特色专业建设颇具规模。如山东英才学院的学前教育专业具有"国家级教学名师""国家级本科教学团队""国家级精品课程";山东协和学院的护理、护理学、临床医学等专业是省级特色专业;青岛滨海学院的金属材料工程专业不仅是省级特色专业,也是颇具就业竞争力的专业。

学科专业体系需进一步优化。独立学院缺少省级特色专业,学科专业设置与母体学校存在同质现象,大部分专业依托母体学校办学,学科专业体系需进一步优化。独立学院要在已有优势学科和专业的大类内优化布局,强化特色,积极稳妥发展新专业。如山东师范大学历山学院及时发现自身专业设置的问题,已经成功申请设立能源与动力工程、自动化、能源科学与工程专业,正在申请设立财务管理、金融学、数字媒体艺术、小学教育、机器人工程等专业,但与节能环保、新材料、生物医药、生物育种等战略性新兴产业相关的专业有待突破。

(二)师资队伍建设亟待加强

山东省民办本科高校教师队伍的职称、年龄结构有待进一步优化。从2016—2017年山东省民办本科高校具有高级职称的教师数量和占比来看,具有高级职称教师占专任教师总数的比例较合理。但独立学院2017年出现了具有高级职称的教师数量和比例下降的趋势,说明具有高级职称的教师有人员流动的情况。从学历层次上来看,山东省民办本科高校教师学历层次有所提升,但具有博士研究生学历教师数量较少,仅537人,占专任教师总数的5.86%,占比较低。从年龄结构来看,山东省民办本科高校存在相当一部分60岁以上从公办学校退休的老教师。所以,山东省民办本科高校在师资队伍结构上要进一步优化年龄结构,做到高中低合理结合、老中青合理搭配。

山东省民办本科高校教师的福利待遇需进一步提升。民办本科高校专任教师的福利待遇与公办高校相比还存在较大差距。首先，民办本科高校教师没有事业编制，这与公办高校教师相比，在医疗、退休、住房补助等方面福利待遇较差，社会保障水平较低。其次，民办本科高校教师在职称评聘方面面临不平等待遇。在职称评聘方面，学校自行规定教师专业技术职务资格标准条件和评聘程序。这导致民办高校评聘的职称不被外界所认可，加剧了教师的不稳定因素，制约了优秀人才引进。

（三）办学经费压力仍旧较大

山东省民办本科高校虽然办学经费投入有所增加，但从学校发展来看面临的压力仍旧很大。首先，政府对民办本科高校的财政扶持力度较小。民办本科高校没有生均财政拨款。2012年省属本科高校生均拨款已达12000元，2016年公办高职高专院校生均拨款标准达到11000元，2017年达到12000元。其次，民办本科高校办学主要来源于学费，经费来源单一。所以民办本科高校扩大生源、提高学费成为其生存发展的必要条件。最近几年，不少民办本科高校都在大幅度提高学费，一些本科专业学费总额已达到25000元左右。再次，山东省民办本科高校在信贷政策方面受限，融资困难。民办本科高校的融资主要有贷款、社会捐赠、企业投资、校办产业和后勤社会化等多种方式。目前，民办本科高校既得不到政府财政划拨经费，社会捐助也极其微薄，而且因为信贷政策受限，依靠银行贷款举步维艰。民办高校融资渠道单一成为制约民办高校发展的障碍。

三、山东省民办本科高校发展的对策建议

（一）加强政策与制度建设，引导健康发展

政府通过制定政策，加大投入，从制度上规范管理，引导民办本科高校健康发展。

首先，加强民办本科高校的政治领导，强化党建工作。民办本科高校要在党的正确领导下办学，党的基本路线、各项方针政策在民办高校要得到真正落实。一些民办本科高校还存在传统的家族式管理，缺乏学校发展的远景目标和整体发展规划，所以民办本科高校党建工作必须放在首位，使党的工作逐步走上制度化、规范化的轨道。培养开放办学思维，提高信息公开的质量，完善信息公开渠道，保障社会大众对高等教育的知情权和监督权。

其次，加强对民办高校的分类指导与管理。在招生计划和专业设置上适当放宽，对民办高校进行分类管理。山东省民办高校的发展呈现出不平衡现象，

教育行政部门对可重点发展的优秀学校,给予政策和经费投入上的倾斜,鼓励和支持这类院校在较短的时间内办出水平,办出特色,进入全国一流民办高校行列,带动全省的民办高等教育快速、健康发展。政府部门抓住新旧动能转换的新形势,推动制度创新,重点支持民办本科高校对接产业发展,扩大开放办学,提高人才培养质量。

再次,健全财政资助制度,改善民办高校融资环境,拓宽资金筹措渠道。完善扶持政策体系,在政府补贴、购买服务、税收优惠等方面给予民办高校以支持。加大对民办高校的财政扶持力度,创新财政扶持方式,设立民办教育专项资金,帮助民办高校提升基础能力,探索给予民办高校生均经费补贴。在投融资方面,政府给予民办高校信贷支持,探索民办学校以有偿获得的土地、未来经营收入、学费和非教育设施抵押贷款。支持民办高校依照国家规定利用捐赠资金和办学结余设立教育基金,利用专业基金运营,实现保值增值。鼓励民间资金投资办学,以合资、合作、参股的方式投入办学。

(二)推动转型发展,创立品牌特色

山东省民办本科高校要向应用型高校转型发展。2016年9月山东省教育厅及财政厅联合印发了《推进高水平应用型大学建设实施方案》,并发布了《推进一流大学和一流学科建设方案》,目标主要为培养高素质应用型人才,促进人才培养与产业优化升级、经济转型发展紧密对接,为山东经济文化强省建设提供人才保障、智力支持和科技支撑。2013年山东英才学院、青岛滨海学院入围"应用科技大学改革试点战略研究"项目组,揭开了山东省省属民办本科高校向应用型高校转型的序幕。

首先,加强师资队伍建设,优化师资结构,为转型发展助力。其一,结合民办高校外部师资环境和内部实际需要,按照合理的比例,形成专职教师与兼职教师比例协调的师资结构。学校积极引进行业、企业专家走进课堂,形成理论和实践并重的教育教学模式,同时制定教师实践教学能力培训方案,有系统、有组织地提高授课教师的实践教学能力。其二,引进人才还必须考虑师资的性别结构、年龄结构、职称结构以及学历结构,形成教师在年龄结构上老、中、青的合理比例,在职称及学历上既应注意不盲目追求高职称、高学历,也应注意根据学校的教学需要,提高教师职称及学历的等级,保证教学质量。其三,为民办高校现有教师发展积极创造条件,支持教师参加各种培训、访学等活动,加强教师实践教学能力培养,提升教师的专业技能和素质。

其次,增加基本设施建设投入,满足学生实践和创新创业能力培养需要,为转型发展提供保障。山东省民办本科高校进一步加大投入,改善教学设施条件,

加快校内实验室、实践教学基地建设步伐，努力改善校内实践教学的条件；加强应用型教材开发力度，满足应用型专业教学需要。

最后，对接新旧动能转换，进一步优化学科专业结构全面推进转型发展。民办本科高校对接新旧动能转换，按照应用型人才培养的办学定位，积极调整学科专业结构。坚持产学研结合，服务新旧动能转换，在重点发展工学、管理学等专业基础上，适度发展文学类、教育类、艺术类等专业，形成以应用型专业为主体，以特色、品牌专业为引领，特色鲜明的学科专业体系。以适应社会经济发展需求为导向，培养具有较强实践能力和创新精神的高素质应用型人才。

第四部分
民办教育新进展

有关省区市关于扶持与规范民办教育发展的政策措施

民办教育新法新政的颁布实施,推动我国民办教育发展进入了依法规范管理的新阶段,为民办教育的发展提供了重大的机遇和重要的法律保障。本部分内容从加大财政扶持力度、落实税费优惠政策、规范民办学校办学行为三个方面,梳理了当前有关省(自治区、直辖市)出台的政策措施。

一、加大财政扶持力度

安徽省:县级以上人民政府应建立健全政府补贴非营利性民办学校制度。民办义务教育阶段学校同等享受义务教育生均公用经费基准定额补助政策,民办学校在获取生均公用经费补助后,要等额减收在校学生学费。完善政府购买服务的标准和程序,建立绩效评价制度,制定通过委托、承包、采购等形式向优质民办学校购买就读学位、课程教材、科研成果、职业培训、政策咨询等教育服务的具体政策措施。各地可根据国家有关规定,多渠道筹措和设立民办教育发展基金并成立相应的基金会。基金会应依照国家法律法规和基金会章程有关规定,接受和管理捐赠资金,组织开展各类有利于民办教育事业发展的活动。

湖北省:各市、州、县人民政府要建立健全以政府购买服务为主、奖励性补助等方式为辅的支持民办学校提供普惠性教育服务的多元化公共财政扶持体系。通过政府购买服务等方式向民办学校购买普惠性教育服务时,同等条件下应优先选择非营利性民办学校。财政扶持民办教育发展的资金要纳入预算,并向社会公开,接受审计和社会监督,提高资金使用效益。鼓励县级以上人民政府创设公募性质的民办教育福利基金,主要为民办学校师生提供救助性福利保障。

辽宁省:各级政府和有关部门应建立健全政府补贴制度,明确补贴的项目、对象、标准、用途。完善政府购买服务的标准和程序,建立绩效评价制度,制定向民办学校购买就读学位、课程教材、科研成果、职业培训、政策咨询等教育服务的具体政策措施。依照国家有关规定,依托辽宁省教育基金会,引入公益融资机制,鼓励社会力量捐资,为民办高校筹集资金提供服务。

上海市:鼓励向民办学校购买就读学位、课程教材、科研成果、职业培训、政策咨询等教育服务,不断完善购买项目的标准和程序,制定政府购买教育服务制度,完善购买服务绩效评价机制。支持民办学校与公办学校在管理、课程、科研等方面探索资源共享,积极鼓励公办学校与民办学校相互购买管理服务、教学资源、科研成果,形成相互委托管理和相互购买服务的新机制。探索不改变

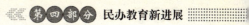

薄弱公办中小学公益属性的前提下由民办学校进行委托管理,鼓励民办中小学参与集团化办学。因地制宜开展地段内学生就近入读民办中小学与幼儿园的购买学位工作。鼓励民办学校开发适应市场和社会需要的各类教育公共服务项目,提高承接政府购买服务的能力。

继续做大做强上海市民办教育发展基金会,市有关部门对上海市民办教育发展基金会予以支持。鼓励社会力量按照国家关于基金会管理的规定,设立民办教育发展基金会,充分发挥基金会在筹集社会资源和资金、给予非营利性民办学校资金支持、处置民办学校终止办学的剩余资产、促进非营利性民办学校改革发展和特色创新、促进公益性强的优质民办教育机构健康成长、鼓励社会力量兴办教育等方面的作用。引导营利性民办学校合作设立投资基金,用于学校创新发展,防范办学风险。

天津市:各区人民政府应建立健全政府补贴制度,明确补贴的项目、对象、标准、用途。完善政府购买服务的标准和程序,建立绩效评价制度,逐步加大政府向社会力量购买服务的力度。制定向民办学校购买就读学位、课程教材、科研成果、职业培训、政策咨询等教育服务的具体政策措施。充分发挥教育类基金会在筹集资金方面的优势,开展有利于促进民办教育事业发展的项目及活动,引导和保障民办学校坚持公益性办学和健康发展。教育类基金会按照《基金会管理条例》相关规定,协助政府处置终止办学的民办学校的剩余资产。

云南省:省财政通过既有资金渠道,支持全省民办教育更好更快发展。各地要按照有关法律法规和制度要求,调整优化教育支出结构,加大对民办教育发展的扶持力度。要建立健全政府补贴民办教育制度,明确补贴项目、对象、标准、用途。建立健全政府购买服务制度,明确政府购买服务标准、程序及绩效评价体系,出台向民办学校购买就读学位、课程教材、科研成果、职业培训、政策咨询等教育服务的具体政策措施。鼓励各地按照国家关于基金会管理的规定设立民办教育发展基金,成立相应的基金会,组织开展有利于民办教育事业发展的活动。各级财政扶持民办教育发展资金要纳入预算,并向社会公开,接受审计和社会监督,建立完善财政扶持民办教育发展资金绩效评价制度,提高资金使用效益。

河北省:各市、县政府要因地制宜,调整优化教育支出结构,加大对民办教育的扶持力度。财政扶持民办教育发展的资金要纳入预算。建立健全政府对非营利性民办学校的补贴制度,明确补贴的项目、对象、标准、用途。推行政府购买服务制度,完善政府购买服务的目录、标准和程序,制定政府向民办学校购买教育服务的具体政策措施。鼓励和支持市、县政府按照国家有关规定,设立民办教育发展基金,成立相应的基金会。

浙江省：积极鼓励和大力支持社会力量举办非营利性民办学校，依法为营利性民办学校创造公平竞争的办学环境。各级政府和有关部门要在政府补贴、购买服务、基金奖励、捐资激励等方面对非营利性民办学校给予扶持；根据经济社会发展需要和公共服务需求，通过政府购买服务及税收优惠等方式对营利性民办学校给予支持。各级财政要高度重视民办教育投入，继续执行现有对民办学校的支持政策。按照国家要求，将支持民办教育发展有关资金纳入预算，并向社会公开，接受审计和社会监督。义务教育阶段民办学校享受同等义务教育生均公用经费基准定额补助和"两免一补"政策。省级财政加大民办教育转移支付力度，专项用于支持各类民办教育发展。市县财政可根据当地实际设立民办教育发展专项资金。

内蒙古自治区：各级人民政府可按照有关规定，进一步加大对民办教育的扶持力度，扶持资金要纳入预算。各级人民政府应建立健全政府补贴制度。完善政府购买服务的标准和程序，建立绩效评价制度，制定向民办学校购买就读学位、课程教材、科研成果、职业培训、政策咨询等教育服务的具体政策措施。各级人民政府可按照国家规定设立民办教育发展基金，支持成立基金会，组织开展各类有利于民办教育事业发展的活动。

陕西省：各地、各部门应建立健全政府补贴制度，明确补贴的项目、对象、标准、用途。完善政府购买服务的标准和程序，建立绩效评价制度，制定向民办学校购买就读学位、教师培训、课程教材、科研成果、政策咨询等教育服务的具体政策措施。民办中小学（含中职）和幼儿园享受同类公办学校生均公用经费补助政策。

海南省：省及市县政府要调整优化教育支出结构，通过政府补贴、购买服务、办学奖励、金融信贷等方式加大对民办教育的支持力度。扶持民办教育发展的资金要纳入预算，并向社会公开，接受审计和社会监督。省及市县政府通过财政拨款、教育券、社会捐资等多元化渠道筹资设立民办教育发展基金。政府对非营利性民办学校给予一定补助，补助标准参照省公办学校生均公用经费标准，并结合学校招生、收支等情况确定。政府委托民办学校承担义务教育任务的，应当根据接收学生人数、当地物价等情况给予补贴，补贴标准应当能够基本补偿民办学校所付出的成本。政府对民办学校基本建设和设备购置贷款给予一定比例的贴息，对社会力量承担基本建设任务并引进优质高等教育资源到海南省办学的，给予一定比例贷款贴息和租金补贴。

江苏省：鼓励各地设立民办教育发展专项资金，用于发展非营利性民办学校。省财政继续安排民办高等教育发展专项资金，并根据民办高校办学绩效等给予综合奖补。建立健全民办教育政府补贴制度，完善政府购买服务的标准和程序,健全向民办学校购买就读学位、课程教材、政策咨询等教育服务的政策。义务教育阶段民办学校学生免除学杂费标准,按省定生均公用经费基准定额执行。对执行公办幼儿园收费标准的非营利性民办幼儿园,按照公办幼儿园同等标准安排生均公用经费拨款。

青海省:各级人民政府应建立健全政府补贴制度,严格落实省政府《关于完善城乡义务教育经费保障机制和实行 15 年免费教育的实施意见》(青政〔2016〕27 号)的有关要求,严格核定民办学校在校生人数,参照同级同类公办学校标准,对民办幼儿园和开展全日制学历教育的非营利性民办学校实行等额补助。对于符合扶持条件的民办学校,各级人民政府可向民办学校购买就读学位、课程教材、科研成果、职业培训、政策咨询等教育服务,购买服务的资金应在当年到位,资金要列入同级财政预算,并加强对资金的审计监督。各级人民政府可按照国家关于基金会管理的规定设立民办教育发展基金,支持成立相应的基金会,组织开展各类有利于民办教育事业发展的活动。

广东省:各地级以上市、县(市、区)政府要建立健全政府补贴制度,创新财政补贴方式,探索对民办学校给予经费奖补,明确补贴的项目、对象、标准、用途。要按不低于公办义务教育学校生均公用经费的标准补助民办义务教育学校,对按规定可继续向学生收取学费的,须扣除公用经费补助标准部分。完善政府购买服务的标准和程序,制定向民办学校购买学位、课程教材、科研成果、职业培训、政策咨询等教育服务的具体办法,建立绩效评价制度。鼓励各地加大对普惠性民办幼儿园的扶持力度。

四川省:各地应建立健全政府补贴制度,明确补贴的项目、对象、标准、用途。加大对非营利性民办学校的支持力度。完善政府购买服务及绩效评价制度,制定向民办学校购买就读学位、课程教材、科研成果、职业培训、政策咨询等教育服务的政策措施。可按照国家关于基金管理的规定设立民办教育发展基金,实施基金激励奖补。对捐资办学的,有条件的地区可按照捐赠额的一定比例补助学校配套建设。支持成立相应的基金会,组织开展各类有利于民办教育事业发展的活动。

宁夏回族自治区:各级人民政府要建立健全对民办学校的补贴制度,明确补贴的项目、对象、标准、用途。推行政府购买服务制度,凡适合社会资本承担的教育服务,都可以通过委托、承包、采购等方式交给社会资本承担。完善政府购买服务的目录、标准和程序,建立绩效评价制度,制定向民办学校购买就读学位、课程教材、科研成果、职业培训、政策咨询等教育服务的具体政策措施。各级人民政府可按照国家关于基金会管理的规定设立民办教育发展基金,组织开展各类有利于民办教育事业发展的活动。可通过出租、转让闲置校舍等国有资产的措施扶持民办学校发展，原则上对营利性民办学校不得以无偿方式出租、出借或转让。出租、转让闲置校舍等国有资产的程序、期限等必须符合国家和自治区相关规定。

山东省：各地要探索建立多元化的公共财政资助体系。财政扶持民办教育发展的资金要纳入预算，明确扶持的项目、对象、标准、用途，并向社会公开，接受审计和社会监督，提高资金使用效益。实施义务教育民办学校纳入生均公用经费保障范畴，学生纳入"两免一补"，所需经费由各级财政按标准予以拨付。鼓励各地设立促进民办教育发展专项资金。省财政每年安排资金，重点支持完成分类登记的非营利性民办学校发展。完善向民办学校购买就读学位、课程教材、科研成果、职业培训、继续教育、政策咨询等教育服务的具体措施。支持设立民办教育发展基金会或专项基金，用于民办教育事业的发展与保障。民办学校利用闲置的国有资产办学，按规定权限和程序报经同级财政部门或相关部门批准，可以不低于经中介机构评估的市场公允价格定向协议租赁或转让。

重庆市：市、区县政府按照审批和管理权限完善落实民办学校发展资金，列入同级财政预算，并保持逐步增长，用于非营利民办学校的生均公用经费补助，以及依法主要用于非营利民办学校实习实训基地建设、优质特色建设、师资队伍建设、公共服务资源平台建设等普惠和竞争性财政项目，其中投入非营利民办学校的生均公用经费补助标准根据我市经济社会发展情况适时适度增长。营利性民办学校符合小微企业财政扶持条件的，依法依规享受相关扶持政策。

义务教育民办学校享受与公办学校同等的财政生均公用经费补助和学生资助政策。市、区县政府依法委托民办学校承担义务教育任务的，按照委托协议拨付教师工资、与教学设施设备等相应的教育经费。各区县政府可将移民、扶贫和农村劳动力转移等相关培训任务依法委托给有条件的民办学校或民办培训机构承担，并按规定拨付相应的培训经费。建立政府对非营利性民办学校和举办者的奖励机制，具体奖励办法由市财政局、市教委制定。财政扶持民办教育的资金要纳入预算，并向社会公开，接受审计和社会监督，提高资金使用效益。

建立健全政府购买民办教育服务机制，明确购买服务的范围、清单和委托管理项目。有关部门要制定向民办学校购买保育服务、就读学位、课程教材、科研成果、职业培训、政策咨询等教育服务的具体政策措施，完善购买服务的指导性目录、标准和程序，建立健全项目申报、预算编报、组织采购、项目监管、绩效评价的规范化流程，推出一批带动性强、示范性好的民办教育项目。鼓励民办学校开发适应市场和社会需要的各类教育公共服务项目，提高承接政府购买服务的能力。

江西省：各级政府应建立健全政府补贴制度，明确补贴的项目、对象、标准、用途。通过与公办学校平等竞争获得的项目，应享受同样的资助政策。完善政府购买服务的标准和程序，建立绩效评价制度，制定向民办学校购买就读学位、课程教材、科研成果、职业培训、政策咨询等教育服务的具体政策措施。因地制宜开展地段内学生就近入读民办中小学与幼儿园的购买就读学位工作。各级政府可按照国家关于基金会管理的规定设立民办教育发展基金，支持成立相应的基金会，组织开展各类有利于民办教育事业发展的活动。探索建立教育发展投资公司，搭建教育投资运作平台，通过合理运用部分财政性资金、设立投资基金、盘活存量资产等方式，吸引社会资本参与教育事业发展。

广西壮族自治区：全区各级人民政府要调整优化教育支出结构，加大对民办教育的扶持力度。自治区财政要加大投入，安排专项经费重点支持非营利性民办学校。各市、县（市、区）也应安排专项经费扶持民办教育发展。财政扶持民办教育发展的资金要纳入预算，并向社会公开，接受审计和社会监督，提高资金使用效益。健全政府补贴制度，明确补贴的项目、对象、标准、用途。完善政府购买服务的标准和程序，制定向民办学校购买就读学位、课程教材、科研成果、职业培训、政策咨询等教育服务的具体政策措施。全区各级人民政府可按照国家关于基金会管理的规定设立民办教育发展基金，支持成立相应的基金会，组织开展各类有利于民办教育事业发展的活动。

贵州省：各级人民政府、有关部门应建立健全政府补贴制度，明确补贴的项目、对象、标准、用途。健全义务教育阶段民办学校经费保障机制，对义务教育阶段民办学校按不低于生均公用经费基准定额的标准给予补助。健全外来务工人员同住子女学校办学成本政府补贴制度。贯彻落实《贵州省进一步完善城乡义务教育经费保障机制的实施方案》，统一城乡义务教育学校生均公用经费基准定额，对城乡义务教育民办学校按照不低于基准定额的标准补助公用经费，具体分担比例按规定执行。统一城乡义务教育阶段学生免费提供教科书政策，从2017年春季学期起，对全省义务教育阶段所有在校学生免费提供教科书并执行部分学科教科书循环使用制度。完善政府购买服务的标准和程序，建立绩效评价制度，制定向民办学校购买就读学位、课程教材、科研成果、职业培训、政策咨询等教育服务的具体政策措施。依照国家有关规定，市（州）、县（市、区、特区）人民政府可按照国家关于基金会管理的规定设立民办教育发展基金，支持成立相应的基金会，组织开展各类有利于民办教育事业发展的活动。

西藏自治区：各地要调整优化教育支出结构，在年度教育经费预算时要统筹考虑公办和民办的发展需要。全面落实民办学校学生与公办学校学生同等享受免费教育、"三包"补助、助学贷款等国家资助政策，建立健全民办学校助学贷款业务扶持制度,提高民办学校家庭经济困难学生获得资助的比例。拓宽投融资渠道,充分发挥金融资金的引导作用,支持金融机构在依法依规、风险可控的前提下,开发适合民办学校特点的金融产品和服务,为民办学校提供用于新建、扩建和改善办学条件的信贷支持。

山西省:各级人民政府应建立健全政府补贴制度,明确补贴的项目、对象、标准、用途。县级人民政府委托民办学校承担义务教育的,应当根据接受义务教育学生的数量和当地实施义务教育的公办学校的生均教育经费标准,拨付相应的教育经费。对非营利性民办中等职业学校在实施学校基础能力建设、实习实训基地建设时,与公办学校同等对待。积极探索通过政府补贴、购买服务等多种方式,鼓励社会力量参与举办职业教育,促进民办高职教育发展。完善政府购买服务的标准和程序,建立绩效评价制度,鼓励向民办学校购买就读学位、课程教材、科研成果、职业培训、政策咨询等教育服务。各级人民政府可按照国家关于基金会管理的规定设立民办教育发展基金,支持成立相应的基金会,组织开展各类有利于民办教育事业发展的活动。

吉林省:各级人民政府应当建立相应的政府补贴体系,加大对民办学校的补助力度,明确补贴的项目、对象、标准、用途。凡适合社会资本承担的教育服务,都可以通过委托、承包、采购等方式交给社会资本承担。省教育厅、省人社厅、省财政厅等有关部门制定向民办学校购买就读学位、课程教材、科研成果、职业培训、政策咨询等教育服务的具体政策措施,包括政府购买服务的标准、程序及绩效评价制度。按照国家关于基金会管理的规定,省和市县政府可以设立民办教育发展基金,支持成立相应的基金会,组织开展各类有利于民办教育事业发展的活动。

北京市:市、区两级财政应安排扶持民办教育发展资金并纳入年度预算。建立健全政府补贴制度,明确补贴的项目、对象、标准、用途。完善义务教育阶段民办学校生均基准定额补助制度。完善政府购买服务的标准和程序,建立绩效评价制度,落实向民办学校购买就读学位、课程教材、科研成果、职业培训、政策咨询等教育服务的具体政策措施。

二、落实税费优惠政策

安徽省:民办学校按照国家有关规定享受相关税收优惠政策。对企业办的各类学校、幼儿园自用的房产、土地,免征房产税、城镇土地使用税。出资人以不动产用于办学,原有不动产过户到民办学校名下且不属于买卖或交换行为的,免除办理过户手续中的行政事业性收费。非营利性民办学校与公办学校享有同等待遇,按照税法规定进行免税资格认定后,免征非营利性收入的企业所得税。捐资建设校舍及开展表彰资助等活动的冠名依法尊重捐赠人意愿。民办学校用电、用水、用气、用热,执行与公办学校相同的价格政策。

甘肃省:民办学校按照国家有关规定享受相关税收优惠政策。对企业办的各类学校、幼儿园自用的房产、土地,免征房产税、城镇土地使用税。对企业支持教育事业的公益性捐赠支出,按照税法有关规定,在年度利润总额12%以内的部分,准予在计算应纳税所得额时扣除;对个人支持教育事业的公益性捐赠支出,按照税收法律法规及政策的相关规定在个人所得税前予以扣除。非营利性民办学校与公办学校享有同等待遇,按照税法规定进行免税资格认定后,免征非营利性收入的企业所得税。捐资建设校舍及开展表彰资助等活动的冠名依法尊重捐赠人意愿。民办学校用电、用水、用气、用热,执行与公办学校相同的价格政策。

湖北省:非营利性民办学校按照税法规定办理非营利性组织免税资格认定后,符合条件的收入可享受企业所得税免税优惠。对企业办的各类学校、幼儿园自用的房产、土地,免征房产税、城镇土地使用税。对企业支持教育事业的公益性捐赠支出,按照税法有关规定,在年度利润总额12%以内的部分,准予在计算应纳税所得额时扣除;对个人支持教育事业的公益性捐赠支出,按照税收法律法规及政策的相关规定在个人所得税前予以扣除。民办学校用电、用水、用气、用热,执行与公办学校相同的价格政策。

辽宁省:民办学校按照国家有关规定享受相关税收优惠政策。民办学校提供技术开发、技术转让和与之相关的技术咨询、技术服务,符合相关规定的,免征增值税。一个纳税年度内,居民企业技术转让所得不超过500万元的部分,免征企业所得税;超过500万元的部分,减半征收企业所得税。对企业办的各类学校、幼儿园自用的房产、土地,免征房产税、城镇土地使用税。鼓励企业接收学生实习、实训、学徒。企业因接收实习生所实际发生的与取得收入有关的、合理的支出,按现行税收法律规定在计算企业所得税应纳税所得额时扣除。对企业通过公益性社会团体或者县级以上政府及其部门,用于支持教育事业的公益性捐赠支出,在年度利润总额12%以内的部分,准予在计算企业所得税应纳税所得额时扣除;超过年度利润总额12%的部分,准予结转以后3年内在计算企业所得税应纳税所得额时扣除。对个人支持教育事业的公益性捐赠支出,按照税收法律法规及政策的相关规定在个人所得税前予以扣除。

非营利性民办学校与公办学校享有同等待遇,按照税法规定进行免税资格认定后,免征非营利性收入的企业所得税。对按照税法规定认定为非营利组织的非营利性民办职业教育学校接受捐赠的收入,除《中华人民共和国企业所得税法》第七条规定的财政拨款以外的其他政府补助收入（不包括因政府购买服务取得的收入），按照省级以上民政、财政部门规定收取的会费，不征税收入和免税收入孳生的银行存款利息收入，财政部、国家税务总局规定的其他收入等，按规定免征企业所得税。进一步优化纳税服务，积极推行网上申报缴税，推广"一站式"办税，简化办税程序和环节，精简办税资料，提高办税效率。捐资建设校舍及开展表彰资助等活动的冠名依法尊重捐赠人意愿。民办学校用电、用水、用气、用热，执行与公办学校相同的价格政策。

上海市：民办学校按照国家有关规定享受相关税收优惠政策。对民办学校自用的房产、土地，免征房产税、城镇土地使用税。企业、个人通过公益性社会团体或者县级以上政府及其部门支持教育事业的公益性捐赠支出，按规定享受税收优惠政策。符合条件的非营利性民办学校与公办学校享有同等待遇，获得非营利组织免税资格的民办学校，符合免税条件的收入免征企业所得税。捐资建设校舍及开展表彰资助等活动的冠名，依法尊重捐赠人意愿。

民办学校用电、用水、用气等，执行与公办学校相同的价格政策。民办学校的举办者以不动产作为出资，因履行出资义务需要将有关不动产登记到民办学校名下的，只缴纳证照工本费和登记费。

天津市：民办学校按照国家有关规定享受相关税收优惠政策。对企业办的各类学校、幼儿园自用的房产、土地，免征房产税、城镇土地使用税。对符合税收政策规定条件的民办幼儿园提供的保育教育服务和从事学历教育的民办学校提供的教育服务免征增值税。非营利性民办学校与公办学校享有同等待遇，按照税法规定进行免税资格认定后，对符合税收法律法规规定的收入免征企业所得税。对企业通过公益性社会组织或者区级以上人民政府及其部门发生的支持教育事业等公益性捐赠支出，按照税法有关规定，在年度利润总额12%以内的部分，准予在计算应纳税所得额时扣除。对个人支持教育事业的公益性捐赠支出，按照税收法律法规及政策的相关规定在个人所得税前予以扣除。捐资建设校舍及开展表彰资助等活动的冠名依法尊重捐赠人意愿。民办学校用电、用水、用气、用热，执行与公办学校相同的价格政策。

云南省：非营利性民办学校与营利性民办学校按照国家有关规定，享受相应的税收优惠政策。对企业办的各类学校、幼儿园自用的房产、土地，免征房产税、城镇土地使用税。对企业支持教育事业的公益性捐赠支出，依照税法有关规定，在年度利润总额12%以内的部分，准予在计算应纳税所得额时扣除；对个人支持教育事业的公益性捐赠支出，依照税收法律法规及有关规定在个人所得税前予以扣除。非营利性民办学校与公办学校享有同等待遇，依照税法规定进行免税资格认定后，免征非营利性收入的企业所得税。捐资建设校舍及开展表彰资助等活动的冠名依法尊重捐赠人意愿。民办学校用电、用水、用气,执行与公办学校相同的价格政策。

河北省:民办学校按照国家有关规定享受相关税收优惠政策。对企业办的各类学校、幼儿园自用的房产、土地,免征房产税、城镇土地使用税。对企业支持教育事业的公益性捐赠支出,按照税法有关规定,在年度利润总额12%以内的部分,准予在计算应纳税所得额时扣除。对个人支持教育事业的公益性捐赠支出,按照税收法律、法规及政策的相关规定,在个人所得税前予以扣除。非营利性民办学校与公办学校享受同等待遇,按照税法规定进行免税资格认定后,免征非营利性收入的企业所得税。对营利性民办学校,对其取得的幼儿保教保育和学历教育劳务收入免征增值税,其用于教育的房产、土地,免征房产税、土地使用税。符合一般纳税人条件的民办培训机构提供非学历教育服务缴纳增值税,可以选择使用简易计税方法征收。民办学校用电、用水、用气、用热,执行与公办学校相同的价格政策。

浙江省:民办学校按照国家有关规定享受相关税收优惠政策。对企业办的各类学校自用的房产、土地,免征房产税、城镇土地使用税。对企业支持教育事业的公益性捐赠支出,按照税法有关规定,在年度利润总额12%以内的部分,准予在计算应纳税所得额时扣除;对个人支持教育事业的公益性捐赠支出,按照税收法律法规及政策的相关规定在个人所得税前予以扣除。非营利性民办学校与公办学校享有同等待遇,按照税法规定进行免税资格认定后,免征非营利性收入的企业所得税。对营利性民办学校增值税等按规定给予相应的税收优惠。民办学校用电、用水、用气、用热,执行与公办学校相同的价格政策。

内蒙古自治区:民办学校按照国家有关规定享受相关税收优惠政策。对企业办的各类学校、幼儿园自用的房产、土地,免征房产税、城镇土地使用税。对企业支持教育事业的公益性捐赠支出,按照税法有关规定,在年度利润总额12%以内的部分,准予在计算应纳税所得额时扣除;对个人支持教育事业的公益性捐赠支出,按照税收法律法规及政策的相关规定在个人所得税前予以扣除。非营利性民办学校与公办学校享有同等待遇,按照税法规定进行免税资格认定后,免征非营利性收入的企业所得税。捐资建设校舍及开展表彰资助等活动的冠名依法尊重捐赠人意愿。民办学校用电、用水、用气、用热,执行与公办学校相同的价格政策。

陕西省:民办学校按照国家有关规定享受相关税收优惠政策。对企业办的各类学校、幼儿园自用的房产、土地,免征房产税、城镇土地使用税。出资人以不动产用于办学,原有不动产过户到民办学校名下且不属于买卖或交换行为的,免费办理过户手续。对企业支持教育事业的公益性捐赠支出,按照税法规定,在年度利润总额 12% 以内的部分,准予在计算应纳税所得额时扣除;对个人支持教育事业的公益性捐赠支出,按照税收法律法规及政策的相关规定在个人所得税前予以扣除。非营利性民办学校与公办学校享有同等待遇,按照税法规定进行免税资格认定后,免征非营利性收入的企业所得税。捐资建设校舍及开展表彰资助等活动的冠名依法尊重捐赠人意愿。

海南省:民办学校按照国家规定享受税收优惠政策。对企业举办的从事学前教育和学历教育民办学校自用的房产、土地,免征房产税、城镇土地使用税。对企业发生符合规定的支持教育事业公益性捐赠支出,在年度利润总额 12% 以内的部分,准予在计算应纳税所得额时扣除;对个人支持教育事业公益性捐赠支出,按相关规定在个人所得税前予以扣除。鼓励企事业单位、社会组织和个人面向民办学校设立奖助学金。

非营利性民办学校按照税法规定进行免税资格认定后,学校取得的符合条件的免税收入免征企业所得税。学校科研项目获得的财政拨款符合税法规定的不征税收入条件的,不征收企业所得税。民办学校提供教育服务,收取的学费、住宿费等费用,符合税法规定的免征增值税。民办学校用电、用水、用气,继续执行与公办学校相同的价格政策。

江苏省:非营利性民办学校按规定享受与公办学校同等税收优惠政策。非营利性民办学校按照税法规定进行免税资格认定后,其符合条件的收入免征企业所得税。对取得社会力量办学许可证的非营利性民办学校承受土地、房屋权属用于教学的,免征契税。对企业办的各类学校、幼儿园自用的房产、土地,免征房产税、城镇土地使用税。对企业支持教育事业的公益性捐赠支出,在年度利润总额 12% 以内的部分,准予在计算应纳税所得额时扣除;超过年度利润总额 12% 的部分,准予结转以后 3 年内在计算应纳税所得额时扣除。从事学历教育的民办学校,对经有关部门审核批准收取的学费、住宿费等免征增值税。民办学校中的一般纳税人,提供非学历教育服务,可选择适用简易计税方法按照 3% 征收率计算缴纳增值税。对财产所有人将财产赠给学校所立的书据,免征印花税。对从事学历教育的营利性民办学校提供的教育服务免征增值税。

青海省:民办学校按照国家有关规定享受相关税收优惠政策。对企业举办的各类学校、幼儿园自用的房产、土地,免征房产税、城镇土地使用税。对企业支持教育事业的公益性捐赠支出,按照税法有关规定,在年度利润总额 12% 以内的部分,准予在计算应纳税所得额时扣除;对个人支持教育事业的公益性捐赠支出,按照税收法律法规及政策的相关规定在个人所得税前予以扣除。非营利性民办学校与公办学校享有同等待遇,按照税法规定进行免税资格认定后,免征非营利性收入的企业所得税。捐资建设校舍及开展表彰资助等活动的冠名依法尊重捐赠人意愿。民办学校用电、用水、用气、用热,执行与公办学校相同的价格政策。

广东省:非营利性民办学校享受与公办学校同等的税收优惠政策,营利性民办学校享受国家规定的税收优惠政策。对企业支持教育事业的公益性捐赠支出,按照税法有关规定,在年度利润总额12%以内的部分,准予在计算应纳税所得额时扣除。超过年度利润总额12%的部分,准予结转以后3年内在计算应纳税所得额时扣除。个人将其所得通过中国境内的公益性社会组织、县级以上政府及其组成部门和直属机构向教育事业的捐赠,按规定在个人所得税应纳税所得额中全额扣除。对民办学校自用的房产、土地,免征房产税、城镇土地使用税。

四川省:民办学校享受国家规定的税收优惠政策,其中,非营利性民办学校享受与公办学校同等的税收优惠政策。对企业办的各类学校、幼儿园自用的房产、土地,免征房产税、城镇土地使用税。对企业支持教育事业的公益性捐赠支出,按照税法有关规定,在年度利润总额12%以内的部分,准予在计算应纳税所得额时扣除,超过年度利润总额12%的部分,准予结转以后3年内在计算应纳税所得额时扣除;非营利性民办学校按照税法规定取得非营利性组织免税资格后,其取得的符合规定条件的收入依法免征企业所得税。营利性民办学校享受国家规定的税收优惠,其中,符合西部大开发所得税优惠条件的,可减按15%的税率征收的企业所得税。捐资建设校舍及开展表扬资助等活动的冠名依法尊重捐赠人意愿。

宁夏回族自治区:民办学校按照国家有关规定享受相关税收优惠政策。企业办的各类学校、幼儿园自用的房产、土地,免征房产税、城镇土地使用税;企业支持教育事业的公益性捐赠支出,符合公益性捐赠税前扣除条件的,在年度利润总额12%以内的部分,准予在计算应纳税所得额时扣除;超过年度利润总额12%以内的部分,准予结转以后3年内在计算应纳税所得额时扣除。企业因接收实习生所实际发生的与取得收入有关的、合理的支出,按现行法律规定在计算企业所得税应纳税所得额时扣除。对个人支持教育事业的公益性捐赠支出,按照税收法律法规及政策的相关规定,在个人所得税前予以扣除。民办学校提供技术开发、技术转让和与之相关的技术咨询、技术服务,符合相关规定的,免征增值税。非营利性民办学校与公办学校享受同等待遇,按照税法规定进行免税资格认定后,免征非营利性收入的企业所得税。民办学校取得的符合条件的幼儿保教保育和学历教育劳务收入免征增值税,其用于教育的房产免征房产税、土地使用税。符合一般纳税人条件的民办教育培训机构,提供非学历教育服务缴纳增值税,可以选择使用简易计税方法征收。民办学校用电、用水、用气、用热,执行与公办学校相同的价格政策。

山东省:民办学校按照国家有关规定享受相关税收优惠政策。非营利性民办学校与公办学校享有同等待遇,按规定进行免税资格认定后,免征非营利性收入的企业所得税。营利性民办学校税费优惠政策按照国家有关规定执行。捐资建设校舍及开展表彰资助等活动的冠名依法尊重捐赠人意愿。民办学校用电、用水、用气、用热,执行与公办学校相同的价格政策。

重庆市:各区县政府和市政府有关部门要落实非营利性民办学校依法享有同公办学校同等的税费优惠政策。举办者将土地、房屋、设备过户到非营利性民办学校名下,依法免征土地增值税、增值税、契税和相关资产过户费;对非营利性民办学校依法收取的学费、保育费、住宿费等收入,以及学校自办食堂取得的伙食费收入依法免征增值税;对非营利性民办学校经批准征用的耕地,依法免征耕地占用税;对非营利性民办学校的土地、房屋用于教育教学的,依法免征城镇土地使用税和房产税;依法进行免税资格认定后,符合条件的非营利性民办学校的收入为企业所得税免税收入。

营利性民办学校依法享受有关优惠政策。对提供学历教育服务的营利性民办学校和营利性民办幼儿园依法收取的学费、保育费、住宿费等收入,以及学校自办食堂取得的伙食费收入依法免征增值税;对提供学历教育服务的营利性民办学校和营利性民办幼儿园经批准征用的耕地依法免征耕地占用税;对营利性民办幼儿园和提供学历教育服务的民办学校的用于教育教学的土地、房产,依法免征城镇土地使用税和房产税;对符合西部大开发政策规定的营利性民办学校,可减按15%税率缴纳的企业所得税。

民办学校在资产重组过程中,通过合并、分立、出售、置换等方式,将全部或者部分实物资产以及与其相关联的债权、负债和劳动力一并转让给其他单位和个人的,对涉及的不动产转让和土地使用权转让行为不征收增值税。民办学校提供技术转让、技术开发和与之相关的技术咨询、技术服务依法免征增值税。民办学校接受境外捐赠、进口科学研究和教学物品所涉关税和进口环节增值税,按财政部、科技部、民政部、海关总署、税务总局等部门有关规定执行。对财产所有人将财产捐赠给民办学校所立的书据,免征印花税。民办学校的教育教学房屋建设涉及的城市建设配套费等行政事业性收费、服务性收费,民办学校用水、用电、用气、用热、排污等公用事业性收费,享受与公办学校同等待遇。

江西省:民办学校按照国家有关规定享受相关税收优惠政策。非营利性民办学校与公办学校享有同等待遇,按照税法规定进行免税资格认定后,免征非营利性收入的企业所得税。营利性民办学校通过高新技术企业认定,可依法享受高新技术企业税收优惠政策。符合税法规定条件的财政专项补助收入可以作为不征税收入。对企业办的各类学校、幼儿园自用的房产、土地,免征房产税、城镇土地使用税。

企业通过公益性团体或者县级以上政府及其部门,用于支持教育事业的公益性捐赠支出,按照税法有关规定,年度利润总额12%以内的部分,准予在计算应纳税所得额时扣除,超过企业年度利润总额12%的部分,允许结转以后3年内在计算应纳税所得额时扣除;对个人支持教育事业的公益性捐赠支出,按照税收法律法规及政策的相关规定在个人所得税前予以扣除。捐资建设校舍及开展表彰资助等活动的冠名依法尊重捐赠人意愿。民办学校用电、用水、用气、用热,执行与公办学校相同的价格政策。

广西壮族自治区:民办学校按照国家有关规定享受相关税收优惠政策。对企业举办的各类学校、幼儿园自用的房产、土地,免征房产税、城镇土地使用税。对企业支持教育事业的公益性捐赠支出,在年度利润总额12%以内的部分,准予在计算应纳税所得额时予以扣除;对个人支持教育事业的公益性捐赠支出,按照税收法律法规及政策的相关规定在个人所得税前予以扣除。非营利性民办学校与公办学校享有同等待遇,按照税法规定进行免税资格认定后,免征非营利性收入的企业所得税。捐资建设校舍及开展表彰资助等活动的冠名依法尊重捐赠人意愿。民办学校用电、用水、用气,执行与公办学校相同的价格政策。民办学校开展科研项目获得的财政拨款,符合企业所得税有关政策规定的,可以作为不征税收入。民办学校收取的学费、住宿费等费用,民办学校提供技术开发、技术转让和与之相关的技术咨询、技术服务以及教育服务,符合增值税优惠政策规定的,可按规定减免增值税。

贵州省:民办学校按照国家有关规定享受相关税收优惠政策。对企业办的各类学校、幼儿园自用的房产、土地,免征房产税、城镇土地使用税。对企业支持教育事业的公益性捐赠支出,在年度利润总额12%以内的部分,准予在计算企业所得税应纳税所得额时扣除;超过年度利润总额12%的部分,准予结转以后3年内在计算企业所得税应纳税所得额时扣除。对个人支持教育事业的公益性捐赠支出,按照税收法律法规及政策的相关规定在个人所得税前予以扣除。民办学校举办者用于办学的土地、房屋过户到学校名下的,按规定免征资产过户税费,减免资产过户时的服务性收费。民办学校提供技术开发、技术转让和与之相关的技术咨询、技术服务,符合相关规定的,免征增值税。非营利性民办学校与公办学校享有同等待遇,按照税法规定进行免税资格认定后,免征非营利性收入的企业所得税。捐资建设校舍及开展表彰资助等活动的冠名依法尊重捐赠人意愿。民办学校用电、用水、用气、用热,执行与公办学校相同的价格政策。

西藏自治区：按照国家有关规定落实相关税收优惠政策。对企业创办的各级各类学校、幼儿园的自用土地，符合税收优惠政策的，免征城镇土地使用税。符合税收优惠政策的非营利性民办学校的非营利性收入免征企业所得税。对从事幼儿保教保育和学历教育服务的营利性民办学校，根据国家规定给予一定的税费优惠。民办学校用电、用水、用气、用热，执行与公办学校相同的价格政策。

山西省：民办学校按照国家有关规定享受相关税收优惠政策。对企业办的各类学校、幼儿园自用的房产、土地，免征房产税、城镇土地使用税。符合条件的民办学校承受的土地、房屋权属用于教学的，免征契税。对企业支持教育事业的公益性捐赠支出，符合税法有关规定的，在年度利润总额12%以内的部分，准予在计算应纳税所得额时扣除；对个人支持教育事业的公益性捐赠支出，符合税收法律法规及政策相关规定的，在个人所得税前予以扣除。非营利性民办学校，按照税法规定进行免税资格认定后，免征非营利性收入的企业所得税。捐资建设校舍及开展表彰资助等活动的冠名依法尊重捐赠人意愿。民办学校、社会组织或公民个人以不动产用于办学，原有不动产过户到民办学校名下且不属于买卖或交换行为的，免费办理过户手续。民办学校用电、用水、用气、用热，执行与公办学校相同的价格政策。

吉林省：民办学校按照国家有关规定享受相关税收优惠政策。提供学前教育的幼儿园和提供学历教育的学校，收取的与保育、教育服务相关的费用，符合条件的免征增值税。对企业办的各类学校、幼儿园自用的房产、土地，免征房产税、城镇土地使用税。对企业通过公益性社会团体或县以上人民政府及其部门进行支持教育事业的公益性捐赠支出，在年度利润总额12%以内的部分，准予在计算应纳税所得额时扣除；超过年度利润总额12%的部分，准予结转以后3年内在计算应纳税所得额时扣除；对个人支持教育事业的公益性捐赠支出，按照税收法律法规及政策的相关规定在个人所得税前予以扣除。境外向中国境内依法设立的非营利性民办学校的捐赠，按照有关规定，减征或者免征进口关税和进口环节的增值税。非营利性民办学校享受与公办学校同等的税收优惠政策，按照税法规定进行免税资格认定后，免征非营利性收入的企业所得税。捐资建设校舍及开展表彰资助等活动的冠名依法尊重捐赠人意愿。民办学校用电、用水、用气、用热，执行与公办学校相同的价格政策。

北京市：民办学校按照国家有关规定享受相关税收优惠政策。对企业办的各类学校、幼儿园自用的房产、土地，免征房产税、城镇土地使用税。民办学校举办者因履行出资义务将土地使用权、房产过户到学校名下的，按照有关规定享受税收优惠。对企业支持教育事业的公益性捐赠支出，在年度利润总额12%

以内的部分,准予在计算应纳税所得额时扣除;对个人支持教育事业的公益性捐赠支出,按照税收法律法规及政策的相关规定在个人所得税前予以扣除。民办学校用电、用水、用气、用热,执行与公办学校相同的价格政策。

三、规范办学行为

安徽省:民办学校要诚实守信、规范办学。办学条件应符合国家和地方规定的设置标准和有关要求,在校生数要控制在审批机关核定的办学规模内。要按照国家和地方有关规定做好宣传、招生工作,招生简章和广告向社会发布前送审批机关备案。具有举办学历教育资格的民办学校,应按国家有关规定做好学籍管理工作。对招收的学历教育学生,学习期满成绩合格、达到毕业要求的颁发毕业证书;未达到学历教育要求的发给结业证书或者其他学业证书。对符合学位授予条件的学生,颁发相应的学位证书。各类民办学校对招收的非学历教育学生,根据国家有关规定发给结业证书或者培训合格证书。

甘肃省:民办学校要诚实守信、规范办学,严格按照办学许可证核定的内容开展招生工作和教学活动。民办学校的设置,要符合区域内学校布局规划的要求,办学条件符合同级同类公办学校的设置标准和要求,在校生数要控制在审批机关核定的办学规模内。充分发挥学校党组织、教代会和职代会的民主决策和监督保障作用。完善校务信息公开制度,自觉接受主管部门的监督。民办学校要按照审批范围、等级规范办学。具有举办学历教育资格的民办学校,要严格执行教学和学籍管理制度,认真执行课程设置方案。对学习期满成绩合格的颁发毕业证书;未达到学历教育要求的发给结业证书或者其他学业证书。对符合学位授予条件的学生,颁发相应的学位证书。各类民办学校对招收的非学历教育学生,发给结业证书或者培训合格证书。举办独立学院的普通高等学校,对独立学院日常教学和管理工作予以指导和监测。

湖北省:民办学校要依法治校、诚实守信、规范办学。民办学校办学条件、专业(课程)设置应符合国家和地方规定的设置标准和有关要求,在校生数要控制在审批机关核定的办学规模内。要按照国家和地方有关规定做好宣传、招生工作。

辽宁省:民办学校要诚实守信、规范办学,办学条件应符合国家和地方规定的设置标准和有关要求,在校生数要控制在审批机关核定的办学规模内。招生简章和广告实行事后备案管理,并按照国家和地方有关规定做好宣传、招生工作。具有举办学历教育资格的民办学校,应按国家有关规定做好学籍管理工作。对招收的学历教育学生,学习期满成绩合格的颁发毕业证书;未达到学历教育要求的发给结业证书或者其他学业证书。对符合学位授予条件的学生,颁发相应的学位证书。各类民办学校对招收的非学历教育学生，发给结业证书或者培训合格证书。

上海市：民办学校要诚实守信、规范办学。办学条件应符合国家和地方规定的设置标准和有关要求，在校生数要控制在审批机关核定的办学规模内。要按照国家和地方有关规定做好招生广告与简章的备案和发布工作，依法规范宣传与招生。各级各类民办学校应当按照国家规定颁发相应的证书或者发给证明文件。

天津市：民办学校要诚实守信、规范办学。办学条件应符合同级同类公办学校设置标准和有关要求，在校生数要控制在审批机关核定的办学规模内。要按照国家和本市有关规定做好宣传、招生工作，招生简章和广告须经审批机关备案。要认真执行有关收费政策，认真落实国家规定的课程标准和教学计划，稳定教学秩序，保障教学质量。具有举办学历教育资格的民办学校，应按国家有关规定做好学籍管理工作。对招收的学历教育学生，学习期满成绩合格的颁发毕业证书；未达到学历教育要求的发给结业证书或者其他学业证书。对符合学位授予条件的学生，颁发相应的学位证书。各类民办学校对招收的非学历教育学生，发给结业证书或者培训合格证书。

云南省：各级教育行政部门要依法依规为民办学校制定办学行为负面清单，全面实施照单管理，督促民办学校诚实守信、规范办学。要加强和改进对民办学校办学行为的监管，对学校的融资、招生、宣传、学籍管理、收费、证书颁发、举办者和法定代表人变更等进行重点监管。民办学校办学条件要符合国家和地方规定的设置标准和有关要求，在校生数要控制在审批机关核定的办学规模内。对违法违规办学行为进行严肃查处，促进形成鼓励扶持规范办学、打击取缔不规范办学的氛围。

河北省：民办学校要诚实守信、规范办学。要按照国家和省有关办学标准，加大办学投入力度，不断完善办学条件。严格按照审批机关核定的办学规模，控制招生规模和在校生人数。全面真实地做好招生宣传工作，严禁进行虚假招生宣传，招生简章和广告要报审批机关备案。认真执行国家和省有关收费政策，严格按照公布的收费项目和收费标准收费，不得超标准、超范围收费。开展学历教育的各类民办学校要按规定做好学籍管理和学历、学位证书发放工作。

浙江省：民办学校要依法制定章程，按照章程管理学校。健全董事会（理事会）和监事（会）制度，董事会（理事会）和监事（会）成员依据学校章程规定的权限和程序共同参与学校的办学和管理。民办学校的法定代表人由董事长（理事长）或者校长担任。探索实行独立董事（理事）、监事制度。民办学校校长应熟悉教育及相关法律法规，具有5年以上教育管理经验和良好办学业绩，个人信用状况良好。依法保障校长行使教育教学和行政管理职权。学校关键管理岗位实行亲属回避制度。

民办学校应当明确产权关系,建立健全资产管理制度。民办学校举办者应依法履行出资义务,将出资用于办学的土地、校舍和其他资产足额过户到学校名下。存续期间,民办学校对举办者投入学校的资产、国有资产、受赠的财产及办学积累享有法人财产权,任何组织和个人不得侵占、挪用、抽逃。民办学校应将举办者出资、政府补助、受赠、办学积累等各类资产分类登记入账。完善学校内部控制制度,规范民办学校会计核算,非营利性民办学校执行民间非营利性组织会计制度,营利性民办学校执行企业会计制度,建立健全第三方审计制度。制定民办学校财务管理实施办法,完善民办学校年度财务、决算报告和预算报告报备制度。严格执行教育收费公示制度,主动接受社会的监督。

内蒙古自治区:民办学校要按照有关办学条件标准,加大投入,改善条件。严格执行审批机关核定的办学规模,防止出现超计划招生和大班额现象。发布的招生简章和广告须报审批机关备案,严禁进行虚假招生宣传。认真落实国家规定的课程标准和教学计划。开展学历教育的各类民办学校要按规定做好学籍管理和学历、学位证书发放工作。各类民办学校对招收的非学历教育学生,发给结业证书或培训合格证书。

陕西省:民办学校要诚实守信、规范办学。办学条件应符合国家和地方规定的设置标准和有关要求。严格办学许可和法人登记制度,凡未取得民办学校办学许可证和法人证书,面向社会招生的均为非法办学,应依法予以查处。各地政府要切实承担规范办学的监督责任,加强对民办学校办学行为和招生行为的监管。要按照以防为主、及时化解、依法打击、稳妥处置的原则,坚决防止民办教育机构非法集资。民办中小学要积极承担社会责任,严格按审批计划招生,在校学生数要控制在审批机关核定的办学规模内。严禁违规考试、"掐尖"招生。民办学校招生简章和广告须到审批机关履行事后备案手续,加强监管。具有举办学历教育资格的民办学校,应按国家有关规定做好学籍管理工作。对招收的学历教育学生,学习期满成绩合格的颁发毕业证书;未达到学历教育要求的发给结业证书或者其他学业证书。对符合学位授予条件的学生,颁发相应的学位证书。各类民办学校对招收的非学历教育学生,发给结业证书或者培训合格证书。

河南省:民办学校办学条件应当符合国家和省规定的设置标准和有关要求,在校生数要控制在审批机关核定的办学规模内,按照国家和省有关规定做好宣传、招生工作。具有举办学历教育资格的民办学校应当按国家有关规定做好学籍管理工作。各级主管部门要依法加强对民办学校的管理和引导,坚决打击欺骗宣传、违规招生、乱收费等违法违规办学行为。对无办学许可证学校和超出办学许可证规定范围的学校依法予以纠正或者取缔。

海南省：加强对民办学校的教育督导，完善民办学校年度报告和年度检查制度，依法组织或者委托社会中介组织评估办学水平和教育质量并将评估结果向社会公布。建立民办学校信用档案制度、信息强制公开制度。建立违规失信惩戒机制，将违规办学的学校及其举办者和负责人纳入"黑名单"。加强对新设立民办学校举办者的资格审查。民办学校要按规定做好招生工作，招生简章和广告应当真实准确，不得虚假宣传，禁止有偿委托代理招生行为。招生简章和广告实行事后备案管理，但所载依法依规须事前审批的事项，应当先获得批准。民办学校终止或举办者退出办学须经审批机关批准，并做好师生安置工作。

江苏省：民办学校办学条件应符合设置标准和要求，在校生数控制在审批机关核定的办学规模内。民办学校应按照有关规定进行宣传和招生，招生简章和广告发布后须报有关部门备案。

青海省：民办学校要诚实守信，规范办学，应通过学校网站、省级信息公开公示平台、信息公告栏、电子屏幕等场所和设施主动公布非涉密办学信息，营利性民办学校还应当按照《企业信息公示暂行条例》规定，通过国家企业信用信息公示系统(青海)，公示年度报告、行政许可、行政处罚以及法律法规规定应当公开公示的信息。各民办学校在校生数要控制在审批机关核定的办学规模内，办学条件应符合国家和青海省规定的设置标准和有关要求，暂未达到标准的应多方筹措资金、加大投入，逐步改善办学软、硬件，年检不达标的要限期整改。坚决排查和杜绝安全隐患。民办学校要按照国家和地方有关规定做好宣传、招生工作，招生简章和广告须向审批机关备案。具有举办学历教育资格的民办学校，应按国家有关规定做好学籍管理工作。对招收的学历教育学生，学习期满成绩合格的颁发毕业证书；未达到学历教育要求的发给结业证书或者其他学业证书。对符合学位授予条件的学生，颁发相应的学位证书。各类民办学校对招收的非学历教育学生，发给结业证书或者培训合格证书。审批机关要加大对民办学校特别是民办普通高中、高等学校的学籍管理、教学督导、学历学位证书发放的随机抽查力度，不得为高考移民、无本校学籍的学生办理报名登记手续和高中学业水平考试学籍，并做好考试招生政策的宣传解读和提前告知，督促规范办学。

广东省：健全资产财务管理制度。民办学校应落实年度预算、决算报告报备制度，将举办者出资、政府补助、收费、受赠、办学积累等各类资产分类登记入账，每个会计年度开展资产清查，并将清查结果向社会公布。建立健全民办学校第三方审计制度、信息公开制度和违规失信惩戒机制。民办学校收取的费用应当主要用于教育教学活动、改善办学条件和保障教职工待遇;应当全部纳入学校财务专户,并按照有关规定向受教育者出具相应票据。

完善风险防范机制。各地级以上市、县(市、区)政府及民办学校要建立完善风险防范和应急处置机制,制定预案,重点防范和化解因经营管理不善、重大变更及终止办学引发的风险。探索建立民办学校联合保险制度。各地和各民办学校要落实安全管理责任和安全工作专项经费,按照有关规定购买校方责任、校车承运人责任等保险。民办学校的法定代表人要履行学校安全管理和稳定工作第一责任人的职责,组织落实好人防、物防、技防建设和矛盾纠纷排查化解等工作,确保校园安全稳定。

四川省:民办学校要诚实守信、规范办学。办学条件应符合规定的设置标准和有关要求,在校生数要控制在审批机关核定的办学规模内,幼儿园、中小学班额应控制在规定标准内。学校新征地建设校区应依法报审批机关批准。民办学校要按照规定开展招生和宣传工作,招生简章和广告须经审批机关备案,严禁虚假宣传,严禁有偿招生。实施义务教育的民办学校不得组织或者变相组织入学考试或者测试进行招生。民办学校应按照国家有关规定做好学籍管理、学历学位及培训证书管理工作。

宁夏回族自治区:民办学校要诚实守信,规范办学。要按照国家和地方规定的设置标准和有关要求,完善办学条件。要按照审批机关或主管部门核定的办学规模进行招生,防止出现超计划招生和大班额现象。要按照国家和地方有关规定客观真实做好宣传、招生工作,招生简章和广告须经审批机关备案,严禁进行虚假招生宣传。要认真落实国家规定的课程标准和教学计划,稳定教学秩序,保障教学质量。具有举办学历教育资格的民办学校,应按国家有关规定做好学籍管理工作。对招收的学历教育学生,学习期满成绩合格的颁发毕业证书;未达到学历教育要求的发给结业证书或者其他学业证书。对符合学位授予条件的学生,颁发相应的学位证书。各类民办学校对招收的非学历教育学生,发给结业证书或者培训合格证书。要认真执行国家和地方有关收费政策,落实收费公示制度,严格按照公示的收费项目和标准收费,严禁超标准、超范围收费,严禁收取与学生入学挂钩的费用。民办学校校长依法负责学校招生、教学、科研、人事、财务等教育教学管理和行政管理工作。

山东省:民办学校要诚实守信,规范办学,办学条件应符合国家和地方规定的设置标准和有关要求,并按照有关规定做好招生宣传和录取工作。按照国家规定颁发相应的学历、学位证书或者培训结业证明文件。完善民办学校师生争议处理机制,维护师生合法权益。

重庆市:民办学校要诚实守信,规范办学。民办学校举办者、名称、层次、类别、地址等重要事项变更，要依法报审批机关核准。要规范招生行为，招生简章和广告应报审批机关备案。要严格规范收费和退费行为，依法依规按学年、学期或学时收费。

民办学校要按照国家有关规定做好学籍管理工作。对招收的学历教育学生，学习期满成绩合格的颁发毕业证书；未达到学历教育要求的发给结业证书或者其他学业证书。对符合学位授予条件的学生，颁发相应的学位证书。民办学校对招收的非学历教育学生，发给结业证书或者培训合格证书。

公办中小学校参与举办的民办学校，必须具有独立的法人资格和独立的办学管理权，具有与公办学校完全相分离的校园和基本教育教学设施，实行独立的财务会计制度，独立招生，独立颁发学业证书。

江西省：民办学校要诚实守信，规范办学。办学条件应符合国家和地方规定的设置标准和有关要求，在校生数要控制在审批机关核定的办学规模内。民办学校应按照国家和省有关规定做好宣传、招生工作，招生简章和广告实行备案制。具有举办学历教育资格的民办学校，应按国家有关规定做好学籍管理工作。对招收的学历教育学生，学习期满成绩合格的颁发毕业证书；未达到学历教育要求的发给结业证书或者其他学业证书。对符合学位授予条件的学生，颁发相应的学位证书。各类民办学校对招收的非学历教育学生，发给结业证书或者培训合格证书。

规范民办非学历教育机构管理（包括民办非学历高等教育机构和民办非学历教育培训机构）。有序引导三年以上没有办学行为的机构退出办学。鼓励和引导民办非学历高等教育机构向民办非学历教育培训机构转型。

加强民办学校举办者变更的管理，依法依规进行变更审查。民办学校举办者的变更，须由举办者提出，在进行学校财务清算后，经学校理事会（董事会）同意，报审批机关核准。

广西壮族自治区：民办学校要诚实守信，规范办学，严格按照办学许可核定的内容办学。民办学校的设置，要符合区域内学校布局规划的要求，办学条件应符合同级同类公办学校的设置标准和要求，在校生数要控制在审批机关核定的办学规模内。招生简章和广告实行事后备案管理，并按照国家和地方有关规定做好宣传、招生工作。开展学历教育的各类民办学校要按规定做好学籍管理和学历、学位证书发放工作。各类民办学校对招收的非学历教育学生，发给结业证书或者培训合格证书。举办独立学院的普通高等学校，应对独立学院日常教学和管理工作予以指导和监督。

贵州省：民办学校要诚实守信，规范办学。办学条件应符合国家和地方规定的设置标准和有关要求，在校生数要控制在审批机关核定的办学规模内。要按照国家和地方有关规定做好宣传、招生工作。具有举办学历教育资格的民办学校，应按国家有关规定做好学籍管理工作，对招收的学历教育学生，学习期满成绩合格的颁发毕业证书，未达到学历教育要求的发给结业证书或者其他学业证书；对符合学位授予条件的学生，颁发相应的学位证书。各类民办学校对招收的非学历教育学生，发给结业证书或者培训合格证书。

山西省：民办学校要诚实守信，规范办学。要按照办学许可证核定的学校名称、办学地点、办学层次、办学类型等组织招生工作和开展教育教学活动。民办学校的设置，要符合区域内学校布局规划的要求，办学条件符合同级同类公办学校的设置标准和要求。要严格按照审批机关核定的办学规模，控制招生规模和在校生人数。义务教育阶段民办学校报名人数超过学校招生规模时，应由市、县教育行政部门统筹，采取随机派位、面谈、综合素质考查等办法录取学生。优质高中教育阶段民办学校应将优质高中招生指标按比例合理分配到初中学校。要按照国家及省有关规定做好宣传、招生工作，严禁具有举办学历教育资格的民办学校无计划招生、有偿招生、买卖或变相买卖生源或学籍、利用中介机构或个人进行招生或宣传。民办学校招生简章和广告须经审批机关备案。具有举办学历教育资格的民办学校，应按国家有关规定严格执行教学和学籍管理制度，认真执行课程设置方案。各级各类民办学校按国家规定颁发相应的毕业证书、学位证书、结业证书或者培训合格证书。

吉林省：民办学校要诚实守信，规范办学。办学条件应当符合国家和地方规定的设置标准和有关要求，在校生数要控制在审批机关核定的办学规模内。要按照国家和地方有关规定严格执行招生计划，规范招生行为，不得违反规定提前招生，不得利用招生简章、广告或者其他方式进行虚假宣传，招生简章和广告须报审批机关备案。具有举办学历教育资格的民办学校，应当按国家有关规定做好学籍管理工作。对招收的学历教育学生，学习期满成绩合格的颁发毕业证书；未达到学历教育要求的发给结业证书或者其他学业证书。对符合学位授予条件的学生，颁发相应的学位证书。各类民办学校对招收的非学历教育学生，发给结业证书或者培训合格证书。

北京市：规范学校收费。民办学校收费实行市场调节价，但经教育行政部门认定的普惠性民办幼儿园，可由所在区教育行政部门以合同等方式约定收费标准。民办学校接受政府委托承担义务教育任务，相应的教育经费应当按照委托协议由政府拨付，对协议就读的学生执行公办学校收费政策。民办学校收取费用的项目和标准应当根据办学成本、市场需求、义务教育阶段生均公用经费定额补助标准等因素由学校自主确定。民办学校收费项目和收费标准以及收费、退费管理办法应于学生入学前，通过招生简章、学校网站、入学通知书等渠道向社会公示，并在校内显著位置设置长期固定的公示栏进行收费公示，不得在公示的项目和标准外收取其他费用。民办学校对接受学历教育的受教育者按学期或学年收取学费、住宿费。学费标准调整时，新入学学生执行调整后的收费标准，在校生按照入学时招生简章、入学协议等约定的收费标准执行，没有约定的按照入学时的收费标准执行。

促进规范诚信办学。民办学校要依法依规、诚实守信办学。民办学校的名称应符合相关规定，办学条件应符合国家和本市规定的设置标准和要求，在校生数要控制在审批机关核定的办学规模内。民办学校招生应当遵守招生规则，维护招生秩序，公平公正录取学生；招生简章和广告应内容真实，并在审批机关备案。民办学校要建立健全人才培养、教学运行管理、教学质量监控等教学管理制度，保证教学质量。实施学历教育的民办学校，对招收的学历教育学生，学习期满成绩合格的颁发毕业证书，未达到学历教育要求的发给结业证书或者其他学业证书；对符合学位授予条件的学生，颁发相应的学位证书。实施非学历教育的民办学校，应当建立学生注册登记制度，建立学业成绩档案，发给结业证书或者培训合格证书。建立健全公众满意度测评制度，定期组织开展公众满意度测评。

山东省民办教育新政及各地级市的政策措施

民办教育分类管理是国家关于民办教育发展的重大战略部署,是一项具有全局性、系统性的重大制度安排。新政颁布后,山东省政府以及教育主管部门高度重视、积极行动,落实新政精神与要求。根据国家、山东省委、山东省政府的要求,2017 年 2 月,省教育厅组织召开了全省民办教育座谈会,邀请有关市、县教育局主管局领导以及各层面民办学校代表,听取各级各类民办学校举办者和有关人员的意见和建议,摸清问题和底数,为我省贯彻落实"新民促法"及"1 + 2"文件做好相关工作准备。会上,教育厅确定了山东省民办教育分类管理改革工作以课题研究的形式进行。课题研究从 2017 年 3 月始到 2017 年 8 月止,课题组采取边起草、边调研、边修改、边完善的工作方式,着手开展政策文本的代拟工作。结合调研实践,同时为了给有关部门和全省民办学校提供一个学习、交流、思考的平台,教育厅于 5 月组织了"落实分类管理 推进高水平民办高校建设"的研讨会。而且,根据调研实践中出现的问题,教育厅又先后组织了三次培训活动,邀请相关专家对各市、县教育局主管局领导以及各级民办学校举办者及其代表进行了培训,并听取了他们的意见和建议。在经过多方征求意见之后,形成了《山东省人民政府关于鼓励社会力量兴办教育促进民办教育健康发展的若干意见(征求意见稿)》。山东省委深改组第五次会议审议并原则通过《山东省人民政府关于鼓励社会力量兴办教育促进民办教育健康发展的实施意见(审议稿)》(以下简称《实施意见》),按照会议要求作进一步修改完善后,2018 年 5 月 30 日由省政府正式印发实施。

《实施意见》的制定遵循了五项基本原则:一是全面贯彻落实《国务院关于鼓励社会力量兴办教育促进民办教育健康发展的若干意见》的精神。对接国家确定的总体要求、改革目标、重点任务、保障措施,结合山东实际,做出相应部署安排。二是鼓励发展,差别化扶持。既鼓励吸引民间资金进入教育领域,又对非营利性和营利性民办学校在财政、税收、土地、收费等方面实行差别化扶持政策,坚持公益导向。三是尊重历史,平稳过渡。充分考虑民办教育的特点和现实情况,尊重民办教育的历史贡献,保护好民办教育受教育者、教职工和举办者的合法权益,实现民办学校平稳过渡。四是优化服务,加强监管。注重保障民办学校办学自主权,着力健全监督管理机制,规范民办学校办学行为,营造良好的办学环境。五是问题导向,重在落实。聚焦影响和制约我省民办教育健康发展的突出问题和障碍,制定有针对性、可操作性的具体措施,力求符合山东实际，具有山东特色。

《实施意见》共六部分23条，主要内容包括：一是加强党对民办学校的领导。实现民办学校党的组织和工作全覆盖，加强和改进民办学校思想政治教育工作。二是创新体制机制。实行民办学校非营利性和营利性分类管理。鼓励多元主体办学，拓宽办学融资渠道，完善退出机制。三是建立健全政策支持体系。明确在财政、税收、土地等方面差异化的扶持政策。实行分类收费政策，保障民办学校学生合法权益和民办学校办学自主权。四是加强教师队伍建设。落实民办学校教师待遇，保障其应享有的权利。加强教师培养培训，强化师德建设。完善合理流动机制。五是建立和完善现代学校制度。完善民办学校法人治理结构，加强资产和财务管理，规范民办学校办学行为，落实安全管理责任。引导民办学校更新办学理念，提高教育教学质量。六是加强服务与管理。健全部门协调工作机制和联合执法机制，简化审批程序，多举措加强事中事后监管，营造民办教育良好发展环境。

《实施意见》体现了以下几点创新：第一，加强党对民办学校的领导。以提升组织力为重点，突出政治功能，全面加强民办学校党的建设。选好配好党组织负责人，扎实做好民办高校党委书记选派和管理工作，民办高校党委书记兼任政府派驻学校的督导专员，并将民办高校党委书记纳入抓基层党建述职评议考核范围。发挥好"灯塔-党建在线"综合管理服务平台作用，有效利用山东高校党建精品课，构建多层次、多渠道的党员经常性学习教育体系。将民办学校党组织建设、党对民办学校的领导作为民办学校年度检查的重要内容。第二，拓宽民办学校投融资渠道。支持各类办学主体通过多种方式多元参与办学，鼓励民办学校与公办学校相互购买服务。鼓励金融机构开发适合民办学校特点的金融产品。对符合条件的民办学校，探索利用非教育教学设施作抵押，以收费权、未来经营收入、知识产权质押贷款融资。鼓励社会力量对非营利性民办学校给予捐赠。对营利性民办学校探索以有偿取得的土地、设施等财产进行抵押融资，引导营利性民办学校通过多层次资本市场进行融资。探索搭建教育融资运作平台，吸引社会资本参与教育事业发展。第三，健全差别化政策扶持体系。明确提出各地要探索建立多元化的公共财政资助体系，财政扶持民办教育发展的资金要纳入预算。对实施义务教育民办学校纳入财政生均公用经费保障范畴，学生纳入"两免一补"，所需经费由各级财政按标准予以拨付。鼓励各地设立促进民办教育发展专项资金，省财政将每年安排资金，重点支持完成分类登记的非营利性民办学校发展。完善政府向民办学校购买服务的具体措施，支持设立民办教育发展基金会或专项基金。对民办学校利用闲置的国有资产办学，按规定的权限和程序报经同级财政部门或相关部门批准，可以不低于经中介机构评估的市场公允价格定向协议租赁或转让。切实落实民办学校应享受的各项税费优惠政策。明确规定民办学校建设用地按科教用地管理，各级政府要将民办学校建设用地纳入供地计划，在民办学校新建、扩建的征地过程中，占补平衡指标和年度用地指标的取得应由当地政府统筹安排。支持有条件的民办本科高校按国家规定开展研究生教育。第四，加强教师队伍建设。要求各地将民办学校教师队伍建设纳入当地教师队伍建设整体规划。推行民办学校教师人事代理制度，专任教师人事信息纳入教师统一管理平台。完善学校、个人、政府合理分担的民办学校教师社会保障机制，鼓励民办学校按照国家规定为教职工办理补充养老保险，持续推进非营利性民办学校教师养老保险与公办学校教师同等待遇试点工作，财政部门应充分考虑学校缴费规模，对参加试点的民办学校给予适当补助。引导鼓励民办学校建立不断提高教师工资福利待遇的良性机制。赋予民办学校教师在资格认定、职称评聘、科研立项、培养培训、国内外进修、奖励表彰等方面享有与公办学校教师同等权利。鼓励民办学校与公办学校教师之间合理流动，倡导各地建立公办学校与民办学校互派教师、管理人员的帮扶机制，公办学校教师在民办学校任教期间身份、教龄及年度考核保持不变，公办高校教师经所在单位批准可在民办高校从事多点教学并获得报酬，符合条件的民办学校教师被聘用为公办学校在编教师的，教龄按相关规定连续计算，并可按照国家和山东省有关规定办理养老保险关系转移接续手续，缴费年限合并计算。第五，明确分类管理后的收费政策。非营利性中等及以下民办学历教育、非营利性民办学前教育收费实行政府指导价。其中，中等及以下学历教育收费标准由各市人民政府制定，学前教育收费标准由各市、县人民政府制定。其他民办学校收费实行市场调节价，具体收费标准由学校自主确定。

《山东省人民政府办公厅关于加快学前教育改革发展的意见》（鲁政办字〔2018〕71号，以下简称《学前教育意见》）、《山东省财政厅山东省教育厅关于幼儿园生均公用经费财政拨款标准有关问题的通知》（鲁财教〔2018〕29号，以下简称《幼儿园拨款标准》）有关条款进一步明确对学前教育的支持。《学前教育意见》提出，一是积极鼓励社会力量以多种形式举办幼儿园或捐助学前教育。民办幼儿园用电、用水、用气、用热，执行与公办幼儿园相同的价格政策。落实用地、减免税费等优惠政策，吸引具有合法资质、信誉良好的社会团体、企业和公民出资举办幼儿园。二是实施普惠性民办幼儿园扶持计划。到2020年，各市普惠性民办幼儿园达到民办幼儿园总数的50%以上。各级按照普惠性民办幼儿园的类别、办园条件、保教质量等，通过生均财政补贴、购买服务、综合奖补、减免租金、派驻公办教师、培训教师、教研指导等方式，支持普惠性民办幼儿园发展。《幼儿园拨款标准》规定，对市、县（市、区）认定公布的办园行为规范、达到相关办园标准、收费不高于同级公办园收费标准2倍的普惠性民办幼儿园，按公办园标准给予生均公用经费财政拨款补助。

山东省各地级市在国家和省有关法律法规政策框架下，出台并健全支持和规范当地民办教育发展的政策举措，鼓励社会力量依法兴办教育，满足人民群众多样化的需求。截至2018年11月底，淄博、临沂、聊城、滨州、菏泽、莱芜6市出台了《关于鼓励社会力量兴办教育促进民办教育健康发展的实施意见》，聊城、日照、烟台、威海、潍坊下发了非营利性民办学校收费管理通知，淄博、莱芜还出台了《关于加快学前教育改革发展的实施意见》。各地新政先行先试、探索创新，因地制宜，呈现出较强的可操作性和一些政策亮点。

一是关于加强民办学校党的建设。滨州规定加大民办学校党组织组建力度，采取联合组建、挂靠组建、派入党员教师单独组建等形式建立党组织，做到应建必建，实现民办学校党的组织和工作全覆盖。把党建工作作为民办学校注册登记、年检年审、评估考核、管理监督的必备条件和必查内容。推进党组织班子成员进入学校决策层和管理层，涉及民办学校发展规划、重要改革、人事安排等重大事项，党组织要参与讨论研究，董（理）事会在作出决定前，要征得党组织同意。

二是关于建立健全政策支持体系。滨州、菏泽规定市财政每年安排资金，重点支持完成分类登记的非营利性民办学校发展。淄博规定市财政结合省级补助资金，统筹安排奖补资金，重点支持完成分类登记的非营利性民办学校发展。此外，滨州规定落实用地优惠政策。现有非营利性民办学校转登记为营利性民办学校，原以行政划拨方式供地的，分类登记后，其土地作为国有资产保留，需要由划拨改为出让的，原土地使用者按照拟出让时的出让土地使用权市场价格减去拟出让时的划拨土地使用权权益价格的差价补缴土地出让金，土地出让价款可在规定期限内一次性缴纳或按合同约定分期缴纳。在规划许可的前提下，支持民办学校依法依规通过土地置换迁建、扩建学校。支持依法自主办学。为降低民办学校办学成本，鼓励各地政府盘活存量教育用地、存量校园等资源，以租赁方式交由社会力量举办学校。探索通过租金优惠和师资扶持等方式，交由拥有教育情结、管理经验和经济实力的教育名家或品牌学校举办非营利性民办学校。鼓励优质民办学校扩大办学规模，强强联合，实行集团化办学。所属学校分布在各县（区）行政区域以外的，由市级教育行政部门批准建立教育集团；所属学校分布在各县（区）行政区域以内的，由所在地县级教育行政部门批准建立教育集团。各集团校实行属地管理。聊城规定，非营利性民办学校享受公办学校同等政策，可以划拨方式提供国有建设用地使用权，亦可以出让方式取得国有建设用地使用权。地价评估时，其基准地价参照住宅用地基准地价的 70% 执行。

三是关于创新体制体制。滨州、菏泽提出鼓励优质公办学校参与、支持民办学校办学;探索不改变薄弱公办中小学公益属性的前提下由优质民办学校进行委托管理;支持公办学校与民办学校相互购买管理服务、教学资源、科研成果。滨州还提出深化办学体制改革,开放教育投资、供给领域,吸引社会资本进入教育领域,促进教育供给侧结构性改革,形成不同投资、不同举办主体公平有序的发展环境;创新教育投融资机制,鼓励营利性民办学校探索创建教育私募股权投资基金,发展教育产业。探索民办学校依法通过上市等融资方式进入资本市场做大做强。淄博规定:鼓励和支持民间资本举办学历类学校,积极支持民间资本参与引进名校,举办普通高中、中等职业学校、流动人口子女学校等。鼓励社会力量以适应社会需求和市场调节为原则举办教育培训、成人继续教育、职业技能培训、业余文化培训等机构。鼓励和支持民间资本参与教育合作共建项目和教育服务。鼓励行业、企业等社会力量参与公办学校办学,鼓励大中型企业以职业学校为重点投资办学。允许民间资本以入股等形式,参与对现有公办普通高中、中等职业学校、高等职业院校进行股份制改造等。鼓励企业和社会机构参与个性化数字教育资源开发,建设网络教育培训平台,加快发展远程教育、在线教育和移动教育。探索多元化投资办学模式。支持各类办学主体通过独资、合资、合作等方式参与办学。通过以土地、校舍等要素低租金或零租金等方式,吸引教育名家或品牌学校建设高端民办学校。引导社会资本以政府和社会资本合作(PPP)模式参与教育基础设施建设和运营管理,提供专业化服务。依法依规支持民办名校办分校,鼓励中外合作办学。探索发展民办公助、混合股份、公建民营等多种办学模式。

四是关于加强教师队伍建设。聊城规定:公办学校安排校级干部到对口民办学校参与或主持工作,提高民办学校办学水平;组织公办教师到民办学校支教,支教人员工资福利由财政负担,"对口帮扶"与支教时间不得少于 1 年,比例不得少于"对口帮扶"学校在职教师的 10%。菏泽规定:凡取得相应教师资格、参加人事代理并从事相应教育教学工作的非营利性全日制民办学校教师,按公办学校教师标准参加事业单位社会保险,单位应缴纳的各项社会保险等支出由民办学校承担,其他教辅人员依法参加企业职工社会保险。参加事业单位社会保险的民办学校教师,享受与公办学校教师同等的住房公积金等待遇。滨州提出,完善民办学校教师流动机制,逐步打通全日制公办、民办学校教师流动渠道,建立民办学校教师个人信用记录。

五是关于提高办学质量。菏泽提出明确办学定位。把职业教育、普通高中教育、学前教育和寄宿制学校作为菏泽市民办教育的重点,重点扶持发展办学起点高、办学条件好、特色突出、品质高的民办学校，积极引导民办学校向提供优质教育资源转变，努力增加特殊群体急需的优质教育资源。淄博规定：通过本土培植、高端引进、名校领办等方式，积极引导民办学校更新办学理念，深化教育教学改革，创新办学模式，加强内涵建设。鼓励和支持优质民办学校走集团化发展道路，创建特色学校，培育具有影响力和竞争力的淄博民办教育品牌。

　　六是关于加强服务与管理。淄博规定改进政府管理服务方式。要建立吸引民间资本投资民办教育的项目库，在政府网站公开发布投资民办教育的项目内容。对引进名牌学校或投资建设优质高端学校等特别重大的示范性项目采取"一事一议""一校一策"，加大政策保障力度。聊城规定：申请举办高中段学历教育的民办学校，须提供学校自有校舍的房产证明，租赁校舍办学的，一律不予审批。菏泽规定，各级财政拨付给民办学校的资金，要严格实行报账式管理。要深化民办学校属地管理，建立民办学校教育质量检测制度，每年至少一次对民办学校进行教育质量检测。滨州提出，规范民办学校招生行为。民办学校招生前，应将招生简章或广告报送教育行政部门备案，招生名额、报名方式、收费标准、招生程序和录取办法等应及时向社会公布。民办学校应自觉维护地区招生秩序，严禁提前招生、"掐尖"式招生、违反规定变相考试选拔、虚假宣传、违规招生等行为。非营利性民办学校可设立基金会，接受的社会捐赠必须进入基金会账户。民办学校应建立风险预警机制，凡没有独立校舍和重要固定资产的民办学校，教育行政部门应督促其在学校生源较好、资金充足时，提取并维持学费年总收入的5%作为风险基金。

民办教育分类管理亟待关注和解决的问题

2016 年 11 月,《全国人民代表大会常务委员会关于修改〈中华人民共和国民办教育促进法〉的决定》(以下简称《决定》)发布并实施;2016 年 12 月 29 日,国务院印发《国务院关于鼓励社会力量兴办教育促进民办教育健康发展的若干意见》(国发〔2016〕81 号,以下简称《意见》),《中共中央办公厅印发〈关于加强民办学校党的建设工作的意见(试行)〉的通知》(中办发〔2016〕78 号)印发;2016 年 12 月 30 日,《教育部等五部门关于印发〈民办学校分类登记实施细则〉的通知》(教发〔2016〕19 号)、《教育部 人力资源社会保障部 工商总局关于印发〈营利性民办学校监督管理实施细则〉的通知》(教发〔2016〕20 号)发布;2017 年 7 月,教育部等十四部门关于印发《中央有关部门贯彻实施〈国务院关于鼓励社会力量兴办教育促进民办教育健康发展的若干意见〉任务分工方案》的通知(教发函〔2017〕88 号)发布;2017 年 8 月,《工商总局 教育部关于营利性民办学校名称登记管理有关工作的通知》(工商企注字〔2017〕156 号)印发。目前教育部正在组织修订《中华人民共和国民办教育促进法实施条例》。这一系列政策文件的密集出台,最实质的突破和最核心的内容是对民办教育实行"分类管理",即"民办学校的举办者可以自主选择设立非营利性或者营利性民办学校",并授权省、自治区、直辖市制定各地具体办法。当前,已经有 27 个省(区、市)印发了地方实施意见,部分省(区、市)出台了分类登记实施办法和营利性民办学校监管办法。

各地普遍认为民办教育新法新政的颁布实施,推进我国民办教育发展进入了依法规范管理的新阶段,为民办教育的发展提供了重大的机遇和重要的法律保障。同时,新法新政的实施也给民办教育发展带来了严重挑战和较大压力,特别是在如何理解和实行"分类管理"的问题上,认识不一,定位不明,上下政策一般粗,地方新政缺乏可操作性,导致当前民办教育改革发展出现了一些亟待关注的新情况和亟待解决的新问题。高度重视这些新情况并妥善解决新问题,对于贯彻落实民办教育新法新政精神,积极稳妥推进民办教育分类改革,确保民办学校和社会稳定,大力促进民办教育健康发展具有十分重要的意义。

一、关于"基调"问题

需要突出明确是促"进"法,不是促"退"法。改革开放以来,从 1985 年 5 月《中共中央关于教育体制改革的决定》颁布,到 1997 年的《中华人民共和国社会力量办学条例》颁布,再到 2002 年《中华人民共和国民办教育促进法》颁布,国家一直支持社会力量办学,鼓励民办教育发展,为此消除了很多政策障碍和制度藩篱，使很多有志之士跻身民办教育行列，推动我国民办教育迅速发展。新时期以来，党和政府对民办教育事业发展给予充分肯定，持续释放支持和鼓励的政策信号，增强了民办学校及其举办者的信心。十八届三中全会提出："健全政府补贴、政府购买服务、助学贷款、基金奖励、捐资激励等制度，鼓励社会力量兴办教育。"十九大倡导："支持和规范社会力量兴办教育。"在2018年全国教育大会中，习近平总书记强调：教育是国之大计、党之大计。加快推进教育现代化，建设教育强国，办好人民满意的教育。国务院总理李克强在大会讲话中要求"积极鼓励社会力量依法兴办教育"。

但是，地方新政的接续出台和国家有关配套文件的起草修订中，对民办教育的具体扶持举措不甚明朗，可操作性不强，给民办教育界造成了一定程度的恐慌和不安。很多人认为，这次国家民办教育修法，是要限制民办教育发展了。业界更是流行着一种说法：民办学校选择"非营利性"是"等死"，选择"营利性"是"找死"，不少举办者的"营""非"选择动向也从起初非情愿的"非营利性"选择逐步向绝地逢生的"营利性"选择倾斜。这些消极甚至悲观看法的存在不利于调动民间办学的积极性和热情。因此，在贯彻落实国家民办教育分类管理改革新法新政的过程中，应当正确理解其精神实质，突出确立和把握国家大力促进民办教育发展的"基调"，并充分体现和落实到具体的政策、措施之中，推进民办教育积极稳妥进入发展新阶段。

二、关于"基本概念"理解问题

正确理解"公益性"与"营利性""非营利性"的概念和关系，破除民办教育属性认识问题上的误区。新法新政对民办教育实行"分类管理"，允许"民办学校的举办者可以自主选择设立非营利性或者营利性民办学校"。这里面涉及"营利性""非营利性"的概念和教育的"公益性"属性问题。目前在这些概念和问题上存在着一些模糊的认识。

一是对民办教育的"营利性"与"公益性"的关系的认识上出现混淆。有的人认为只有选择了"非营利性"民办学校才具有"公益性"，而选择了"营利性"民办学校就可以不讲"公益性"。这种把教育的公益性与营利性对立起来的观点是非常有害的，抹杀了教育的公益性基本属性。凡是教育，包括民办教育，都有双重属性，即公益属性和产业属性，公益属性产生社会效益，主要体现在教书育人上；产业属性产生经济效益，体现在办学者获得的办学收益上。其中，教育的公益属性是基本的、第一位的，因此，无论是选择"公益性"的民办学校，还是选择"营利性"的民办学校都不能忽视教育的公益性，也必须要坚持党的教育方针，把"坚持教育为社会主义现代化建设服务、为人民服务，把立德树人作为教育的根本任务，全面实施素质教育，培养德智美体全面发展的社会主义建设者和接班人，努力办好人民满意的教育"放在首位。

二是对"营利性""非营利性"概念的理解上存在偏差。主要表现在"非营利性"民办学校是否可以忽视"办学效益"。有人认为，只有"营利性"民办学校能够追求办学效益，而"非营利性"民办学校是不能讲办学效益的，甚至有的还认为既然"非营利性"民办学校不能讲办学效益，把"非营利性"概念与办学收益问题对立起来了，可能导致选取"非营利性"性质的学校不再重视办学收益，从而影响民办教育顺利发展。其实，不论是"营利性"还是"非营利性"民办学校都要重视办学效益，都要通过科学、合理的管理方式和手段有效利用办学资源，降低办学成本，争取用最少投入换取最大办学效益。就是说，"营利性""非营利性"的根本区别不是要不要有"办学效益"，而是办学效益"归谁"的问题，即"营利性民办学校的举办者可以取得办学收益，学校的办学结余依照公司法等有关法律、行政法规的规定处理"；而"非营利性民办学校的举办者不得取得办学收益，学校的办学结余全部用于办学"。鉴于"营利性"和"非营利性"概念问题是区分这次民办教育分类管理改革的一个最基本的问题，建议有关部门组织专家对有关民办教育分类管理问题做进一步的官方和权威阐释，厘清当前认识上存在的误区，从而科学有效地推进民办教育分类管理。

三、关于"正确维护民办学校和举办者正当权益"问题

终止办学后的补偿或者奖励，既要注意算经济账，更要注意算政治账、社会账、民生账。民办教育发展到现在的水平，固然离不开各级党委、政府的支持，离不开教育等有关部门的支持，也离不开全社会的支持，但是，归根结底离不开民办学校广大教职员工的辛勤工作，特别是举办人的艰苦创业，甚至是倾其所有的资金、物质等投入。当民办学校终止举办时，给予适当的补偿和奖励是非常必要的，特别是对选择非营利性民办学校的举办人来讲，捐资办学后，如何补偿和奖励问题，涉及民办学校特别是举办人的切身利益，极为敏感和复杂。它既不是"赎买"政策，更不是以"剥夺"为目的。如何做到公平公正地处理，会对现实举办人的办学积极性产生重要影响，而且潜在的民办教育投资者也在密切观察和高度关注，其结果必然给民办教育的发展带来巨大的影响和冲击。

《决定》和《意见》为此做了明确规定和相关要求。但是，如何补？怎样奖？国家要求各省区市根据各自的实际情况制定具体的办法。当前各省新政中关于补偿和奖励方法，若干省、自治区、直辖市有所创新：如安徽、湖北、内蒙古、陕西、河南、江苏、重庆规定补偿和奖励可以同时获得；上海规定现有民办学校未选择而直接终止办学也可获得补偿或奖励。但也存在一些问题，湖北、江苏、上海给出了明确的测算比例或公式，多数省区市只是提了原则性的规定，但对关键问题和具体操作方法做了回避。

因此，建议在制定具体贯彻办法时，要充分考虑民办教育发展的客观实际，充分考虑民办学校特别是举办人在推进教育这一最重要的民生事业发展中做出的重要社会贡献。在确定"补偿"或者"奖励"标准时，对于贡献切实突出的

民办学校和举办人体现"重补、重奖"的原则，既要注意算好"经济账"，更要注意算好"政治账、社会账、民生账"。在现有法律条文下，增强补偿和奖励的可操作性，明确举办人提前获得补偿和奖励的实现路径。

四、关于差别化扶持政策体系的建立问题

明确两类不同性质的民办学校及举办者的差别化扶持政策，明确并坚定现有举办人的自主自愿选择方向。国家和地方政策中均提出加大财政支持力度，如倡导非营利性导向，落实专项资金管理，创新财政扶持机制，发挥财政撬动作用，建立学校、个人、政府三者共担的民办学校教职工社会保障机制等。但有关非营利性民办学校和营利性民办学校的差别化扶持政策的表述不具强制力，缺乏实践操作性。如关于对非营利性民办学校的扶持，《中华人民共和国民办教育促进法实施条例（修订草案）（送审稿）》第五十二条提到："县级以上地方人民政府可以按照同级同类公办学校生均经费标准的一定比例，确定对非营利性民办学校的生均经费补贴标准。其中，非营利性民办高等学校的经费补贴由省级人民政府承担。"第五十九条提到："县级以上地方人民政府应当将分担非营利性民办学校教职工社会保障的资金纳入预算，依法采取财政补贴、基金奖励、费用优惠等方式，支持、奖励民办学校为教职工建立职业年金制度，并可以采取政府补贴、以奖代补等方式鼓励、支持民办学校保障教师待遇。"这里"可以""应当"的表述没有约束力，对非营利性民办学校的财政资助表现出了随意性和不确定性。很多地方新政也基本如此。对于现有举办人来讲，无疑意味着个人捐资办学的高姿态并未获得政府和有关部门的相应认可。关于对营利性民办学校的扶持，《实施条例（修订草案）（送审稿）》第五十三条提到："营利性民办学校适用国家鼓励发展的相关产业政策，享受相应的税收优惠，具体办法由国务院财政部门、税务主管部门会同国务院有关行政部门制定。"使业界期待的营利性民办学校的税收、土地等优惠政策亦变得虚无缥缈。

截至2017年底，全国共有各级各类民办学校17.76万所，各类教育在校学生5120.47万人，分别占全国各级各类学校总数和在校生总数的34.57%、18.96%。其中，民办高校747所（含独立学院265所，成人高校1所），在校生达到628.46万人，比上年增加12.25万人，增长1.99%。民办教育的发展，弥补了公办教育资源的不足，增加了教育资源的有效供给，创新了教育的体制机制，满足人民群众多样化的教育需求，创造了大量的就业岗位，为拉动国家和地方经济社会文化发展需要做出了积极贡献。新时期和未来很长时间，国家和社会仍然需要民办教育继续发挥"鲇鱼效应"，激发教育活力，推进新旧动能转换。因此，建议民办教育新法新政推进中，充分考虑我国民办教育办学历史和国情，缩小民办教育兴起初期和当前分类管理改革中的政策供给落差，推动民办教育分类管理的逐步过渡，促进民办教育的持续健康发展。

民办教育资本市场窥探

截至 2017 年年底,全国各级各类民办学校共有 17.76 万所,在校生 5120.47 万人。民办教育为满足人们多元化的教育需求,推动我国教育事业发展做出了重要贡献。根据全国民办教育发展的情况,面对不同举办者的办学诉求,国家颁布了《民办教育促进法》(修正案),并形成了相关配套政策体系。新的法律政策体系允许营利性民办学校举办者取得办学收益,学校的办学结余可以依照公司法等有关法律、行政法规的规定处理。这明确了营利性学校的结余可以按照公司法规定处理,结余分红机制可操作性强,也间接承认了营利性民办学校的公司化模式,这为民办学校对接资本市场进行了制度解禁。面对庞大的市场需求,民办教育也备受社会资本的青睐。

一、民办教育资本市场基本情况

我国教育资本市场分属在 A 股、美股、港股三大板块,A 股教育概念的上市公司虽然很多,但主要是教育周边的辅助类业务,港股有 14 家内地民办教育机构,在美股上市的民办教育机构有 21 家,截至目前剩下 14 家。枫叶教育、成实教育、睿见教育、大地教育、宇华教育、民生教育、新高教集团、中教控股、中国新华教育、21 世纪教育、天立教育、博骏教育、希望教育、中国春来 14 家民办教育机构分布在港股;新东方、诺亚舟、弘成教育、双威教育、ATA Inc.、正保远程、中国教育集团、安博教育、环球天下、好未来、学大教育、达内科技、海亮教育、51Talk、博实乐、红黄蓝、锐思教育、四季教育、尚德机构、精锐教育、朴新教育 21 家民办教育机构在美股上市,其中,中国教育集团、双威教育、安博教育于 2011 年、2012 年和 2014 年被勒令退市或强制摘牌,环球雅思于 2011 年完成私有化后被英国培生集团(Pearson)收购,于当年 11 月份退市,弘成教育、诺亚舟于 2014 年完成私有化退市,学大教育于 2016 年完成私有化后被银润投资(现紫光学大)收购回归 A 股。上市的民办教育机构情况详见表 1(A 股)、表 2(港股)、表 3(美股)。

表1　A股民办教育机构一览表（节选一部分机构）

证券代码	公司名称	上市时间	主营业务	旗下高校	备注
600661	昂立教育（原名新南洋）	1993.6.14	教育类主要是K12课外辅导		2018年6月15日，新南洋发布公告，拟出资4900万元，与蓝海国投、嘉兴竑学共同发起设立教育产业并购基金。基金总规模1亿元，主要用于投资国内教育培训、教育科技等相关行业
000671	阳光城	1996.12.18	幼教、K12教育、国际教育、高等教育		
000812	陕西金叶	1998.6.23	教育类主要是高等教育	西北工业大学明德学院	
600551	时代出版	2002.9.5	教育类主要是高端幼儿园投资与管理运营		
300010	立思辰	2009.10.30	办公信息系统		
002308	威创股份	2009.11.27	教育类主要是幼儿园运营管理服务		
002348	高乐股份	2010.2.3	幼教、K12教育		
833142	佳一教育	2010.6.25	K12课外辅导		
300160	秀强股份	2011.1.13	教育类主要是学前教育		
002575	群兴玩具	2011.4.22	教育类主要是学前教育		
002621	三垒股份	2011.9.29	教育类主要是早期教育		2018年10月26日，三垒股份发布公告表示，将以33亿元购买美杰姆100%股权
002638	勤上股份	2011.11.25	教育类主要是学前教育		
300279	和晶科技	2011.12.29	教育类主要是学前教育		
300338	开元股份	2012.7.26	教育类主要是职业教育		
300359	全通教育	2014.1.21	教育类主要是教育信息咨询、电化教学设备、教学软件、教师培训		2014年9月22日停牌，2015年9月9日复牌
002730	电光科技	2014.10.9	教育类主要是高端直营幼儿园		
603398	邦宝益智	2015.12.9	创客教育培训、教育管理咨询、师资培训、中小学、幼儿园科学教育培训		

证券代码	公司名称	上市时间	主营业务	旗下高校	备注
000526	紫光学大	2016.7	K12课外辅导		2010年11月在美股上市，2016年6月完成美股退市的程序
838830	龙门教育	2016.8.22	K12综合教育服务		

资料来源：各民办教育机构、360股票官方网站。

A股的所谓"教育类"上市公司，主营业务是教育周边的信息化设备、培训服务、平台搭建等辅助类业务，非学历类教育培训企业、职业教育与教育信息化是主流。上市公司跨界"教育"是A股非常突出的特点，目前A股上已有的教育概念股，大多是被上市公司重组并购教育类资产而成的，部分概念股只是主营业务跟教育相关，如提供教育行业信息化服务，做教育领域垂直平台，图书出版等，很多主营业务并未涉及教育领域。

表2　港股民办教育机构一览表

证券代码	公司名称	上市时间	主营业务	旗下高校	备注
01317	枫叶教育	2014.11.28	学前教育、K12		
01565	成实教育	2016.1.15	学前教育、K12		
06068	睿见教育	2017.1.26	K12教育		
08417	大地教育	2017.2.26	国际教育、基础教育辅导		
06169	宇华教育	2017.2.28	高等教育、K12	郑州工商学院、湖南涉外经济学院	
01569	民生教育	2017.3.23	高等教育、职业教育、高级中学	重庆人文科技学院、重庆工商大学派斯学院、重庆应用技术职业学院、内蒙古丰州职业学院（青城分院）、重庆电信职业学院、香港能仁专上学院、新加坡培根国际学院	
02001	新高教集团	2017.4.20	高等教育	云南工商学院、贵州工商职业学院、西北工商职业学院（筹）、湖北民族学院科技学院、哈尔滨华德学院、新疆财经大学商务学院、洛阳科技职业学院	
00839	中教控股	2017.12.15	高等教育、中等职业教育	江西科技学院、广东白云学院、白云技师学院、西安铁道技师学院	
02779	中国新华教育	2018.3.26	中等职业教育、高等职业教育	新华学院	
01598	21世纪教育	2018.5.29	高等教育、学前教育、中小学辅导	石家庄铁道大学四方学院、河北大学影视艺术学院、石家庄理工职业学院	

证券代码	公司名称	上市时间	主营业务	旗下高校	备注
01773	天立教育	2018.7.12	学前教育、K12		
01758	博骏教育	2018.7.31	K12、高等教育以博骏公学为主		
01765	希望教育	2018.8.3	高等教育	西南交通大学希望学院、贵州财经大学商务学院、山西医科大学晋祠学院、四川天一学院、四川希望汽车职业学院、四川文化传媒职业学院、贵州应用技术职业学院、四川托普信息技术职业学院	
01969	中国春来	2018.9.13	高等教育	商丘学院、安阳学院、商丘学院应用科技学院、长江大学工程技术学院（参与运营）	

资料来源：各民办教育机构、360股票官方网站。

　　港股教育板块主要以学历教育集团为主，其中大多为民办高等教育、民办学历教育集团，其他领域涉及甚少，港股教育板块民办学校集群效应十分显著。目前港股呈现上市热潮，排队中的企业有沪江教育科技、卓越教育、宝宝树、益达教育、华图教育、中国银杏教育、华立大学等，随着这些教育机构的陆续登陆，多层次、多维度的教育板块正逐渐呈现，港股教育板块开始进入百花齐放的阶段。

表3　美股民办教育机构一览表

证券代码	公司名称	上市时间	主营业务	旗下高校	备注
EDU	新东方	2006.9.7	语言培训K12教辅、留学		
NED	诺亚舟	2007.10.19	教育电子产品和软件服务、幼教市场、双语基础教育、青少年英语培训、国际教育及留学服务		2014年4月2日，诺亚舟宣布与天虹教育达成私有化，7月31日退市
CAST	双威教育	2007.10.29	高等级教育、网络教育	重庆师范大学涉外商贸学院、广西师范大学漓江学院和湖北工业大学商贸学院	2012年6月25日退市
CEDU	弘成教育	2007.12.11	高等教育、成教信息化、继续教育		2013年12月31日，订立私有化合并交易，2014年4月24日退市

证券代码	公司名称	上市时间	主营业务	旗下高校	备注
ATAI	ATA Inc.	2008.1.29	考试和测评服务		
DL	正保远程	2009.2.4	职业类在线教育		
CEU	中国教育集团	2010.1	在线学习资料和职业、家庭教育培训		2011年12月29日被摘牌
AMBO	安博教育	2010.8.5	职业教育		2013年3月22日起开始停牌,2014年5月22日退市
GEDU	环球天下	2010.10.8	英语培训留学中介		2011年11月,被培生集团收购,退市
XRS	好未来	2010.10.20	K12课外辅导		首家在美股上市的中小学教育机构
XUE	学大教育	2010.11.2	K12课外辅导		2016年6月完成美股退市的程序
TEDU	达内科技	2014.4.3	互联网IT培训行业以及计算机软件开发和服务		
HLG	海亮教育	2015.7.7	K12教育		中国基础教育在境外上市的第一股,也是中国基础教育在全球资本市场的第一股
COE	51Talk	2016.6.10	K12领域的互联网教育、企业在线英语教育		
BEDU	博实乐	2017.5.18	国际教育、双语教育		
RYB	红黄蓝	2017.9.27	学前教育		
REDU	瑞思英语	2017.10.20	中小学英语培训		
FEDU	四季教育	2017.11.8	小学课外数学教育		
STG	尚德机构	2018.3.23	在线学历教育、职业教育培训		
ONE	精锐教育	2018.3.28	K12课外辅导		
NEW	朴新教育	2018.6.15	K12培训机构		

资料来源:各民办教育机构、360股票官方网站。

二、民办教育机构持续上市热潮

民办教育机构拟赴港股和美股上市是今年教育资本市场的一个热点话题，而且这一上市队伍还在不断扩大，2018年，中国新华教育、21世纪教育、天立教育、博骏教育、希望教育、中国春来先后登录港股，尚德机构、精锐教育、朴新教育登录美股后，仍有很多国内民办教育机构排队赴港首次公开募股。截至目前，在美国以及我国香港地区上市的国内民办教育机构已近30家，国内民办教育机构上市热正在持续。

（一）民办教育机构上市的动因

民办教育自身发展的需求。从民办教育发展状况来看，资金是制约其发展的关键因素。教育行业是预付费的行业，具有现金流好、利润高的特点，吸引力巨大。民办教育机构上市，首先是品牌实力的证明，带来品牌效应。还可以吸引更多社会资本投资教育领域，对民办学校而言，可以通过融资获得发展资金，从而增加教育教学投入、实现学校更好的发展。根据公开数据，成立于2001年的秀强股份，原来主要从事玻璃深加工业务，2011年初在创业板挂牌。上市以来，公司经营业绩总体上较为平淡。2015年开始，公司向幼儿教育转型，通过收购全人教育、领信教育、江苏童梦等机构，构筑玻璃与幼教双主业运营格局，旗下早教中心及幼儿园近100所，在园幼儿近15000名。目前，秀强股份幼儿教育实体的运营及管理服务输出业务主要从事包括经营直营幼儿园实体、幼儿园运营管理服务输出、开发推广幼儿园线上平台"秀强家园"APP等业务。在幼教产业业绩贡献下，公司营业收入从8.37亿元增长至13.78亿元，逐年攀升。同期，净利润则有所波动，2015年增长至0.60亿元，2016年翻倍至1.20亿元，2017年净利润为1.01亿元。

政策排除教育机构上市障碍。2017年9月起，新修订的《中华人民共和国民办教育促进法》明确了营利性和非营利性的分类管理办法，从法理上允许了教育机构或教育行业的营利属性。民办教育机构营利性身份得到法律上的确认，意味着民办教育机构以企业化运营的路径变得清晰。教育机构走向资本市场的障碍，随着具体实施细则与配套法规的后续落地，正在逐步扫除。

（二）民办教育机构上市的特点

港股吸引力巨大。在民办教育机构上市热潮中，港股的吸引力远远大于A股和美股。新的《民办教育促进法》正式实施以来，扫除了教育资产的上市障碍，地方配套政策也在逐渐完善当中。但是因为政策规定义务教育阶段不能设立营利性民办学校，所以涉及义务教育阶段的学校类资产不具备工商实体，依旧无法顺利登陆国内市场。例如,专注于 K12 阶段民办学校的教育集团普遍设立涵盖幼儿园、小学、初中、高中各个阶段的学校,理论上可以将其业务分拆出义务教育阶段的小学和初中资产,实现非义务教育阶段的幼儿园、高中资产上市,但在实践中还有很多障碍。而在港股上市,就会省去很多麻烦。从今年以来赴港上市的民办教育机构所属领域来看,拟上市及已经上市的 14 家民办教育机构中,有 9 家属于民办学校类教育资产,相对于选择 A 股上市会遇到较少的壁垒。赴港上市可以降低上市的时间成本。选择在 A 股申请发股上市,企业需先接受半年到一年的辅导,然后制作申请材料、递交至证监会进行多道审核,到发审委通过并发股上市需要时间较长。据广证恒生证券研究报告显示,2017年 A 股 IPO 上会审核企业的排队时间平均为 536 天。而港股上市一般采取备案制,周期相对较短,平均周期为 160 天。在这次民办教育机构上市热潮中,民办学校居多,这些教育类资产去国外上市的概率比较低,因为它们的业务模型相对来说过于平稳,不具备美股上市实力。

A 股上市公司通过并购实现控股教育业务。A 股上市的教育类公司,多是在主营业务发展不济的情况下,为扭转公司业绩,获得突破发展,通过布局教育信息化行业或是并购幼儿教育、职业教育,实现对教育类业务的控股。根据公开资料,2017 年 A 股上市公司投资、并购教育行业标的有五十余家。如以超高分辨率数字拼接墙系统为主营业务的威创股份,通过收购红缨教育、金色摇篮、贝聊信息、艾乐教育等机构,发展成为目前幼教行业内服务幼儿园数量最多的公司,旗下的幼教品牌共管理和服务接近 5200 家幼儿园,幼教营业收入占集团收入的 51%。

民办高等教育集团通过 VIE 模式实现。通过管理公司与高校签订合约的形式,可以巧妙回避分类管理对公司上市可能存在的制约与影响。在港股上市的高等教育公司,如民生教育、中教控股、新高教集团、希望教育、中国春来均通过 VIE 结构上市。在 VIE 结构下,教育集团下的民办高校可以选择成为非营利性民办高校,而且依然可以通过 VIE 结构使教育公司获得利益。例如,宇华集团的招股书里如此描述集团公司与学校实体之间的关系:"本集团并无持有中国控股公司(即我们学校的控股实体)的任何股权。我们通过合约安排维持及行使对并表附属实体(包括中国控股公司及学校)的控制权,从而获取并表附属实体的经济利益。"也就是说,这些民办高校无论是否要求"合理回报",或是对于"营""非"性质的选择,并不会对上市产生实质影响。

三、《条例修订草案(送审稿)》公布后的民办教育资本市场

2018 年 8 月 10 日,司法部公布《中华人民共和国民办教育促进法实施条例

（修订草案）（送审稿）》（以下简称《送审稿》）后，港股8月13日开盘后，教育板出现了集体暴跌状况，可见《送审稿》对教育资本市场影响巨大。虽然市场对《送审稿》部分内容解读上的差异带来一定的恐慌情绪，华中地区高等教育龙头中国春来仍于9月13日登录港股市场，成为第14家登陆港股的民办学校，成为《送审稿》公布后上市的第一家民办教育机构。

（一）中国春来基本情况

河南商丘中国春来教育集团成立于2004年，截至2018年8月22日，公司旗下共有三所位于河南省的院校（商丘学院、安阳学院及商丘学院应用科技学院），以及参与运营位于湖北省的一所独立学院（长江大学工程技术学院）。2017—2018学年，学校的学生总数为45210人，而长江大学工程技术学院的在校生总数为7789人。根据弗若斯特沙利文报告，按2017—2018学年的在校生总数计，该公司是华中地区第一大也是全国第四大民办高等教育集团，市场占有率在华中地区和全国分别约为3.5%和0.6%。

2018年9月13日，中国春来教育集团登录港股市场，本次发行3亿股，每股发售价2.08亿港元（下限定价），融资净额约5.53亿港元，募集资金将主要用于收购土地使用权和院校修建（50%），收购或与国内其他大学合作（30%），偿还部分贷款（10%），以及作为营运资金等（10%）。与在港股上市的其他民办高等教育标的（中教控股、希望教育、新高教集团、民生教育、中国新华教育）相比，从绝对体量上来看，中国春来2016、2017年财年营收及净利润分别为3.79亿/0.88亿、4.61亿/1.55亿元，营收体量在可比标的中稳居第四，对应增速为12.60%/15.82%、21.72%/75.47%，盈利能力方面，公司毛利率约63.10%，高于行业平均水平；净利率约33.60%（行业平均40%～50%），主要受其较高的财务费用率影响，公司2015、2016、2017年财务费用率高达25.2%、23.5%、16.8%（行业平均约3%）。

中国春来的主营业务是提供高等教育服务，包括本科、专升本、专科、五年一贯制大专和职业课程，业务体系涵盖了学历教育和非学历教育，是高教领域的集大成者。近三年公司的收入主要来源于商丘学院和安阳学院，两个学院收入在2017财年占比分别达到了43.0%和44.5%，而2013年成立的商丘学院应用科技学院收入占比则呈低位抬升态势，从2015年4.4%的占比提升到了2017年12.5%的占比。本科课程和专科课程是公司相对成熟的两大课程业务，持续不断地为公司创造稳定的收入和业绩。从各课程的收入占比来看，自办学以来，从本科课程及专科课程收取的学费合计占学费总额的90%以上。除本科课程和专科课程外，商丘学院和安阳学院还提供专升本课程，五年一贯制大专课程和职业教育课程;商丘学院应用科技学院亦提供了专升本课程,作为对常规高等教育的补充,与本科课程和专科课程一起打造多元化教学服务课程体系。

(二)《送审稿》核心条例梳理:高教并购仍为收入增长主逻辑

鉴于《送审稿》发布后首个交易日港股学校类资产板块集体重挫,平均跌幅 29.47%,港股高教板块平均跌幅也高达 27.21%,市场普遍关心若《送审稿》落地后是否会对民办高校产生重大影响。从民办教育发展趋势来看,《送审稿》支持优质民办教育发展的大逻辑不变,重点关注第七条和第十二条对高等教育板块的影响。

第七条内容为"公办学校不得举办或者参与举办营利性民办学校。公办学校举办或者参与举办非营利性民办学校的,应当经主管部门批准,并不得利用国家财政性经费,不得影响公办学校教学活动,不得以品牌输出方式获得收益"。一方面,目前独立学院依托公办高校品牌建立、招生并每年向其支付 20%~30% 的管理费的现象仍较为普遍,这一条例将倒逼依附于公办高校的独立学院转设为普通民办高校,同时公办高校的脱手意愿也将增强,独立学院在一次性买断支付费用上的议价能力或将加强。另一方面,独立学院转设后将加速分化,优秀的、具备特色的独立学院具备足够的独立办学能力,脱胎后无须再交管理费,利润率有望明显抬升;而对于一些单独办学能力较弱的独立学院而言,预计其后续出售意愿较强,将进一步丰富整体的高教标的并购池。

第十二条新增了"实施集团化办学的,不得通过兼并收购、加盟连锁、协议控制等方式控制非营利性民办学校"。在政策强调进一步强化分类管理的背景下,后续民办高校为进一步合法合规地通过收购的方式扩大规模而更倾向选择营利性办学。而民办学校转设为营利性后可能会因税率、土地、补贴等方面政策影响其盈利水平。

《送审稿》相较于《民促法实施条例(征求意见稿)》(以下简称《征求意见稿》)的变化对于高教板块的影响整体可控,高教并购仍为收入增长主逻辑。此前外延并购因具备可利用原学校的生源、土地、校舍和办学资质从而能在短时间快速实现规模扩张等优点而被民办学校上市集团广泛采用,港股民办学校上市企业自 2017 年以来共发生 20 起并购案例,涉及金额近 65 亿元。而在《送审稿》出台后的 8 月 20 日,民生教育也公告拟收购云南滇池学院,外延扩张稳步推进。当前民办高校扩张的核心逻辑仍为通过并购来进行外延扩张。由于民办高校可以自由决定申办为营利性或非营利性办学主体,政策落地后会加速推进办学性质的明晰化,但同时营利性办学性质的确定将使得其不能再享受与公办学校同等的税收优惠,预计其盈利能力将有一定的回调,后续真正走向还应持续关注上位法落地情况及地方配套政策的推进情况。

（三）风险提示

政策推进具有较大不确定性。当前《送审稿》尚未完全落地，具体的政策规定是否如期通过具有较大的不确定性，尤其是对高等教育板块影响较大的第七条及第十二条。从政策实施的实际操作角度出发，即使当前中央层面的《征求意见稿》通过落地，具体到各个省市中仍需要按照各地方政府出台对应的具体实施条例实行，最终在民办学校并购、协议控制、VIE架构、税收优惠、土地出让金补缴等具体规定的不确定性较大。

扩张不达预期。一方面，当前民办高校集团主要通过并购来进行外延扩张。从并购整合的角度出发，由于高校单体学校体量较大，且各个学校之间独立性较强，新校通过并购纳入整体高校集团体系后整合难度较大，是否能如期产生优化及协同效应的不确定性较大。另一方面，当前民办高校主要为应用型高等教育，大部分学校普遍品牌效应不强，在市场竞争加剧的背景下，学校招生是否能保持稳定增长同样具有较大的不确定性。

四、新政策对民办学前教育资本市场的影响及思考

2018年11月7日，《中共中央 国务院关于学前教育深化改革规范发展的若干意见》（以下简称《若干意见》）发布，资本市场以暴跌加以回应。触发近两年学前教育大规模资本化的，是二孩全面放开的政策。出于对新增人口红利的乐观预期，与其他教育领域相比，学前教育本身既是相对开放的领域，供需关系又长期处于失衡状态，因此备受资本的关注。《若干意见》的发布，为民办幼儿园提供了更加规范化、细致化的管理与指导，也为民办学前教育市场带来了意料之外的风霜。

新政策颁布后，资本市场迅速做出了反应。红黄蓝完全主营幼儿园业务并以此块业务单独上市于美股，《若干意见》发布当日，盘前股价暴跌23.48%，开盘后跌幅扩大至32%，盘中股价最大跌幅达59.76%；博实乐教育股价也跌逾27%；威创股份11月16日开盘后直接跌停，全天躺在跌停板上；秀强股份的股价11月16日下跌2.66%。港股多家教育公司紧随其后，跌幅超10%，23家A股K12教育概念股中，11只股票价格下跌。

（一）关于《若干意见》部分条款的思考

《若干意见》促使社会资本理性投入学前教育领域。学前教育资源尤其是普惠性资源不足，是目前学前教育面临的客观问题。高收费民办幼儿园四处

可见，公办幼儿园学位难求是目前各地普遍存在的情况。《若干意见》提出，到2020年，全国学前三年毛入园率达到85%，普惠性幼儿园覆盖率（公办园和普惠性民办园在园幼儿人数占比）达到80%。这体现出着力构建以普惠性资源为主体的办园体系，坚决扭转高收费民办园占比偏高局面的决心。从另一侧面来看，现行政策为高端园留下了20%的发展空间，同时无论是非营利性幼儿园还是营利性幼儿园，对资本的进入都做出了严格限制，这种限制可能会使更多社会资本对于进入学前教育领域办学持观望态度。相对营利性民办园，普惠性民办园更考验运营能力，民办学前教育发展可能会进入一个低谷状态。

《若干意见》加快了民办幼儿园分类管理的进程。根据已出台的省份民办教育新政实施意见和相关细则，绝大多数省份都预留了民办学校分类登记的过渡期，一般情况下少则5年，多则10年。根据《若干意见》规定，在2019年6月底前，各省（自治区、直辖市）要制定民办园分类管理实施办法，明确分类管理政策。现有民办幼儿园根据举办者申请，限期归口进行非营利性民办园或营利性民办园分类登记。这项规定加快了民办幼儿园的分类登记进程，民办幼儿园举办者更应该提前做好准备工作。

《若干意见》斩断了幼儿园上市和并购之路。《若干意见》明确指出，民办园一律不准单独或作为一部分资产打包上市，上市公司不得通过股票市场融资投资营利性幼儿园，不得通过发行股份或支付现金等方式购买营利性幼儿园资产。学前教育领域并购非常受欢迎，分类管理政策明朗后，高端园备受资本青睐，投资机构拟通过并购优质幼儿园资产进行上市规划。《若干意见》一出，民办幼儿园将与上市无缘。秀强股份最先表态，暂缓对教育产业的收购并购。三垒股份因为此前拟收购早教中心美杰姆100%股权，收到深交所问询函。深交所表示高度关注，要求三垒股份根据《若干意见》核查，并说明是否违反教育监管政策。勤上股份在2016年与柳州市小红帽教育投资咨询有限公司的股东签署协议，拟收购小红帽教育股权以及其实际控制或所有的幼儿园股权（包括但不限于对75家直营幼儿园）出资、管理和运营权益。三季报显示，勤上股份已按协议约定支付了意向金。截至目前，双方签署该框架协议尚无进展。限制民办幼儿园上市，治理的是行业乱象，优质的教育服务不应以资本逐利为第一驱动。行业将会回归理性，回归教育本质，幼儿园应该以用户口碑为目标，而不是在收购幼儿园的项目时，以15～20倍的市盈率为目标。

（二）新政策背景下民办幼儿园发展的对策建议

努力打造高端优质幼儿园。在新政策背景下，民办幼儿园将分为两类，一类是满足老百姓入园需求，弥补公办学前教育不足的普惠性幼儿园。另一部分幼儿园定位为满足人民群众多样化需求,提供个性化和特色化教育的高端园,为人民群众提供选择性。习总书记在党的十九大报告中强调,中国特色社会主义进入新时代,我国社会主要矛盾已经转化为人民日益增长的美好生活需要和不平衡不充分的发展之间的矛盾。社会的主要矛盾反映到教育中,就是人们日益增长的"上好学"的教育需求与区际、校际优质教育资源发展不均衡之间的矛盾。随着人们生活水平的提高,对优质教育资源需求变得更强烈,20%的高端园意味着优质学前教育资源将会更加集中。从79.6%的毛入学率到85%的毛入学率,幼儿园总供给不会大幅增加;营利园总量控制了,新增营利园也会减少,意味着营利园的供应量会减少,高品质营利园会更加稀缺,也将会有着更好的市场前景,从投资的角度看,目前仍然是抢占市场时代。

提高普惠性幼儿园经营管理水平。坚持学前教育公益性的根本属性,如何在低成本下,办好普惠性幼儿园,这将是民办普惠性幼儿园需要研究的课题。通过严格的成本控制和精细化管理,保证普惠性幼儿园的办学品质,努力把普惠性幼儿园办成一个区域的品牌和样板。通过不断拓展,获取更多普惠园的发展空间,积极寻求政府支持,主动与政府合作,受托筹办或委托管理普惠性幼儿园。最后,逐渐形成一个拥有相当规模的教育服务平台。在合法合理的前提下,做好做优服务,提高办学质量。

第五部分

民办教育政策研究

自新《民办教育促进法》出台后，众多民办教育领域的研究专家，就如何深入理解、贯彻落实新法等问题，从理论、实践等方面进行了深入的研究与探索，这对于进一步明确我国民办教育未来发展方向大有裨益。

《民办教育促进法》修法决定中"补偿奖励条款"研究[①]

在 2016 年 11 月 7 日发布的《全国人民代表大会常务委员会关于修改〈中华人民共和国民办教育促进法〉的决定》（以下简称《修法决定》）中，除了对原《民办教育促进法》做了十六条修改以外，还专门对《修法决定》公布前设立的民办学校（以下简称"现有民办学校"）在 2017 年 9 月 1 日新法实施后面临的分类选择做出如下补充规定："本决定公布前设立的民办学校，选择登记为非营利性民办学校的，根据依照本决定修改后的学校章程继续办学，终止时，民办学校的财产依照本法规定进行清偿后有剩余的，根据出资者的申请，综合考虑在本决定施行前的出资、取得合理回报的情况以及办学效益等因素，给予出资者相应的补偿或者奖励，其余财产继续用于其他非营利性学校办学；选择登记为营利性民办学校的，应当进行财务清算，依法明确财产权属，并缴纳相关税费，重新登记，继续办学。具体办法由省、自治区、直辖市制定。"

该条款的主要内容是为现有民办学校的补偿和奖励问题提供整体解决方案，因此又被称为"补偿奖励条款"。对照修法过程中公布的三次审议稿，在一审稿中并没有该条款相关内容，后因各方反响强烈才在二审稿中补充了该条款，并经三审修改完善后成为《修法决定》的重要内容。该条款虽然不涉及对《民办教育促进法》具体内容的修改，但却是《民办教育促进法》颁布以来国家在法律层面对现有民办学校清算后剩余财产处置做出的明确法律规范，意在为新法实施和民办学校分类管理的顺利推进消除历史遗留问题，其重要性不言而喻。可以这么说，此次修法如果没有"补偿奖励条款"的设立或在地方立法中缺乏对"补偿奖励条款"的正确理解与合理体现，民办学校分类管理新政将面临巨大的政策风险。遗憾的是，这种担忧正面临现实的挑战，在已经公布的若干省份的地方实施意见草案中，均不同程度反映了地方对"补偿奖励条款"的理解偏差。

[①] 吴华,章露红.《民办教育促进法》修法决定中"补偿奖励条款"研究 [J]. 复旦教育论坛,2017, 15（5）：23-27.

一、"补偿奖励条款"的立法背景

民办教育是国家确立"改革开放"战略以后在教育领域推进市场化改革的产物。由于改革的复杂性,三十多年来我国民办教育的发展是政府在"促进"与"规范"两个政策重心之间不断变换的曲折进程。在这个过程中,不同时期设立的民办学校政策环境不一样,法律规范也不一样,民办学校自身在区域之间、类型之间、组织形态和产权结构等各个方面都呈现出复杂的表现,特别是在民办学校举办者财产权利界定上一直处于不稳定状态,从而导致现有民办学校在两种"分类管理"框架之间转换时变得非常复杂。

第一,无法可依。在 2017 年 3 月 15 日《民法总则》通过以前,国内并没有法律或者行政法规对"非营利组织(法人)"的法人属性,特别是财产权利做出明确规定。因此,2002 年 12 月 28 日发布的《民办教育促进法》第五十九条规定"民办学校清偿上述债务后的剩余财产,按照有关法律、行政法规的规定处理",在实践中没有能够成为民办学校终止时剩余财产处置的有效法律规范。

第二,法律冲突。首先,教育领域内部的相关法律规范前后不一致。1997 年以前设立的民办学校,学校终止时剩余财产如何处置,国家对此没有明确规定。1997 年国务院颁布的《社会力量办学条例》第四十二条规定:"教育机构清算时,应当首先支付所欠教职员工的工资及社会保险费用;教育机构清算后的剩余财产,返还或者折价返还举办者的投入后,其余部分由审批机关统筹安排,用于发展社会力量办学事业。"2002 年《民办教育促进法》第五十九条规定:"民办学校清偿上述债务后的剩余财产,按照有关法律、行政法规的规定处理。"其次,教育部门与其他部门立法不一致。1998 年国务院颁布《民办非企业单位登记管理暂行条例》,没有对民办非企业单位终止时的剩余财产处置做出明确规定。财政部 2004 年颁布《民间非营利组织会计制度》,第一次明确民间非营利组织需要同时满足"不以营利为目的、资源提供者不取得经济回报、不享有组织所有权"三个特征,但对照《立法法》和《行政许可法》的相关规定,部门规章无权设置行政许可和决定非营利组织的法律特征,因此只能算是认定非营利组织的充分条件,但不是必要条件。2007 年国务院颁布《企业所得税法实施条例》,明确规定符合免税条件的非营利组织需要同时满足以下条件:① 依法履行非营利组织登记手续;② 从事公益性或者非营利性活动;③ 取得的收入除用于与该组织有关的、合理的支出外,全部用于登记核定或者章程规定的公益性或者非营利性事业;④ 财产及其孳息不用于分配;⑤ 按照登记核定或者章程规定,该组织注销后的剩余财产用于公益性或者非营利性目的,或者由登记管理机关转赠给与该组织性质、宗旨相同的组织,并向社会公告;⑥ 投入人对投入该组织的财产不保留或者享有任何财产权利；⑦ 工作人员工资福利开支控制在规定的比例内，不变相分配该组织的财产。值得注意的是，上述对非营利组织剩余财产的处置规范只是当非营利组织要求免税优惠时需要满足的条件，并不是对非营利组织一般特征的规定。因此，2003 年 9 月 1 号以后设立的民办学校，其举办者具有怎样的财产权利并不明确。面对历史上制度安排如此复杂的民办学校法律状态，按照《立法法》第八十四条"法律、行政法规、地方性法规、自治条例和单行条例、规章不溯及既往"的规定，2003 年 9 月 1 日《民办教育促进法》实施以前设立的民办学校的举办者都可以要求"返还或者折价返还举办者的投入"，而 1997 年 10 月 1 日以前设立的民办学校的举办者甚至可以要求更多的财产权利，这势必对新法实施和分类管理的推进造成巨大障碍和风险。因此，寻求一种尊重历史、符合国情、有利于发展的过渡性政策设计就成为本次《民办教育促进法》修法的必然选择。

本次修法，为了更好地适应各地民办教育发展的历史和现实差异，全国人大常委会决定将制定具体"补偿或者奖励"方案的立法权授予地方，是实现民办教育发展转型较为合理和较为稳妥的策略，体现了立法机构在本次修法中对现有民办学校举办者采取的"肯定贡献，鼓励发展，尊重历史，不算细账"的基本原则。在这个背景下，地方立法虽然可以体现特色，但如果违背了上述原则，那就不仅存在违法风险，更将面临复杂的诉讼纠纷，最终影响到当地民办教育的顺利转型和健康发展。

二、正确理解"补偿奖励条款"的若干要点

根据上面的分析，地方立法时正确理解《修法决定》中"补偿奖励条款"的第一个政策要点是必须贯彻主体平等原则，即获得"补偿和奖励"是现有民办学校的普遍权利，不受学校在新法实施后选择行为的影响。现有民办学校无论选择营利、非营利或者终止办学，只要符合"补偿奖励条款"规定的前提条件——"终止时，民办学校的财产依照本法规定进行清偿后有剩余的"，出资人都可以申请"补偿或者奖励"。这个道理其实很简单，因为对所有现有民办学校而言，无论今后如何选择都不能改变已经做过的事情，"补偿奖励条款"正是对此的肯定并提供了对历史遗留问题的处理原则。有反对者认为，如果理解为普遍权利，那为什么在"补偿奖励条款"中对举办者选择非营利性民办学校和选择营利性民办学校的转设流程采用不同的表述？其中，对选择营利性民办学校的转设流程为什么根本就没有提及"补偿或者奖励"？他们还认为，将其理解为普遍权利似乎也不符合国务院"若干意见"确立的"分类管理，差别扶持"的指导思想。虽然澄清这些问题的权威途径是由全国人大常务委员会做出法律

解释，但我们同样可以借助于逻辑和法理来回答上面的疑问。

第一，现有民办学校在 2017 年 9 月 1 日以后无论选择终止还是选择营利性民办学校，都将自动进入新旧转换时的"终止"环节，与选择非营利性民办学校后在"终止"环节的法律状态并没有实质意义上的区别，目前也没有任何法律对此做出不同的规范。因此，当现有民办学校选择成为营利性民办学校时，虽然"补偿奖励条款"没有对财产处置做出明确规定，但学校从"民办非企业单位（法人）"转设为"营利法人"，中间必定包含一个"非营利性民办学校"的终止环节，于是就自然启动了非营利性民办学校终止时申请"补偿或者奖励"的程序。

"补偿奖励条款"为现有民办学校选择营利性民办学校设计的转设流程是"进行财务清算，依法明确财产权属，并缴纳相关税费，重新登记，继续办学"，其中并未明确提到"补偿或者奖励"。然而，其中"依法明确财产权属"的规定，除了按照本次修法的"补偿奖励条款"进行财产分割以外，还有任何其他"法律或行政法规"可以成为"明确财产权属"的合适法源吗？我们在本文第一部分已经详述了相关法律的缺失问题。如果说第一条理由提供了"补偿或者奖励"作为一种普遍权利在程序上的合理性与可行性，那么第二条理由则提供了"补偿或者奖励"作为一种普遍权利在实践上的必要性。至于将"补偿奖励条款"理解为"差别化扶持政策"，则不但没有充分的法律依据，而且也明显违反了主体平等和法律不溯及既往的基本法律常识，不值得一驳。

地方立法时正确理解《修法决定》"补偿奖励条款"的第二个政策要点是必须忽略对现有民办学校在《民办教育促进法》原分类体系中"是否要求取得合理回报"法律状态的选择。现有民办学校无论原来是"要求取得合理回报"还是"不要求取得合理回报"，都按照同样的原则和模式衡量其应该获得的"补偿或者奖励"。从法理上来说，"要求取得合理回报"与"不要求取得合理回报"的现有民办学校在"补偿或者奖励"上的权利是不一样的：选择了"不要求取得合理回报"的民办学校，意味着出资人放弃了除出资以外的所有财产权利；只有选择了"要求取得合理回报"的民办学校，才可以在出资以外要求其他财产权利。但如果我们真的按此设计"补偿和奖励"方案，那就一定会面临非常复杂和难以处理的局面。

在原来的分类体系中，大部分现有民办学校选的都是"不要求取得合理回报"，但事实上它们都或多或少地从学校结余中获得了部分经济利益。如果深究起来，涉及面太广，情况太复杂，宽严皆难，并有可能导致大量的法律纠纷，不利于国家教育事业发展。

第二，那些选择了"要求取得合理回报"的民办学校，根据《民办教育促进法》及其实施条例的有关规定，虽然分享学校的结余是合法的，但很少有民办学校按照规范的程序获取合理回报，最终也将面临与"不要求取得合理回报"的学校同样的难题。

第三，如果地方制定具体的"补偿或者奖励"方案时追究现有民办学校原来是否要求取得合理回报的选择，必然导致"要求取得合理回报"的民办学校比"不要求取得合理回报"的民办学校获得更多的经济利益，会形成"老实人吃亏""好人不得好报"的社会舆论，不利于形成良好的社会风气。因此，无论是考虑法律实施的可行性还是合理性，都不应该也没有必要在地方具体的"补偿或者奖励"方案中对"要求取得合理回报"的民办学校与"不要求取得合理回报"的民办学校区别对待，这也正是体现了前述"不算细账"的指导思想。

地方立法时正确理解《修法决定》"补偿奖励条款"的第三个政策要点是必须以毕业生数和在校生数作为衡量学校办学效益的主要指标。在目前所有对于"补偿奖励条款"中作为"补偿或者奖励"依据之一的"办学效益"的论述中，都将其默认为学校在办学过程中形成的"累积资产"，即除举办者出资、社会捐赠、政府投入以外形成的资产增值，并在多个地方草案中将此资产增值按比例补偿或者奖励给民办学校的出资人。这既不符合"办学效益"的固有内涵，也是对民办学校社会职能的曲解。

15 年前，全国人大在《民办教育促进法》立法期间曾经有一个著名的调研，发现当时大部分民办学校举办者在办学的同时也想取得一些经济利益，这是后来制定"合理回报"条款的一个重要背景。《国家中长期教育改革和发展规划纲要（2010—2020 年）》发布要对民办学校实施"分类管理"的政策信息以来，作者在全国二十几个省份发表了 100 多场演讲，接触的民办学校举办者超过 1 万人。现场访谈和调研表明，90% 以上的举办者在办学的同时也还想取得一些经济利益，这与 15 年前全国人大的调研结果一致。但是，如果我们就此认定民办教育是经济活动而不是教育活动，那就大错特错了。民办教育尽管具有经济属性（公办教育也具有经济属性），但民办学校中的一切活动都是围绕着培养学生的教育教学活动来展开的，在学校的微观层面与公办学校并无二致，它的主要社会职能仍然是教育活动而不是经济活动！正如《民办教育促进法》第三条所述：民办教育事业属于公益性事业，是社会主义教育事业的组成部分。明确了民办教育的基本社会职能以后，再来理解民办学校的"办学效益"就绝不可能也绝不应该将其等同于学校资产增值，而只能回到"办学效益"的本意——对社会的教育贡献，而衡量这种贡献的主要指标只能是学校培养的学生，包括毕业和在读的两部分。

当然，除了上述三个问题以外，《修法决定》"补偿奖励条款"还有许多问题值得进一步研究,但对于以上三个问题的正确理解在即将来临的新法实施中具有迫切的现实意义。

三、"补偿奖励条款"的实施方案

在上文分析的基础上我们可以明确,虽然各省制定的补偿奖励政策可以体现各自的特色,但以下一些重要的特征应该是共同的。

前提条件。民办学校出资人获得补偿和奖励的前提有两个:一是设立时间,只有在 2016 年 11 月 7 日前设立的民办学校出资人才有可能获得补偿和奖励;二是补偿和奖励的资金来源,只有学校终止时经依法清算后财产有剩余的出资人才有可能获得补偿和奖励。需要强调的是,这两个前提必须同时满足,只要其中一项前提不满足,该项权利就不会生效。

补偿因素。全国人大在《修法决定》的"补偿奖励条款"中明确规定,给予出资人补偿或者奖励时需要"综合考虑在本决定施行前的出资、取得合理回报的情况以及办学效益等因素"。因此,该规定中列明的"出资""合理回报""办学效益"三项因素在地方政策中必须得到明确体现,地方在这三项因素以外可以增加其他因素,但增加的其他因素对补偿奖励结果的影响以不超过前面三项因素的影响为宜。

指标说明。"出资"指 2017 年 9 月 1 日以前以举办者名义投入学校并由学校享有法人财产权的资产总和,包括货币资产和非货币资产。"合理回报"指举办者在 2017 年 9 月 1 日以前从学校办学结余中获取的资产总和,包括货币资产和非货币资产。"办学效益"指 2017 年 9 月 1 日以前学校的毕业生总数和 2017 年 9 月 1 日时的在校学生总数。

在以上三项事实中,第一项事实可以按充分证据原则确定,即只要有充分证据证明出资即可;第二项事实可以按收支平衡原则确定,即当年学校收支缺口中非学校支出部分即为举办者已经取得的合理回报;第三项事实可以按历史数据原则确定,即通过学校历年上报的统计数据确定。如此确定的"出资""合理回报""办学效益"基本上不会有争议,这样就有效消除了对现有民办学校进行资产清算时缺乏历史数据和资产评估中的可信性难题。

综上所述,作为"补偿奖励条款"基本政策框架的数学模型可以构建如下:

现有民办学校出资人可以获取的补偿和奖励($B \& J$)=举办者的累计出资(C)-举办者已经获取的合理回报(H)+累计(毕业生+在校生)生均奖励(S)

用符号可以简化为以下公式:

$$B \& J = C - H + S \tag{1}$$

上式中,$S = S_1 + S_2$。S_1 表示累计毕业生数;S_2 表示在校生数。

如果将上述前提条件也在模型中体现，则一个全面体现全国人大《修法决定》的"补偿奖励模型"有如下的形式：

$$B \& J = f(c, h, s) = T \times K \times (C - H + S) \tag{2}$$

上式中，T 和 K 皆为阶梯函数，取值 0 或 1。当学校设立时间在 2016 年 11 月 7 日以前时，T 取值 1；当学校设立时间在 2016 年 11 月 7 日以后时，T 取值 0。学校终止经依法清算有剩余资产时，K 取值 1；没有剩余资产，K 取值 0。

地方（省和省以下）在运用公式（2）时，至多在 S 的取值上受当地生均成本的影响选取不同取值范围，除此以外，任何改变公式（2）基本结构或取消其中任一自变量的设计都因缺乏法律上的依据和法理上的支持而不值得提倡。

贯彻落实《民办教育促进法》新法的若干思考①

一

新修订的《民办教育促进法》（以下简称"新法"）是在我国民办教育新一轮发展的关键时期颁布的重要法律，对于加强民办教育发展国家层面的顶层设计，从法律层面破解民办教育发展面临的关键问题，继续营造民办教育发展的软环境，深化民办教育治理，提高民办学校品质，指导民办教育健康和可持续发展，具有重大意义。一是进一步加强民办学校党的建设。新法从法律高度确立民办学校党的领导的合法性，强调民办学校党的建设的重要性，要求积极发挥党组织的政治核心作用，确保民办学校始终坚持社会主义办学方向。二是确立分类管理的法律依据。新法突破原有法律框架，允许社会力量举办学前教育、高中阶段教育、高等教育以及非学历教育的营利性民办学校，实行非营利性和营利性民办学校分类管理的差异性政策。三是进一步保障举办者权益。新法规定举办者可以自主选择设立非营利性或营利性民办学校，根据学校章程规定的权限和程序参与学校的办学和管理。现有民办学校继续实施非营利办学的，在办学终止时给予出资者相应的补偿或奖励。四是进一步完善师生权益保障机制。新法提出，民办学校应当依法保障教职工的工资、福利待遇和其他合法权益，并为教职工缴纳社会保险费，鼓励民办学校按照国家规定为教职工办理补充养老保险。县级以上各级人民政府可以采取助学贷款、奖助学金等措施保障民办学校学生的权益。五是进一步完善国家扶持政策。新法强调民办学校与公办学校具有同等的法律地位，规定非营利性和营利性民办学校在财政、税收优惠、用地、收费等方面的差别化扶持政策，明确国家的鼓励方向。六是进一步健全民办学校治理机制。新法规定，民办学校应当设立理事会、董事会或者其他形式的决策机构并建立相应的监督机制，教育行政部门及有关部门应建立民办学校信息公示和信用档案制度。

围绕新法的实施，有关部门密集下发了一系列文件。2016年11月7日，第十二届全国人民代表大会常务委员会第二十四次会议审议通过《民办教育促进法》修正案后，12月29日，中共中央办公厅印发了《关于加强民办学校党的建设工作的意见（试行）》，对民办学校党的建设做出新的部署；同日，国务院印

---

① 徐绪卿. 贯彻落实《民办教育促进法》新法的若干思考 [J]. 复旦教育论坛, 2017, 15（2）：29-33.

发了《关于鼓励社会力量兴办教育促进民办教育健康发展的若干意见》（国发〔2016〕81号，简称"国办30条"），对民办教育改革发展做出全面安排。12月30日，教育部、人力资源社会保障部、民政部、中央编办、国家工商总局联合下发了《关于印发〈民办学校分类登记实施细则〉的通知》，教育部、人力资源社会保障部、工商总局还联合下发了《关于印发〈营利性民办学校监督管理实施细则〉的通知》。这些法律法规及相关政策是新形势下我国民办学校办学的基本依据，构成了保障和规范我国民办教育发展的主要制度体系，应该成为今后一个时期民办学校和相关部门学习贯彻的重要内容。

二

本次民办教育立法和政策制定的主题之一，也是最重要的要求，就是要加强民办高校党的领导。我国民办学校是在中国共产党领导下的社会组织，应该接受中国共产党的领导，坚持社会主义的办学方向，培养社会主义事业可靠的接班人和现代化建设合格的建设者，牢牢掌握意识形态的领导权和话语权。由于历史的限制，原有的《民办教育促进法》整个文本没有提到党的建设相关问题。《高等教育法》规定："国家举办的高等学校实行中国共产党高等学校基层委员会领导下的校长负责制。中国共产党高等学校基层委员会按照中国共产党章程和有关规定，统一领导学校工作。""社会力量举办的高等学校的内部管理体制按照国家有关社会力量办学的规定确定。"而指导社会力量办学的国家总法《民办教育促进法》又没有提到党组织建设问题，由此在实践中造成某些误解。在现实中，确实也有少数民办学校党组织不健全，隶属关系不落实，党的建设和党的领导弱化。具体表现为：党组织法定地位不落实，职权不明确，作用难发挥；党的建设工作淡化，在节省人力、节约经费的幌子下，党的机构被精简，人员很少甚至没有安排；党组织生活不健全，党组织经费没预算，存在有组织没机构、有组织没经费、有组织没活动的情况；党组织的主体责任虚化，从严治党力度小、不见效；党的作用边缘化，党的组织涣散、软弱，作用发挥不明显，成为学校的摆设。学校内部治理混乱，事故苗头频出，影响学生培养，甚至给社会稳定带来影响。尽管总体上民办学校党的建设有所加强，但是由于先天不足、缺乏法律依据，因此并没有得到应有的重视。本次新法修订的第一个方面，就是明确"民办学校中的中国共产党基层组织，按照中国共产党章程的规定开展党的活动，加强党的建设"。"国办30条"中也提出了"切实加强民办学校党的建设"的要求："全面加强民办学校党的思想建设、组织建设、作风建设、反腐倡廉建设、制度建设，增强政治意识、大局意识、核心意识、看齐意识。完善民办学校党组织设置，理顺民办学校党组织隶属关系，健全各级党组织工作保障机制，选好配强民办学校党组织负责人。民办学校党组织要发挥政治核心作用，强化思想引领，牢牢把握社会主义办学方向，牢牢把握党对民办学校意识形态工作的领导权、话语权，切实维护民办学校和谐稳定。"文件把"加强和改进民办学校思想政治教育工作"纳入民办学校党的建设的一项重要内容，也凸显了民办学校思想政治工作的重要性和紧迫性。不仅如此，作为一份专项文件，中共中央办公厅在《关于加强民办学校党的建设工作的意见（试行）》中不仅强调了民办学校党建工作的重要性，而且对民办高校党的建设的地位、职能、内容以及工作机制等做出了全面规划和布置。几个文件密集下发，从而在法律高度确立了党的领导的合法地位，为民办学校加强党的建设提供了法律依据。但客观地看，当前这一系列文件的下发，尚未引起广泛的重视，许多单位和部门把过多的精力集中于"分类管理"上，许多会议讨论的主题局限于"分类管理"，民办学校党的建设问题提及不多，有被淡出的倾向，值得有关部门重视。

三

"分类管理"问题是伴随民办教育发展产生的重大问题，也是本次修法的重大问题之一。由于这一条款承认了营利性民办学校存在和发展的法律地位，与以往教育法律对于"办学营利"的排斥条款相抵触，因而一直广受社会关注和争议。现在，多个相关法律条款得到修订，从国家层面允许营利性民办学校的存在；同时，实施分类管理，实行差异性优惠和扶持政策。实施分类管理，一是有利于破解长期以来民办教育发展的瓶颈，使民办学校发展中存在的许多问题和矛盾在法律层面得以澄清和解决；二是有利于贯彻国家鼓励社会力量办学的导向，分类落实财政、税收、土地等方面的扶持政策；三是有利于拓展民办教育发展空间。非营利性民办学校可以获得政府更多扶持，提高办学质量；营利性民办学校可以利用市场机制，创新教育产品，增加教育供给，满足社会接受教育的多样化需求。新法充分考虑到我国的国情，顾及民办教育发展的现状，也充分考虑到民办学校举办者的利益。教育法律是国家意志的具体表现形式，是国情、文化和历史的集中体现。无论实行哪种形式（营利或非营利），都要有利于国家教育事业的健康发展，有利于教育资源和教育品种的增加，满足社会接受个性化、多样化教育的需求。鉴于目前各地新法的具体实施意见尚未出台，对于新法部分条款的宣传和理解总体来说都不到位，现有规定与一些举办人的期待又有巨大反差。因此，部分举办人采取一些过当措施保全资产的想法和行为是可以理解的，关键是要尽快出台实施新法的具体意见，做好教育引导工作，稳定举办人的思想。在实施新法之前，少量举办者的行为只要不是有意违规违法，就不应受到谴责和处理。

四

就理论而言，既然营利性民办学校和非营利性民办学校都是国家允许举办的，那么，举办这两类学校中的任何一类都是合法的，不存在法律上的障碍和道德上的缺失，都应该得到鼓励和支持。实施分类管理，民办学校可以根据自身的性质（营利或非营利），获得相应的政策优惠和扶持。营利性学校有望通过股权激励等方式，改变教师报酬结构，吸引更多优秀教师加入；非营利性学校也有望获准登记为民办事业单位，获得土地、税收、贷款等方面的优惠。按照笔者的理解，根据现行法律，营利性与非营利性民办学校具有以下六个方面的政策区别。

一是分类登记。登记是营利性民办学校和非营利性民办学校的入门区别。《民办学校分类登记实施细则》中专门列有"分类登记"一章：

"第七条　正式批准设立的非营利性民办学校，符合《民办非企业单位登记管理暂行条例》等民办非企业单位登记管理有关规定的到民政部门登记为民办非企业单位，符合《事业单位登记管理暂行条例》等事业单位登记管理有关规定的到事业单位登记管理机关登记为事业单位。

……

正式批准设立的营利性民办学校，依据法律法规规定的管辖权限到工商行政管理部门办理登记。"

由此可见，民办学校设立之初，就应当明确选择营利性或者非营利性民办学校进行登记。

二是结余分配。新法规定："非营利性民办学校的举办者不得取得办学收益，学校的办学结余全部用于办学。营利性民办学校的举办者可以取得办学收益，学校的办学结余依照公司法等有关法律、行政法规的规定处理。"举办者是否可以分配办学结余资金，构成营利性与非营利性民办学校之间的核心区别。营利性民办学校的举办者可以分配剩余资金；非营利性民办学校的举办者不能分配剩余资金。"区分营利性民办学校和非营利性民办学校的关键，是看学校创办者是否分红，分红就是营利，不分红把经费用于教育发展就是非营利。"

三是校园用地。非营利性民办学校按照公办学校的同等待遇获得土地，营利性民办学校是"可以供给土地"，政策的差异化明显。根据现有政策，政府供地是可能的，关键是供地的方式和土地的价格。

四是税收政策。非营利性学校按照公办学校的税收政策，营利性学校按照公司法的规定缴纳税收。从目前各地的政策看，对于举办学历教育的民办学校，都是给予免税的。湖南某民办学校在章程中明确标明"营利性办学"。该校举办的是高等学历教育,因此也不曾被要求纳税。估计在今后相当长的一个时期,为了稳定民办学校办学,营造民办学校的发展环境,创设政策洼地,各地还会对营利性民办学校尤其是营利性学历教育学校实施税收优惠政策。

五是财政补贴。对于非营利性学校,政府会给补贴,这是政府承诺的,也是分类管理的必要性所在。那么,补贴多少?如何补贴?法律没有提到,需要地方政策去落实。另外,是否对营利性学校予以补贴,法律也不明确。从目前部分省市的现有政策看,对明确要求取得合理回报的学校还是给补贴的,但在补贴的标准方面一般会减半处理,如上海、重庆等地。

六是终止清算。新法规定,现有民办学校"选择登记为非营利性民办学校的,……终止时,民办学校的财产依照本法规定进行清偿后有剩余的,根据出资者的申请,综合考虑在本决定施行前的出资、取得合理回报的情况以及办学效益等因素,给予出资者相应的补偿或者奖励……营利性民办学校终止办学时,清偿上述债务后的剩余财产,依照公司法的有关规定处理"。由此可见,本次修法充分考虑到举办者利益。综上所述,本次颁布的新法,对于一些原则性问题考虑周全,内涵清晰,为举办者的选择提供了明晰的指导,也为法律的实施创造了良好的条件。

五

由于新法两方面内容都突破了以往的法律框架,它的颁布引发了社会的广泛议论,这是必然的。尤其是分类管理写入法律以后,对此理解不一,由此造成一些误区。在新法的贯彻落实中,有必要澄清认识、消除误导。

非营利性等于公办。有人认为,非营利办学就是捐资办学,而捐资办学者是不能参加管理的,由此得出"非营利办学=捐资办学=放弃管理权"的结论,认为新法实施后捐资办学的举办者就要卷铺盖走人了。这个观点是错误的,也引发一些举办者的担忧。的确,捐资办学是非营利办学,但是法律并未规定非营利办学就得放弃办学权和管理权。法律规定"民办学校的举办者根据学校章程规定的权限和程序参与学校的办学和管理",民办学校举办者是否参与管理由学校章程约定,而与营利或非营利的办学类别无关。从国家现有法律来看,并未规定非营利或者捐资办学者就必须放弃学校管理权。从国际上私立大学发展的实践来看,日本、韩国和我国台湾地区私立大学实施的都是非营利办学,而这些私立大学大多是由举办者自行管理的,甚至家族制管理的私立大学也不在少数。实践证明,非营利只说明办学的类别,而民办体现办学的性质,两者不是一个层面的概念。民办学校可以办成非营利性的,也可以办成营利性的。

非营利性等于低收费。这一观点也是不准确的。举办者选择非营利办学以后,其民办的性质不变。从民办学校的实际情况来看,绝大多数民办学校的主要经费来源还是学费。学校要走向市场,办出质量,留住优质师资,势必增加办学成本,收费也会比较高。教育部发展规划司司长谢焕忠曾表示:"目前社会上有人认为高价学校或者贵族学校等同于营利性学校,这种认识并不准确。收费高不一定就是营利性。收费比较高的学校,会高薪聘请很好的老师,学费收得高,但是支出也会很高。这些学校的开支和耗费都比较大。非营利性不等于不收费或者低收费。"

非营利性等于低酬金。这一观点也是错误的,会导致非营利性民办学校的教师队伍不稳定。其实选择举办非营利性民办学校,不涉及内部酬金分配。无论是营利性民办学校还是非营利性民办学校,若要办出特色,办出水平,就必须引进和留住优秀人才,就需要下大力气和本钱建好队伍,当然也包括提高教职员工的待遇等。因此,非营利学校也需要通过高酬金招揽人才。这也会受到政府的鼓励。上海目前出台的政策是鼓励民办学校提高教师待遇,民办高校职工工资发得越多,政府提供的配套经费越多。"国办30条"也提出:"国家鼓励民办学校按照国家规定为教职工办理补充养老保险。"这里当然也包括非营利民办学校。

非营利性等于更严格的政府管理。这一点有些举办者比较担心。诚然,实施分类管理之后,政府会加大对非营利性民办学校的支持力度,当然也会加大对民办学校的监管力度。但如果让政府接管非营利性民办学校,我们的改革就失败了。实施分类管理后,对于营利性民办学校,政府无疑也会加大监管的力度,这一点是肯定的。政府已经出台《营利性民办学校监督管理实施细则》,监管力度也不会小。目前,既缺乏非营利性的制度框架,也缺乏营利性的制度安排。因此,至少从现有政策文本上我们还看不出两者的区别。同时我们也要相信,从国际高等教育管理的主流来看,随着国家治理和治理现代化的推进,政府会逐渐放松对教育的管制,充分尊重民办学校自治权。

营利性民办学校得不到政府资助。这也是一个极端的误区。从目前的制度安排来看,政府对营利性民办学校和非营利性民办学校都持鼓励态度。当然,从政府的导向来看,政府大力鼓励和支持民办学校选择成为非营利学校,这个倾向是公开、透明的,但法律并不排除对营利性民办学校的支持。在国家层面,新法和"国办30条"中都有这方面的条款。从地方政府来说,若要有利于形成政策洼地,吸引更多的投资进入民办教育,也不可能采取单边的支持政策。

非营利性民办学校等于放弃产权。这一认识误区是对法律系统的全面学习和理解不够造成的。实际上,根据现有法律法规的规定,无论是举办营利性民办学校还是非营利性民办学校,在学校存续期间,资产均属学校法人资产。

新法第五章"学校资产与财务制度"中有如下规定：

"第三十六条　民办学校对举办者投入民办学校的资产、国有资产、受赠的财产以及办学积累，享有法人财产权。

第三十七条　民办学校存续期间，所有资产由民办学校依法管理和使用，任何组织和个人不得侵占。"

"国办30条"也明确提出："民办学校应当明确产权关系，建立健全资产管理制度。民办学校举办者应依法履行出资义务，将出资用于办学的土地、校舍和其他资产足额过户到学校名下。存续期间，民办学校对举办者投入学校的资产、国有资产、受赠的财产以及办学积累享有法人财产权，任何组织和个人不得侵占、挪用、抽逃。"可以看出，对于民办学校的法人财产权，不会因为举办者对营利或非营利的选择而发生变化。这一点对于民办学校的稳定和发展有着重要意义。

六

我国幅员辽阔，各地之间民办学校发展的环境和条件差异较大。因此，本次《民办教育促进法》的修订，秉承了以往立法的经验和传统，给地方政府留有很大的政策创新空间。由于新法实施时间紧、任务重，许多省市都在紧锣密鼓地制定地方政策，压力很大。当然，地方政府的政策创新也要顾及合法性和风险性问题，不能没有底线、"无法无天"。

对于地方立法和政策制定问题，有以下几点建议。

第一，政策实施的时间节点问题。按照全国人大常委会决议，新法将于2017年9月1日起实施。根据这个安排，时间紧、任务重，各地教育部门资源缺失、压力很大。尽管如此，我们认为必须严格按照这个时间去落实。反之，国家立法机构就会产生诚信问题，实践中也可能留有执法的空白地带，给法律实施带来更多的问题。

第二，奖励和补偿问题。新法规定："本决定公布前设立的民办学校，选择登记为非营利性民办学校的，根据依照本决定修改后的学校章程继续办学，终止时，民办学校的财产依照本法规定进行清偿后有剩余的，根据出资者的申请，综合考虑在本决定施行前的出资、取得合理回报的情况以及办学效益等因素，给予出资者相应的补偿或者奖励，其余财产继续用于其他非营利性学校办学。"这里的关键问题是：补偿或者奖励由谁出钱？可否兼得？

第三，政策制定的协调问题。由于新法的实施涉及政府各部门的权限，除了教育部门以外，人力资源保障、工商、物价、土地、民政、编制等部门都有涉及。即便在一个教育部门内部，也有内设机构各个部门的协调问题，协调工作量大面广。为了争取时间、加快进度，应该建立由地方政府主要领导牵头的领导小组，协调和指导具体工作，及时消除工作障碍，保证工作顺利进行。

第四，国家层面的具体政策协调问题。新法颁布以后，现有一些相关法律也会发生冲突。例如，转设营利性民办学校资产转移中的税费问题，营利性民办学校运行过程中的税费问题，营利性民办学校的土地供给问题，对于营利或非营利的选择可否悔选等。地方政府没有权限，政策创新具有一定的风险。笔者建议，最好由国家有关部门统一明确相关要求，保持政策的适度平衡。

第五，贯彻落实新法，既需要政策创新，也需要一些智慧。新法不可能解决所有问题，现有法律之间的冲突也还客观存在，各地的民办学校之间也不是千篇一律的。实施新法，既要严格执法，解决实施中的问题，也需要集中智慧，善于解决重点难点问题。对于新法实施中的问题，还要分清轻重缓急，有的甚至可以暂时搁置，待条件成熟时再实施，以保证新法实施得以有序推进。

我国民办教育治理制度：变革与创新 [①]

自 20 世纪 80 年代以来,历经再生与重整,我国民办教育从少到多、从小到大、从弱到强,已经成为教育事业的重要组成部分和重要增长点,被认为是"改革开放的一项标志性成果"。实践表明,民办教育之所以能得到健康发展,与其治理制度的变革与创新紧密相关。从早期的无为而治、放任自流,到 20 世纪 90 年代初中期的有限开放、重在管制,再到 1997 年《社会力量办学条例》提出"积极鼓励、大力支持、正确引导、加强管理"的十六字方针,民办教育在治理制度的不断变革中得以逐步兴起。2003 年前后《民办教育促进法》及其实施条例的颁布、实施,则促使我国各级各类民办教育走上了发展快车道。当前,教育法律的一揽子修订完成,以及国家层面系列规范性文件的集中出台,标志着民办教育治理制度的日益完善,我国民办教育必将在新的历史起点上开创新的发展空间。纵观民办教育治理制度变革的历程及趋势可以发现,其核心主题聚焦在推行分类管理、转变政府职能、健全法人制度三大方面,其中,遵循的基本逻辑则是夯实法治构架、实现政府善治和推动学校自治。

一、推行分类管理：夯实民办教育法治构架

所谓"分类管理",是指为更好促进和规范民办教育发展,对经批准成立或注册登记的各级各类民办学校(含培训教育机构),按是否要求取得办学收益,在立法上划分为营利性法人和非营利性法人两大类型,在行政管理上实行不同的规制措施,并对两类学校采取有差别的扶持政策(全国人大常委会,2016)。

(一)分类管理：突破民办学校发展瓶颈

我国民办教育是在旧有体制的夹缝中零星、松散式地生长起来的,从其诞生始,就面临着身份的合法性问题。在很长一段时间,由于没有相应的法律法规可以依循,民办学校法人类属问题一直悬而未决。因为,按照 1986 年《民法通则》的规定,法人类型只有企业法人、机关法人、事业单位和社会团体法人四种,而从相关法理分析看,民办学校不属于这四类法人中的任何一类。第一,未修改前的《教育法》规定,"任何组织和个人都不得以营利为目的举办学校及其

---

① 董圣足. 我国民办教育治理制度：变革与创新 [J]. 华东师范大学学报(教育科学版),2017,35(6)：18-26.

他教育机构"，民办学校当然不能是以营利为目的的企业法人。第二，民办学校不具有"公务法人"的任何特征，不是"主要从事国家行政管理活动"的组织，显然不在机关法人之列。第三，民办学校也不具备"事业单位"的基本特征，因为按《事业单位登记管理暂行条例》规定，事业单位"是指国家为了社会公益目的，由国家机关举办或者其他组织利用国有资产举办的，从事教育、科技、文化、卫生等活动的社会服务组织"（董圣足，2010）。第四，根据《社会团体登记管理条例》的概念界定，虽有极少数民办学校具备"社会团体"的部分特征，但显然不能将其整体归类为社会团体。

虽然《民办教育促进法》明确规定"民办学校应当具备法人条件"，而民办学校究竟是何种类型的"法人"，却很难在《民法通则》里找到相应答案。直到1998年国务院颁布《民办非企业单位登记管理暂行条例》并首次提出"民办非企业单位"概念，这种尴尬的局面才得到一定改观（董圣足，2010）。按照该条例的定义，"民办非企业单位，是指企业事业单位、社会团体和其他社会力量以及公民个人利用非国有资产举办的，从事非营利性社会服务活动的组织"。据此，教育领域的各种民办学校如果具备了《民法通则》所规定的法人设立条件，并且从事学历教育、文化补习、自考助学和学前教育等非营利性活动，则可经业务主管部门行政许可，在法人登记机关注册为民办非企业单位法人，从而获得法人主体资格（李俊飞，2005）。

通过行政法规，将民办学校归类为民办非企业单位法人，虽然对避免学校盲目发展、加强政府统一管理有利，但也产生了一系列问题和矛盾，造成了民办学校与公办学校两类学校法人地位事实上的不平等，从而导致《民办教育促进法》有关"民办学校与公办学校具有同等的法律地位"的规定难以真正落实。同时，将所有民办学校都归入"非营利法人"，还制约了社会力量出资办学的热情，抑制了我国民办教育的更大发展（董圣足，2008）。

其一，虽然名义上是"民办非企业单位"，但在现实当中民办学校则往往被当作企业对待，在校园用地、基本建设、信贷融资和税收减免等方面，很难也很少能够享受到与公办学校同等的优惠政策。这不仅加重了民办学校的经济负担，增加了其运行成本，也在很大程度上挫伤了举办者的办学积极性。

其二，学校法人属性不清，还导致民办学校教师身份不明、待遇不公，影响了民办学校的师资队伍建设。

其三，现有定位下，民办学校产权制度缺损，缺少对投资者权益的有效保护，也制约了更多社会资源转化为教育资源。旧《民办教育促进法》未对学校剩余财产的处理做出明确、具体规定，只是说"按照有关法律、行政法规处理"，这导致民办学校举办者（出资人）对投入学校资产的最终归属产生了疑虑，加上政策层面迟迟未能出台具有可操作性的具体办法,使得举办者投资办学的信心和热情受到很大影响。

其四,现有民办学校的法人定位,既将民办学校纳入形式上的"非营利法人"序列,又允许出资者从办学结余中获取合理回报,而且对于举办主体的规定很模糊,这造成了行政管理上的混乱。譬如,旧《民办教育促进法》规定"捐资举办的民办学校和出资人不要求取得合理回报的民办学校,依法享受与公办学校同等的税收及其他优惠政策",而实际上税务部门则按《企业所得税条例》要求民办学校缴纳所得税。

(二)分类管理:从"四分法"到"两分法"

在2016年11月7日《民办教育促进法》修订完成之前,对民办学校能不能、要不要以及怎样进行法人分类,各界人士众说纷纭、莫衷一是。在2002年《民办教育促进法》出台前后,一种意见认为,鉴于我国是社会主义国家,而且教育事业具有很强的公益属性,故不应在立法上允许营利性学校存在,即所有民办学校都应是完全非营利法人。另一种意见认为,鉴于我国正处于并将长期处于社会主义初级阶段以及"穷国办大教育"的基本国情,不仅要大力支持社会捐资办学,也应积极鼓励各类营利性教育机构的发展。囿于当时的现实条件、认识水平、立法资源等因素,先后经全国人大常委会四次会议审议才于2002年12月28日获得通过的《民办教育促进法》,最终在民办学校法人分类问题上采取了折中办法,即在该法总则里确立民办教育也是社会主义公益性事业,在此前提下,将民办学校细分为捐资举办、出资举办且不要求经济回报、出资举办但要求取得合理回报的民办学校,以及在工商行政部门登记注册的经营性培训教育机构四种类型。这就是所谓的"四分法"。

然而,由于对民办教育的所谓"四分法"及其相关政策设计与现行法律法规及行政规章之间,缺乏衔接配套,存在诸多不一致、不协调之处,在《民办教育促进法》颁布施行十多年来的实践中,并未得到各级政府相关部门的普遍认同和自觉遵循,这也导致该法的一些规定形同虚设,缺少强制力和执行力。为此,在广泛协商和多方论证基础上,为了破解民办教育改革发展中的重重障碍,国家相关部门提出要探索实施营利性和非营利性民办学校的分类管理。这就是所谓的"两分法"。对此,《国家中长期教育改革和发展规划纲要(2010—2020年)》专门做出部署,提出"积极探索营利性和非营利性民办学校分类管理"。而随后发布的《国家教育事业发展第十二个五年规划》进一步明确,要"逐步建立民办学校分类管理制度",按照"学校自愿选择、政府分类管理"原则,开展营利性和非营利性民办学校分类管理试点,逐步建立分类管理制度和监管机制。

2011年初以来,配合营利性与非营利性民办学校分类管理改革试点的推进,国家有关部门启动了教育法律的一揽子修订工作。几经周折和反复,2015年12月27日召开的全国人大常委会第十八次会议先期审议通过了《教育法》和《高等教育法》修订案,取消了对于举办营利性学校的禁止性规定。虽然《民办教育促进法》修订案(草案)由于各方面意见分歧较大没能在这次会议上付诸表决,但这已为探索营利性与非营利性民办学校分类管理扫清了最大障碍(全国人大常委会,2015)。之后,2016年3月十二届全国人大四次会议审议通过的《中华人民共和国国民经济和社会发展第十三个五年规划纲要》也提出,"建立分类管理、差异化扶持的政策体系,鼓励社会力量和民间资本提供多样化教育服务"。而2016年4月18日中央深化改革领导小组第二十三次会议,则审议通过了《民办学校分类登记实施细则》和《营利性民办学校监督管理实施细则》(中央全面深化改革领导小组,2016)。据此,《教育部2016年工作要点》(教政法〔2016〕6号)再次明确提出:"推进民办教育分类改革……有序实施民办学校分类管理。"(教育部,2016)几经波折,根据中共中央有关对民办学校实施分类管理改革的精神,十二届全国人大常委会第二十四次会议最终于2016年11月7日审议通过了《关于对〈中华人民共和国民办教育促进法〉进行修改的决定》(以下简称"新法"),从法律层面明确了营利性与非营利性民办学校的分类标准,确立了两类学校各自适用的政策体系。随后,国务院于2016年12月29日印发《关于鼓励社会力量兴办教育促进民办教育健康发展的若干意见》(以下简称"若干意见")。与"新法"及"若干意见"相配套,2016年12月30日,教育部等五部委颁布了《民办学校分类登记实施细则》和《营利性民办学校监督管理实施细则》。至此,国家层面对民办学校实施分类管理的大局落定,方向更加明确,路径逐步清晰。

(三)积极稳妥推进民办学校分类管理

按照"新法"第十九条规定:"民办学校的举办者可以自主选择设立非营利性或者营利性民办学校。但是,不得设立实施义务教育的营利性民办学校。非营利性民办学校的举办者不得取得办学收益,学校的办学结余全部用于办学。营利性民办学校的举办者可以取得办学收益,学校的办学结余依照公司法等有关法律、行政法规的规定处理。"同时,"新法"本着优先鼓励和重点支持非营利办学的原则,对非营利性民办学校作了更为有利的政策安排。这既符合国际惯例,也体现了国家层面的价值导向。

对民办学校实施营利性与非营利性分类管理,无疑是我国民办教育宏观治理上的一次重大创新,同时又是一项极为复杂的系统工程,牵涉到方方面面的利益调整和制度重构。围绕着营利性和非营利性民办学校分类管理改革，根据国家层面的授权和要求，当前各地正在紧锣密鼓进行深入调查研究，以期在2017年9月1日新法生效前后，制定出台省级层面的实施意见及相关配套措施。从我国基本国情出发，出于更好地吸引社会力量办学、促进民办教育健康发展的考量，当前和今后一个时期，各地在制定相关配套制度、实施民办学校分类管理时，需要正确把握并妥善处理以下五大方面问题。

其一，存量学校产权界定及其归属问题。产权问题事关举办者（出资人）的核心利益，需要谨慎处置。根据新法授权，各地在研究制定现有民办学校终止清算剩余财产的补偿奖励办法时，应紧密结合现阶段具体国情，综合考虑初始出资、资产增值及行业属性等多种因素，作出既有利于稳定又有利于发展的规定，以保护和调动举办者的办学积极性。与此同时，应在建立最低注册资本金及风险保证金制度的前提下，借鉴民办医疗和养老机构分类管理改革的做法及经验，在非营利性民办学校存续期间，允许非营利性学校以"融资租赁"、BOT等方式，适当租赁（借入）部分土地、校舍、设备以及必要的流动资金，降低办学成本，提高办学效益（董圣足，2017）。

其二，两类学校配套政策及适用问题。在制度层面，对于营利性和非营利性民办学校要一视同仁，都应有鼓励措施，当然政策可以各有侧重。就目前情况看，相关法律规定及政策文本，对于非营利民办学校政策问题作了较为清晰的规定，有利于促进真正非营利民办学校的发展，而对于营利性民办学校的鼓励措施则需要进一步明确和具体化。如按现行税收政策，营利性学校完全按企业标准纳税，则未来税负将相当沉重；而营利性学校的建设用地，如果完全采取"招拍挂"方式取得，也将导致办学成本大幅攀升。对此，各地在制定配套制度时应有具体回应并作出恰当安排。

其三，行业准入及退出问题。总体上看，宏观政策更多是鼓励和引导民办学校走非营利性办学道路。这个方向是对的，必须坚持。但是，无论从"法无禁止皆可为"角度讲，还是从现实教育服务供需情况看，在大力鼓励和扶持非营利性学校优先发展的同时，还应该开放相应领域，允许并鼓励营利性民办学校适度发展，给予其合理的生存空间。考虑到特殊国情，不论举办者是否主张办学收益，对于修法前成立的民办学校，依据法律规定程序，还应准许其进行举办者变更、资产置换乃至启动终止清算，以促进要素流动，盘活教育资源。

其四，学校治理及控制问题。教育是育人的活动，教育服务是一类特殊的"商品"。对各级各类民办学校的举办及运营，都不能放任自流，而应建立起相应的行政监管措施。为此，不同于一般工商企业登记注册实行"先照后证"的制度，对各级各类民办学校包括培训教育机构的设立，则应依法实行前置行政许可制度,也即"先证后照"。同时,在充分保障学校依法自主办学的前提下,相关政府部门要切实加强民办学校办学活动的有效监管,完善民办教育质量评估督导制度,建立健全民办学校危机预警及干预机制,最大程度规避并管控好可能出现的各类办学风险。

其五,存量学校的转设及过渡问题。我国地区差别很大,各地民办教育发展阶段、特点、水平各不相同,很难用一把"尺子"加以统一规范和调整,因此,对民办学校实施分类管理也不能搞齐步走、一刀切。在营利性与非营利性民办学校分类转设问题上,应按"新校新办法,老校老办法"原则,在法律授权下,允许存量学校实施长期过渡(一般以 5 ~ 10 年为宜)。在民办学校法人类型选择上,应充分尊重举办者意愿,并尽可能简化相应的转设程序,最大程度降低制度性交易成本。此外,有条件的地区还可对现有部分存量学校,实施政府(国企)赎买制度,探索混合所有制办学,尝试建立教育资产信托制度(基金会)。

二、转变政府职能:建构民办教育良治生态

按照十八届三中全会的总体部署,近期以来,各级教育行政部门致力于推进教育治理体系和治理能力的现代化,根据教育发展的自身规律和教育现代化的基本要求,以构建政府、学校、社会新型关系为核心,以推进管办评分离为基本要求,以转变政府职能为突破口,着力建立系统完备、科学规范、运行有效的教育制度体系。政府宏观管理、学校自主办学、社会广泛参与的教育治理格局初步形成,民办教育宏观治理正朝着"权力清单""责任清单"和"负面清单"的方向稳步迈进。

(一)民办教育外部治理取得的进步

1.政府行政管理职能有效转变

随着各级政府自身改革步伐的加快,在教育事务上,相关部门在切实履行统筹规划、政策引导、监督管理和提供公共服务职责的同时,不断树立服务意识,切实改进管理方式,逐步完善监管机制,已从以往直接管理学校的单一方式,向综合应用立法、拨款、规划、信息服务、政策指导和必要的行政措施等多种方式转变,不同程度精简了对包括民办学校在内的各级各类学校的行政审批事项,切实减少了对学校微观事务诸多不必要的行政干预。譬如,对于专科层次民办高等学校的设置,国家教育行政部门多年前已授权省一级人民政府审批;民办学校校长的任职,也已由原来的核准制改为备案制;民办院校冠名更加自由、自主,不再要求校名必须加上"民办"二字。此外,相关部门还取消了设立民办本科学校资产审计项目,不再要求申请人提供资产审计报告;同时,许多针

对民办学校的歧视性政策和不合理的检查评比活动等,也得到了较好清理。尤为可喜的是,各级政府都空前重视民办教育的改革与发展,民办教育事业被视为教育事业发展的重要增长点和促进教育改革的重要力量,被自觉纳入国家及地方经济社会发展规划和教育事业发展规划,各种针对民办教育的鼓励和扶持措施也不断涌现。

2. 民办学校自主办学得到更大保障

各级教育行政部门在切实转变宏观管理职能的同时,进一步落实和扩大了民办院校的办学自主权。目前,民办高校按照国家法律法规和宏观政策,能够比较自主地开展教学活动、科学研究、技术开发和社会服务,相对自主地设置和调整学科、专业。其中,民办高职院校在自主设置和调整专业方面的权限显著增加,专业方向可由学校自行确定,无须备案或审批。各级各类民办学校都能自主制定学校规划并组织实施,自主设置教学、科研、行政管理机构,自主确定内部收入分配,自主管理和使用人才,自主管理和使用学校财产和经费。民办高中阶段学校在办学模式、育人方式、资源配置、人事管理、合作办学、社区服务等方面的自主权也有所扩大。此外,《国务院关于创新重点领域投融资机制鼓励社会投资的指导意见》和《中共中央国务院关于推进价格机制改革的若干意见》都明确规定,"营利性民办学校收费实行自主定价,非营利性民办学校收费政策由地方政府按照市场化方向根据当地实际情况确定"。据此,已有湖北、江西、山东、贵州、湖南、上海、江苏、陕西、云南等十多个省市,全面或部分放开了对民办院校的收费管制。所有这些,都为民办学校面向市场、灵活经营、创新发展创造了宽松环境。

（二）民办教育外部治理存在的问题

1. 现有宏观管理体制不够灵活

尽管政府相关部门在职能转变上开展了不少工作并取得了一定成效,但相比于民办学校的实际诉求及发展需要,现有教育管理体制和行政管理方式,仍有许多不适应之处,仍不同程度存在"越位、错位、缺位"现象,这制约了民办学校优势和活力的发挥。现行的具有典型计划经济特征的教育权力体制,过分强调政府对教育的控制,因而对教育事业的管理主要表现为一种以命令与服从为主要特征的高度集权方式(劳凯声,刘复兴等,2003)。各级政府及其相关部门,几乎包揽了绝大部分本应由社会或学校来承担的事务,而在一些需要政府统筹协调和出面解决的问题上(如制度供给、规则制定、秩序维护和服务提供),则又存在政府职能缺位和不作为的情况。一些政府部门受旧有观念和传统思维影响,仍沿袭公办教育管理方式,将民办学校视同政府部门的附属机构,而不是平等的市场行为主体，缺少相应的协商对话机制和互动合作平台。不少地方政府部门对于民办学校的管理，很多时候仍停留于直接指挥和行政命令，并没有很好地转到宏观调控、间接管理上来，也较少使用法律、经济、市场等手段。

2. 政府部门放权力度有待增强

在自主招生上，虽然教育部依据《民办教育促进法实施条例》的规定，曾专门发文要求各地不得对民办学校跨区域招生设置障碍，然而不少地方对义务教育阶段的民办学校仍依照公办学校管理方式，统一下达招生计划、确定生源比例、划定招生范围、规定录取标准。在收费定价上，目前真正放开民办学校收费管制的地方仍然偏少，一些地方民办学校的收费标准多年维持不变，而且很少体现市场导向、优质优价的原则。在专业设置上，目前多数民办学校的专业设置仍与公办学校执行同一标准，不能超越教育部门统一制定的专业目录范畴；更有甚者，在民办职业院校专业课程设置上，一些地方没有很好执行"备案制"，还存在变相审批现象。在合作办学上，相关部门对民办学校在中外合作办学和引进国际课程等事项的审批与管理上，门槛过高、要求过严、限制过多，与公办学校相比，民办学校获批的难度更大、周期更长、概率更低。

3. 社会参与程度仍然十分有限

长期以来，在教育治理尤其是在民办教育治理上，基本上都是政府一家在唱"独角戏"，各类行业协会、中介组织以及其他社会力量在教育决策、教育管理和教育服务等方面，所能参与的程度及所能发挥的作用十分有限，这在一定程度上影响了民办教育的更大发展。目前全国各地专门为民办教育服务的中介组织少之又少，而且仅有的教育中介组织功能也很不健全，普遍存在以下问题：一是中介组织主体单一，多数为教育行政机关或事业单位所创办，其独立性、公正性受到影响；二是中介组织人员素质不高，不少未达到规定资质要求，且兼职及退休人员过多，导致专业性不强；三是社会信誉不高，一些中介组织功能有限，作用不明显，服务水平和质量参差不齐，社会认可度偏低；四是法规不健全，造成教育中介组织性质及地位不甚明确，日常运行行为不够规范。

（三）创新民办教育宏观治理方式

1. 坚持市场先导与适度管制相结合

本着"使市场在资源配置中起决定性作用和更好发挥政府作用"相结合的原则，各级政府要加快制定"负面清单"，逐步开放准入领域，适度放松市场管制，以更好地激发各类市场主体办学的积极性、能动性，增强各类教育资源配置的针对性、有效性。但凡市场这只"无形的手"能够有效发挥作用的地方，政府这只"有形的手"就不能伸得太长,要尽可能防止和杜绝越位、错位现象。同时,要以恰当的方式方法,在恰当的时间地点,管好、管对应该由政府管理的事务,做好"补台"和"堵漏"工作。其一,全面做好民办教育发展规划、办学条件、质量标准等制定工作,与公办教育统筹考虑、同步落实。其二,在义务教育阶段等基本公共服务领域,切实履行好政府对民办教育的投入扶持责任,建立健全政府补贴、购买服务、学生贷款、基金激励、捐资奖励等制度。其三,针对民办教育发展中存在的诸多失范行为,建立起必要的规范化管理制度,明确工作分工,确保监管到位。

2. 全面落实民办学校办学自主权

总的原则应该是,凡是学校自主自治范围的事项,都应放权、还权于学校。具体而言,在收费定价方面,放松对各级各类民办学校学费标准的管制,逐步由市场自行调节;考虑到一些学段可能存在资源供给不足和"行业寡头垄断"现象(如学前教育),可辅以必要的政府指导价管理;对营利性民办学校则应随行就市,允许其自主确定收费标准。在招生管理方面,允许民办学校与所在地公办学校同期面向社会自主招生,对于一些优质学校甚至可以允许提前招生,相关部门及辖区不应对民办学校跨区域招生设置障碍;支持民办高校参与高等学校招生改革试点,并视生源情况调整招生批次,在核定的办学规模内自主确定招生范围和年度招生计划。在专业设置方面,进一步扩大民办高校和中等职业学校专业设置权,鼓励和支持学校按照区域产业发展需求,突破专业目录,自主设置和调整学科专业。在合作办学方面,适当降低门槛,鼓励和支持民办学校多渠道引进国外优质教育资源,包括引进国际教师、开设国际课程、研发双语教材等,优先审批民办院校与境外院校的合作办学项目。

3. 加快培植社会组织及中介力量

在加快推进政府机构改革和职能转变,深入厘清"权力清单"和"责任清单",进一步上移民办教育管理重心的同时,将一些不该管、管不好的事项逐步转移出去,赋权或让渡给行业协会等社会组织。如对民办学校审批标准的制定、办学资质的审核、办学质量的评估以及对学校的分等评级等专业性很强的工作,可以也应该交由独立的中介机构来承担。借鉴国外经验,联系我国实际,今后要重点加强三类教育中介组织建设。一是研究咨询型中介组织。主要功能是为教育决策提供服务,接受政府或学校委托开展办学状况调研,对民办学校的设立组织评议工作,提出咨询意见。二是鉴证型中介组织。主要功能是评价教育机构或个体是否达到既定标准,并授予合格机构或个体鉴证证明,可按相关规定并接受委托,制定民办学校鉴定与评估标准,开展具体评鉴工作。三是行业协会型中介组织。主要功能是通过制定同业守则，促进行业自我协调、自我约束和自我管理，致力于解决学校的共性问题，避免彼此恶性竞争，维护行业共同利益（胡卫，2000；丁笑炳，2005）。

三、健全法人制度：提升民办学校自治水平

世界私立教育的发展经验表明，构建起一套完备的学校法人制度，是实现民办教育良善治理、维系民办学校稳健运行的关键所在和基础要件。同样地，要从根本上推动和促进我国民办教育事业又好又快地发展，在改进和完善包括宏观管理体制在内的民办教育外部治理制度时，还必须建立健全学校内部法人治理制度，逐步形成由利益相关者多方参与的共同治理局面。

（一）加快民办学校法人制度建设的必要性

随着我国民办教育事业发展进程的不断推进，各级各类民办学校的组织形态及内部治理得到了不同程度的改善。从最初个人或家族办学，到后来多人合作或合资办学，再到2000年前后大规模兴起的企业投资办学，民办学校尤其是民办高校的治理形态也不断从"人治"走向"法治"，逐步朝着现代学校制度方向演变。但是，从微观运行角度看，当前我国民办学校在自身发展及内部治理上，仍然面临不少问题和矛盾。主要表现在：

其一，办学行为欠规范。实际中，一些民办院校在招生宣传上夸大其词，在录取环节上违规操作，在收费项目上不明不白，在教学安排上偷工减料，在就业统计上弄虚作假，在文凭发放上欺骗学生，由此而导致的一些负面事件，已不同程度损害了民办学校的整体形象，影响了民办学校的社会声誉。

其二，组织制度不健全。有的学校董事会形同虚设，举办者与办学者之间矛盾尖锐；有的学校董事会不按章程规定和教育规律行事，不恰当地介入校务当中，造成学校管理混乱；不少民办学校领导班子年龄老化，学校缺少生机和活力；相当一部分民办学校法人财产权尚未落实，学校稳定运行缺少保障。

其三，党的建设不到位。不少民办学校党的机构不健全或被虚置化，与董事会、校行政关系不协调，党组织的政治核心和监督保障作用难以有效发挥，致使有的民办学校违规违纪办学，乃至发生一些偏离社会主义办学方向的错误行为。

其四，教师权益无保障。不少民办学校工会组织薄弱，教职工代表大会等民主管理和民主监督制度形同虚设，这导致教职员工的合法权益得不到有效保障，教职工缺少组织认同感和集体归属感，从而造成人心思走、队伍不稳。

其五，学校发展缺后劲。不少民办学校缺乏科学规划，盲目求全求大，定位

存在偏差，发展缺少依托，在办学上搞低水平重复建设，大量举债、盲目扩张，导致学校债台高筑、危机四伏、难以为继。

分析表明，民办学校之所以存在上述种种问题，与其内部法人治理制度建设滞后有很大关系。由于产权关系不清，法人财产权没有落实，相当一部分民办学校在治理结构上以及内部各类权力主体之间，普遍存在"分工不明、关系不顺、程序不清"的现象，这导致决策机制不够健全、执行机制出现扭曲、监督机制严重缺位，从而造成不少民办学校重大决策的盲目性、随意性，内部管理的无序性、低效性和办学行为的功利性、短期性。这种状况，严重影响了民办学校的良性运行和健康发展，已经到了非解决不可的地步。

（二）民办学校法人治理制度的构建原则

理论上，民办学校兼具非政府性和公益性双重特点，公益性使之不同于一般企业，非政府性使之不同于公办学校。同时，现阶段民办教育主要由民间资本投资举办的现实，又决定了我国民办学校具有不同于西方纯粹捐资举办的私立学校的诸多特质。因此，在构建我国民办学校法人治理制度时，既要有效借鉴境外先进经验，又要坚持从具体国情出发。在我国现实环境下，构建民办学校法人治理制度，应遵循以下基本原则。

其一，兼顾学校法人特殊属性的原则。修法后，尽管营利性民办学校将会获得一定程度的发展，但从政策导向看，我国民办学校的主体仍将是非营利性法人。作为以育人为宗旨的特殊法人，民办学校办学目标既不同于营利性法人，也不同于一般非营利性法人，必须遵循教育基本规律，突出教师主体性，重视维护广大受教育者的切身利益。因此，在治理上要强调共同治理，注重各方代表性，正确处理不同利益相关者之间的关系。

其二，保持公益性和市场性相统一的原则。与公办教育多由政府举办和管理不同，民办教育因应市场而生，在内部治理上强调市场机制，须协调处理好教育活动公益性与经营管理市场性之间的矛盾。因此，非营利民办学校法人治理制度的建构，毫无疑问首先应当确立公益理念，但同时又要注重发挥自身体制机制优势，增强市场意识和成本观念。这是由民办学校独特的生存环境所决定的。

其三，维护民办学校法人人格独立的原则。没有独立的法人人格，就不可能有完善的法人治理结构。民办学校法人也必须具备一般法人独立人格的基本元素，即以独立财产为基础，冠以独立的名称，进行独立的意思表示，并独立地承担民事责任（彭宇文，2006）。构建民办学校法人治理制度，既要在落实民办学校法人财产权等要素上下功夫，也要在推进教育管理体制改革、落实学校办学自主权方面花力气（后者已在前文详述）。

其四，强调权力分治及相互制衡的原则。虽然非营利法人治理结构与公司治理结构不尽相同，但其决策权力机构、执行管理机构和监督保障机构一般都必须分设，且决策权、执行权与监督权应该彼此分立并相互制衡。基于此，民办学校在构建内部法人治理结构时，应凸显权力分治及相互制衡原则，建立健全自身的决策、执行和监督机制。

其五，坚持自律与他律相结合的原则。他律和自律从不同角度形成对学校办学活动的监督和制约，二者均不可或缺，且必须有机结合、相互支撑（彭宇文，2006）。对于学校来说，其群体及其个体行为，具有更高自觉性和更强自我约束力。在内部治理上，应更加凸显内部自律作用，但同时也要积极发挥外部他律作用。基于教育的公益属性，政府及社会适度加强对民办学校内部治理活动的监管，不仅是必要的也是可行的。

（三）民办学校法人治理制度的基本构架

借鉴国外私立学校治理经验，结合我国民办学校实际情况，推进民办学校法人治理制度建设，重点是要建立学校法人产权制度、健全内部法人治理结构、完善法人外部治理环境。就学校层面而言，健全的法人治理制度体系，总体框架应由以下四项制度构成（董圣足，2010）。

1. 建立独立完整的产权制度

拥有独立完整的财产，是法人之所以为法人的一项基本特征，也是法人存在的前提条件之一。在财产权上，没有无权利的主体，也没有无主体的权利。作为具有独立法人地位的法人，民办学校要具备独立享有民事权利、承担民事义务的能力，就必须在理论上、立法上和实践中被赋予各种财产权利，包括对各方面投入所形成的学校资产的占有、使用、处分和收益等权能，这些财产权利也即通常所说的法人财产权。这项制度，需要结合民办学校分类管理的实施和推进，积极稳妥地加以确立。

2. 建立民主科学的决策制度

完善学校章程，健全决策机构，优化决策机制，规范决策程序，从而实现决策的民主化、科学化，是完善民办学校法人治理结构、构建民办学校法人治理制度的核心内容。理论和实践表明，建立民主科学的决策制度，重点在于推进民办学校董事会（或理事会）制度建设，关键是要优化人员结构，明确职能权限，完善议事规则，形成一个内外结合、多方参与、程序规范、运行高效的决策体系。其中，尤其要加强民办学校党的建设，进一步完善党组织在学校决策和办学中的政治保障作用。这是当前和今后一个时期，推进民办学校内部法人治理制度建设的重点和难点。

3. 建立专业高效的执行制度

建立健全董事会(或理事会)领导下的校长负责制,推动校长队伍职业化发展,提高以校长为核心的行政管理团队的执行力和战斗力,是维系民办学校稳健运行和科学发展的重要载体,也是构建民办学校法人治理制度的重要内容。在普遍存在"委托—代理"关系的现实条件下,加强民办学校执行机构的建设,一方面要依法保障校长独立行使教育教学和行政管理权,另一方面要着力完善校长的激励与约束机制。在这方面,不能单靠学校举办者自身的觉悟,还需借助政府力量和相关规制加以稳步推进。

4. 建立多元制衡的监督制度

监督制度的作用,旨在通过逆向控制和行为约束,增强组织自我控制、相互制衡的能力,引导和规范组织行为朝着目标机制指引的方向高效运行。对民办学校任何权力的配置和运用,也应建立起相应的监督机制。因此,作为法人治理制度不可或缺的重要组成部分,民办学校监督制度的建立,除了要普遍设置监事会等独立的内部监督机构外,还要从实际需要出发适时建立起强有力的外部公共问责制。在这点上,相关部门可以探索建立民办学校独立监事制度,并进一步完善向民办院校派驻党组织负责人兼任政府督导专员制度。

总之,通过多年的理论和实践探索,我国民办教育治理制度的变革与创新,已经取得了重要进展,积累了丰富经验,收到了良好成效。当前和今后一个时期,对民办学校实施营利性与非营利性分类管理并采取有差别的扶持政策,进一步加快政府宏观管理职能转变、全面落实民办学校办学自主权、建立健全民办学校法人治理制度、深入推动现代学校制度建设等一系列重大举措的实施,会使我国民办教育内外部制度环境得到更大改善,各级各类民办学校的办学活力将会得到更大迸发。

非营利性民办学校举办者权益的合理保护 ①

2016 年 11 月，全国人大常委会通过了《中华人民共和国民办教育促进法》（下文简称新的《民促法》）的修改。这次修法的重要内容是对民办教育进行营利性和非营利性分类管理，义务教育阶段的民办学校只能选择成为非营利性民办学校。举办者在民办学校的发展中具有举足轻重的作用，对民办学校的营业性和非营业性选择、内部治理、发展路径和发展水平产生深刻的影响。了解举办者的选择预期并在此基础上尽快修改《民办教育促进法实施条例》和省级民办教育促进文件，对于促进民办教育发展意义重大。

一、民办学校举办者对选择非营利性民办学校心存顾虑

2016 年 11 月至 2017 年 2 月，笔者对全国 100 余所民办高校、民办中小学以及民办幼儿园的举办者、管理者进行了问卷调查和访谈。笔者所调查的大部分民办学校是中国民办教育协会副理事长单位，他们的选择预期具有较高的代表性。不同民办学校的举办者有不同的态度：64.1% 的举办者表示会选择走非营利性发展道路；28.1% 的举办者表示会选择走营利性发展道路；还有 7.8% 的举办者表示可能会终止办学。义务教育阶段的民办学校不能选择成为营利性民办学校，所以该学段 16.7% 的民办学校举办者表示可能终止办学。整体来看，举办者选择走非营利性发展道路的积极性低于很多学者和政策制定者的预期，相当数量的民办学校举办者对选择走非营利性发展道路有一定的顾虑，主要原因包括如下两点。

（一）新法对非营利性民办学校举办者的权力监督和制约力度较大

新的《民促法》加强了对民办学校的监管，对举办者的权力进行了较大的监督和制约。

新的《民促法》新增一条规定（第九条）："民办学校中的中国共产党基层组织，按照中国共产党章程的规定开展党的活动，加强党的建设。"《国务院关于鼓励社会力量兴办教育促进民办教育健康发展的若干意见》（以下简称《若干意见》）进一步指出要"切实加强民办学校党的建设"，包括"选好配强民办学

---

① 王一涛，徐绪卿，宋斌，邱昆树. 非营利性民办学校举办者权益的合理保护 [J]. 中国教育学刊，2017（3）：9-13.

校党组织负责人""民办高校党组织负责人兼任政府派驻学校的督导专员"等。对于民办高校而言,早在 2007 年《民办高等学校办学管理若干规定》(教育部 25 号令)出台以后,很多省份已经向民办高校派驻党委书记,且党委书记原则上应进入董事会并参加学校财务分配、人事安排等重大事务的讨论。这些规定和做法对于提高民办学校内部治理的稳定性、科学性和透明性将产生重要作用,有利于民办学校健康、可持续发展。但是很多民办学校的举办者担心这样的制度设计会约束举办者和董事会的决策权。

新的《民促法》第十条规定:"民办学校应当设立学校理事会、董事会或者其他形式的决策机构并建立相应的监督机制。"而 2002 年的《民促法》并没有建立"监督机制"的要求。举办者对民办学校监督机构的建立主体、建立程序、建立之后的运行机制、监督机构和决策机构之间的关系等问题都有所顾虑。举办者担心未来的监督机构可能由政府而并非由董事会为主导进行组建,这样的监督机构会限制举办者和董事会在人事、财务和其他重要领域的决策权,增加学校的管理成本并降低决策效率。《若干意见》还进一步要求"学校关键管理岗位实行亲属回避制度"。举办者对决策权受限的担心客观上加剧了其安排子女接班的步伐,据调查,新法颁布以后,举办者安排子女接班的进程普遍加快了。

加强了对民办学校财务和会计的审计和监督。《若干意见》第十一条指出:"财政扶持民办教育发展的资金要纳入预算,并向社会公开,接受审计和社会监督,提高资金使用效益。"很多举办者担心:国家在对非营利性民办学校进行财政扶持的同时会加强对民办学校资金使用的审计和监督力度;国家不仅会对财政拨付的资金进行审计和监督,而且有可能对学校所有资金进行监督和审计。如此一来,有限财政扶持资金带来的学校收入的增长可能抵不上国家严格审计和监督所带来的管理成本的上升。

(二)新法对非营利性民办学校举办者的合法权益保护不足

新法一方面加强了对举办者权力的监督和制约,另一方面对民办学校举办者合法权益保护不力,从而使非营利性民办学校的制度设计与部分民办学校举办者的办学诉求和办学初衷"不相容",导致部分民办学校举办者对选择走非营利性发展道路持有一定的顾虑甚至是抵触心理。

非营利性民办学校举办者不再拥有财产收益权。改革开放后我国兴起的民办学校不是慈善捐赠的结果,而是一些举办者通过市场化的方式巧妙地利用教育市场机会来满足人民群众选择性教育需求的产物。邬大光指出,投资办学是我国民办教育的基本特征,大多数民办学校举办者都希望获得合理回报。2002 年《民促法》回应举办者办学诉求的方式是允许举办者获得合理回报,但需在学校章程中加以注明并按照相应的程序提取回报。在实践中，大部分民办学校的举办者都没有在学校章程中注明要求获得合理回报，而是利用自己对学校的控制权（尤其是财务控制权），通过关联交易、虚高成本等"打擦边球"的手段获得合理回报。由于《民促法》允许举办者获得合理回报，所以国家并没有对举办者获得回报进行严格监管。新的《民促法》第十九条规定："非营利性民办学校的举办者不得获取办学收益，学校的办学结余全部用于办学。"根据该规定，一旦举办者选择学校成为非营利性民办学校，就不能取得办学收益。而且，随着分类管理的实施，国家必然会加强对非营利性民办学校的资金监管，民办学校将无法继续通过幕后手段获得经济回报。

非营利性民办学校举办者不再拥有剩余财产所有权。改革开放之初兴起的民办学校大多属于"滚动发展型"，举办者投入的货币资金较少，但投入了大量的人力资本、社会资本和政治资本。2000 年以来成立的民办学校则多属于"投资发展型"，举办者及其家庭成员向民办学校投入巨额资金。无论是滚动发展型还是投资发展型，大部分民办学校的举办者都希望拥有学校终止办学后的剩余财产。剩余财产的处分权是体现学校所有权的主要方面。张铁明等调查发现，超过 90% 的民办学校举办者都希望拥有学校的产权（所有权）。2002 年《民促法》第五十九条规定："民办学校清偿上述债务后的剩余财产，按照有关法律、行政法规的规定处理。"这一条款并没有直接否定举办者对民办学校资产的所有权，为举办者保全资产提供了一些变通的可能。而根据新的《民促法》第五十九条："非营利性民办学校清偿上述债务后的剩余财产继续用于非营利性学校办学教育事业；营利性民办学校清偿上述债务后的剩余财产，依照公司法的有关规定处理分配。"这一规定明确了非营利性民办学校的举办者不拥有剩余财产的所有权。很多民办中小学的举办者认为，学校所积累的资产主要来自自己的投资和学校向社会提供的教育服务收入，而非来自国家财政资助和社会捐赠，因此，举办者不拥有非营利性民办学校剩余资产的制度设计也使部分民办学校举办者对于选择学校成为非营利性民办学校心存顾虑。

二、民办学校健康可持续发展需要保护非营利性民办学校举办者的合理权益

我国民办学校内部治理的核心问题是处理好举办者权力制约和权利保障的平衡：既要制约他们的权力，提高内部治理的民主化和科学性，又要充分保护他们的合理利益诉求，激发其办学积极性。当前阶段，适当保护举办者的办学权益，尤其是保护非营利性民办学校举办者的办学权益，对于保障我国民办教育的健康可持续发展具有十分重要的作用。

（一）避免选择非营利性民办学校的举办者产生"被剥夺感"

无论是滚动发展型还是投资发展型,举办者都向学校投入了大量的时间和心血,虽然滚动发展型民办学校的举办者并没有投入大量的物质资本,但是时间、精力、社会资本等非物质资本对于民办学校的发展也极其重要。为了学校的创建和发展,民办学校的举办者采取了超常的教育战略、市场战略和政治战略,争取到了各方面的资源,使学校的资产实现了巨额增长,形成了丰富多彩的校园文化,在人才培养和育人模式上形成了自己的特色,为国家培养了一大批高素质的应用型人才,也为国家教育体制改革积累了丰富的经验。很多民办学校的举办者响应国家政策号召,将全部或大部分资产过户到学校,保障了民办学校的法人财产权,为学校长远发展奠定了基础。由于大部分民办学校在主客观条件的约束下会选择成为非营利性民办学校,若国家政策不能保护举办者合法的财产权和管理权,他们就会产生被剥夺感,办学积极性会受到打击。举办者掌握学校重要的决策权、人事权和财务权,若办学积极性受挫,就会严重影响民办学校的发展。

（二）避免过多民办学校选择成为营利性民办学校或终止办学

虽然营利性民办学校和非营利性民办学校都可以为国家和社会培养人才,都具有正的外部性,但是非营利性民办学校在人才培养中所扮演的角色更加重要,稳定性更高,风险更小,可持续性更强。纵观世界,高水平的私立学校都是非营利性民办学校,这正是《若干意见》提出"积极引导社会力量举办非营利性民办学校"的原因。由于现有制度设计对非营利性民办学校举办者权益有所忽视,很多民办幼儿园、高中和高校的举办者索性选择营利性发展道路以规避非营利性民办学校的政策风险,部分义务教育学段的民办学校则可能终止办学,一些办学水平高、社会声誉好的民办学校也可能选择成为营利性民办学校或终止办学。是否能够促进一批营利性民办学校的产生是检验民办学校分类管理成效的标准之一,如果没有民办学校愿意选择成为营利性民办学校,就不能说明民办学校分类管理是成功的。当然,过高比例的民办学校选择成为营利性民办学校或终止办学也是需要避免的,笔者认为,应该将选择成为营利性民办学校或终止办学的比例总和控制在20%以内,适当保护非营利性民办学校举办者的权益是避免更多民办学校选择营利性或终止办学的必要条件之一。

（三）吸引更多社会资金建设非营利性民办学校

分类管理改革的重要出发点是进一步调动民间办学的积极性,吸引更多社会资金进入民办教育领域,促进民办教育的健康可持续发展,激发民办学校办学活力并促进民办学校和公办学校的良性竞争。如果分类管理改革导致未来社会资金进入民办教育的规模和速度下降，或者未来的社会资金全部涌入营利性民办学校，则民办学校分类管理的初衷就无法实现。民办教育的制度设计既要关注当前，更应该面向未来，着眼长远。我国缺乏大规模捐资办学的历史传统和社会环境，在可预见的未来，捐资兴办民办学校者不会太多。因此，必须关注非营利性民办学校举办者的办学诉求，保护其合法权益，这样才可以引导更多社会资金进入民办教育兴办非营利性民办学校。

三、保护非营利性民办学校举办者办学权益的对策建议

新的《民促法》并没有完全否定举办者的合法权益，在财产权和管理权两大方面对举办者的权益保护进行了原则性规定。今后，国家在制定新的《民办教育促进法实施条例》以及各地在制定地区性民办教育促进办法时，要在新的《民促法》和《若干意见》的基础上，大胆进行制度创新，充分保护举办者的办学权益，进一步激发举办者的办学积极性，放水养鱼，吸引更多社会资金进入民办教育领域，促进我国民办教育健康可持续发展。

（一）保护非营利性民办学校举办者的财产权

新的《民促法》规定，对于选择非营利性的民办学校，在"终止时"可以"根据出资者的申请，综合考虑在本决定施行前的出资、取得合理回报的情况等因素，给予出资者相应的补偿或者奖励，其余财产继续用于非营利性学校办学"，"具体办法由省、自治区、直辖市制定"。也就是说，学校终止办学后，举办者虽然不能拥有剩余财产分配权，但可以获得一定的补偿和奖励，该规定充分考虑了举办者的历史贡献和在民办学校发展中所发挥的重要作用，为保护非营利性民办学校举办者的财产权提供了一定的制度空间。为了充分打消举办者选择非营利性民办学校的顾虑，今后还需要在如下两个方面细化这一规定。

首先，省级政府应尽快明确补偿或奖励举办者的资产比例。"滚动发展型"民办学校的举办者虽然初期投资不多，但是通过投入大量时间、精力和社会资本等方式使学校积累了大量资产；"投资发展型"民办学校的举办者则将巨额资金投入民办学校。学校终止后，剩余资产的多少比例可以作为对举办者的补偿或奖励，是影响举办者办学积极性的主要问题。《黑龙江省人民政府关于促进民办教育发展的若干意见》（黑政发〔2005〕25号）曾规定："目前办学积累达到一定规模但没有明确出资比例的举办者，根据对学校发展贡献情况，经学校理事会或者董事会同意，审批机关核定，可以一次性给予举办者相当于学校净资产（扣除国有资产和社会捐赠部分）15%的奖励，作为举办者的初始出资

额。"重庆、湖北等地也曾经出台相似的规定。我们在调查中询问"应该将多少比例的剩余资产作为对举办者的补偿或奖励",认为10%以内、11%～20%、21%～30%和31%以上的举办者分别占7.7%、23.1%、26.9%和42.3%。笔者认为,参照部分地区的前期试点和举办者的意愿,民办学校终止办学后可将学校剩余资产的15%～20%作为对举办者的补偿或奖励。

其次,省级政府应尽快明确补偿或奖励非营利性民办学校举办者的时间节点。新的《民促法》规定选择登记为非营利性的民办学校,出资者在"终止时"才可以获得补偿或奖励。关于"终止"可以有三种理解。第一种理解是将学校"停止办学"看作是"终止"。按照这种理解,大部分民办学校,尤其希望建成百年名校的民办学校,其举办者很难获得补偿或奖励,因为百年之后学校即使终止了办学,创办者早已退出学校或逝世了。举办者如果想得到补偿或奖励,就必须通过"主动终止办学"的方式来获得,这显然不利于民办学校的可持续发展,也不符合政策本意。第二种理解是将2017年9月1日新的《民促法》实施日作为学校的终止日。笔者倾向于赞同第三种理解,即将民办学校按照新的《民促法》修改章程选择成为非营利性民办学校的日期作为民办学校的终止日,这个时间节点标志着民办学校从一种办学状态转变为另一种办学状态,前一种办学状态"终止",后一种办学状态"开始"。

(二)保护非营利性民办学校举办者的决策权

保障民办学校举办者的决策权和管理权是保障举办者办学积极性的重要基础。新的《民促法》第二十条规定:"民办学校的举办者依据学校章程规定的权限和程序参与学校的办学和管理。"这一规定为保护民办学校举办者的管理权提供了法律依据,但这一条款的具体实施依赖于章程的具体内容和章程的制定程序。

首先,章程内容应该明确举办者参与学校治理的方式和手段。董事会是民办学校的最高决策机构,要维护董事会的权威性,监督机构行使监督职能不能影响董事会的独立决策。当前很多民办学校存在家族化管理现象,家族化管理在我国具有历史根源并受我国传统文化的深刻影响,民办学校的董事会组成结构一方面要吸纳校长、党组织负责人、教职工代表等共同参与,另一方面也要在尊重历史和现实的前提下保护举办者在董事会中的决策权。民办学校的章程可以将民办学校举办者及其代表的比例控制在董事会成员人数的1/3以内。目前大部分民办学校的举办者担任董事长,所以非营利性民办学校章程可以对董事长的年龄和任期、董事长的退出机制以及接班者的选择办法等作出有利于举办者的前瞻性规定,如允许董事长终身在位、允许符合条件的家族成员参与管理。这在私立高等教育发展史上是有先例的,如斯坦福大学的创办者斯坦福在斯坦福大学章程中规定,他和夫人终生享有校董事会的全部权力和职能。此外,章程也可以规定由董事会来主导建立民办学校的监督机构。

其次,章程的制定和核准程序要保障董事会和举办者的主导性作用。董事会和举办者应在章程的制定中发挥主导作用,同时尽可能地吸纳学校管理者、教师和学生等利益相关者的参与,使章程在民主集中制的基础上制定得更科学、更合理、更公正。章程的核准也要体现不同民办学校的特殊性和多样性。部分地区的教育行政机构在核准民办学校章程时,往往为本行政区域内的民办学校制定一个统一的章程范本,然后让各个学校来"填空"。"填空式"的章程往往影响民办学校的办学自主性。今后教育行政部门在核准民办学校的章程时,应该充分尊重民办学校的发展历史、发展现实和发展特色,尊重民办学校在董事会成员结构、董事会决策程序、董事长任期等方面的自主性,真正做到"一校一章程",鼓励民办学校在规范发展的同时实现特色发展。

(三)保护非营利性民办学校的办学自主权

办学自主权是民办学校的生命线,要保障民办学校举办者的办学积极性,鼓励民办学校举办者认真探索教育教学规律,不断进行教育改革创新。各级人民政府和教育行政部门要改进政府管理方式,积极转变职能,减少各项审批事项,简化审批程序,提高政府管理服务水平。向社会公布权力清单和责任清单,如果没有立法授权,政府管理部门不得随意干涉学校运行,即"法无授权即禁止";法律没有明确禁止,民办学校就可以大胆创新,即"法无禁止即可为"。

首先,赋予非营利性民办学校教学自主权和招生自主权。民办学校主要通过向社会提供选择性教育的方式来满足人民群众的教育需求。民办中小学校在完成国家规定课程的前提下,可自主开展教育教学活动。国家应支持民办学校探索教学内容、教学模式和教学评价的改革,充分发挥比较优势,走差异化特色发展道路,应特别支持民办学校探索国际合作的新模式和新途径,培养具备更多综合素质的国际性人才。生源是民办学校发展的关键性资源,选择性教育意味着民办学校必须拥有跨区域招生的资格,目前部分地区为民办学校的跨区域招生设置了不少的门槛和障碍。今后要进一步扩大民办学校的招生自主权,放宽民办学校的招生限制,清除民办学校的招生障碍,使民办学校能根据办学规模和社会声誉自主招生。

其次,赋予非营利性民办学校充分的收费自主权。既要鼓励普惠性民办学校的发展,也要鼓励办学水平高、特色彰显的民办学校发展。从经济学角度来看,学校是成本不断递增的社会组织,高水平的学校一般是高投入的学校。《若干意见》规定非营利性民办学校的收费政策"由省级人民政府根据办学成本以及本地公办教育保障程度、民办学校发展情况等因素确定"。省级人民政府在确定非营利性民办学校的收费标准时，应该主要依据民办学校的教育质量和市场供求来决定，减少对民办学校的干预，引导民办学校努力提高教育质量，满足人民群众多样化的选择性教育需求。

综上所述，举办者在民办学校的发展中扮演了不可替代的角色，对于今后民办学校的发展路径和发展水平将产生深远影响。对于选择学校成为非营利性民办学校的举办者，必须保护其合法的财产权、管理权和自主办学权。新的《民促法》实施以后，地方新规和细则将成为决定新法能否有效实施的重要保障，也是决定民办学校举办者的权利能否得到有效保障、办学积极性能否充分发挥的关键。期待各省、自治区和直辖市出台保障举办者合法权益的措施，确保民办学校分类管理改革平稳有序推进，促进我国民办教育健康可持续发展。

民办学校分类管理宏观制度设计的基本走向①

2010年，《国家中长期教育改革和发展规划纲要（2010—2020年）》首次提出"积极探索营利性和非营利性民办学校分类管理"。同年，上海、浙江、广东深圳、吉林华桥外国语学院被国务院确定为探索营利性和非营利性民办学校分类管理办法的试点地区和单位。2016年11月7日，全国人民代表大会常务委员会通过了《全国人民代表大会常务委员会关于修改〈中华人民共和国民办教育促进法〉的决定》，规定对民办学校实行非营利性和营利性分类管理。但是，从5年多的探索来看，对民办学校分类管理的认识仍然存在分歧，地方试点的经验与现有法律体系存在一定差距，全面推行民办学校分类管理还有一些瓶颈问题需要解决。

一、民办学校分类管理的必要性

笔者认为，只有实行民办学校分类管理，才能解决非营利登记的民办学校从事营利性活动的问题，才能解决合理回报的法律政策困境问题，才能解决民办学校的产权归属等问题。

（一）解决非营利登记民办学校从事营利性活动问题

我国1995年制定的《教育法》第25条规定："任何组织和个人，不得以营利为目的举办学校及其他教育机构。"1998年国务院颁布的《民办非企业单位登记管理暂行条例》规定，民办非企业单位是"从事非营利性社会服务活动的社会组织"，"民办非企业单位不得从事营利性经营活动"，"按照国家有关规定取得的合法收入，必须用于章程规定的业务活动"。《条例》甚至规定："……从事营利性的经营活动的，……予以没收，可以并处违法经营额1倍以上3倍以下或者违法所得3倍以上5倍以下的罚款。"2005年实施的《民间非营利组织会计制度》也规定："① 该组织不以营利为目的和宗旨；② 资源提供者向该组织投入资源并不得以取得经济回报为目的；③ 资源提供者不享有该组织的所有权。"所以，从法律上看，登记为"民办非企业单位（法人）"的民办学校，不得从事营利性经营活动。

但是，在近20年民办教育大发展的进程中，大量寻利性资本进入教育领域成为一种事实。民办学校出资意图的抽样调研表明，仅有10.8%是捐赠，23%

---

① 方建锋. 民办学校分类管理宏观制度设计的基本走向 [J]. 复旦教育论坛, 2017, 15（2）：46-53.

是借贷,66.2%是投资,多半要求回报。根据全国人大教科文卫委员会2005年的调查,民办学校的举办者中仅有10%是出于非营利性、公益性目的办学的,剩下90%是要营利与回报的。有的地方政府已明确规定出资者可从办学结余中获得高达40%的"回报",一些民办学校在短短几年内就可以收回前期投资。

在这种情况下,一方面有人认为民间投资性资金进入教育领域,在经费、师资等方面弥补了政府投入的不足,是现阶段发展壮大中国教育的一条出路,出资人获得一定的经济回报是应该的;另一方面,社会上许多人认为民办学校"假公益、真营利",从教育中谋取暴利,损害了学生和家长的权益。

民办学校事实上的营利性带来了很多相关的问题。在现行法律制度框架下,我国民办学校究竟是企业单位还是非企业单位,是营利组织还是非营利组织,答案似乎是模糊的、不协调的和冲突的。解决我国民办教育性质模糊的关键在于区分营利性和非营利性,厘清民办学校的产权归属、税收优惠和合理回报难题,从而实现政府对民办教育的有效管理、民办学校向公益性的转变以及与国际私立教育管理制度的接轨。

(二)解决《民办教育促进法》中合理回报规定的执行困境问题

2002年出台的《民办教育促进法》(以下简称《民促法》)在尊重现实的情况下,一方面强调"民办教育事业属于公益性事业"(第三条),另一方面又提出"出资人可以从办学结余中取得合理回报"(第五十一条),允许其在事实上具有"准营利性组织"(分配办学结余和利润)的特征。这种妥协的处理方式与我国法律体系当中有关"营利性法人"与"非营利性法人"的划分不相衔接,未得到除民办教育领域外其他社会各界的广泛认同,也与基于教育的非营利性而设计的一整套教育法律、教育资产管理、税收、政府扶持等影响学校运营的政策相冲突。

在实际操作中,财税部门多把民办学校当成"营利性机构"加以对待,主要基于民办学校非营利制定的民办学校经费支持、税收优惠政策以及金融信贷支持很难得到落实。由此导致的结果是,营利性的民办学校拿"合理回报"很难,非营利性的民办学校拿政府资助也很难,陷入发展的两难困境。实践中,原来呼声最高的"合理回报"反而极少有学校愿意明确主张,成为《民促法》立法的尴尬一幕。

我国的民办学校法律和相关政策都是基于捐赠办学的假设以及非营利性设计的,但我国捐赠办学的情况很少。大部分民办学校的举办者都是投资办学,期待有所回报。捐赠办学和投资办学的民办学校接受同样的法规管理,其带来的不良影响是显而易见的。其一,基于非营利性设计的民办教育法律无法保障投资办学及由此形成的营利性民办教育机构的权益,进而影响民办教育投资的积极性。其二,由于《民促法》允许"合理回报"的存在,再加上政府缺乏有效的监管措施，致使许多投资办学的"非营利性"民办学校打着"不营利"或"少营利"的招牌行"获取暴利"之实，不仅对于守法运营的非营利民办学校很不公平，也大大损害了教育的公益形象，造成了不良的社会影响。

把所有的民办学校都界定为非营利性的，抑或把所有的民办学校都视为营利性的，显然都有失偏颇。这不仅限制了营利性民办教育的发展空间，也限制了非营利性民办教育事业的健康发展。所以，实施分类管理，从法律上重新界定民办学校营利性与非营利性不同的性质，明确市场与政府监管上的分野，有利于实现民办学校的分类调整与规范。

（三）解决民办学校的产权归属等问题

《财政部　国家税务总局〈关于非营利组织免税资格认定管理有关问题的通知〉》（财税〔2014〕13号）规定，享受免税资格的非营利组织应同时满足9项条件。其中特别重要的条件包括："取得的收入除用于与该组织有关的、合理的支出外，全部用于登记核定或者章程规定的公益性或者非营利性事业"；"财产及其孳息不用于分配，但不包括合理的工资薪金支出"；"注销后的剩余财产用于公益性或者非营利性目的，或者由登记管理机关转赠给与该组织性质、宗旨相同的组织"。《通知》明确要求"投入人对投入该组织的财产不保留或者享有任何财产权利"，"工作人员工资福利开支控制在规定的比例内，不变相分配该组织的财产"。

如上所述，我国绝大部分民办学校属于投资办学，与上述9项非营利组织免税资格认定中的结余使用和财产归属严重冲突，投资回报的诱惑使民办学校办学者始终处于与政府进行利益博弈的状态。同时，定位不清还存在两大风险：一是出资人存在着重大的资产风险；二是相关政府部门优惠政策的适用风险。这些风险也有待通过营利性和非营利性民办学校分类管理予以解决。从规则重构方面来看，分类管理相对于现有的制度体系，其作用有三：其一，将投资资本引向营利性民办教育领域，防止投资资本过度进入非营利民办教育领域；其二，将现有的民办学校重新分类，从而将隐性营利性民办学校显性化，也使其管理由非对称性向对称性转化，同时避免政府的财政投入陷入巨大的道德风险；其三，分类管理可以使政府的制度逻辑由原来的促进为主向规范、引导与促进并重转变，有利于民办学校的健康多元发展。

从我国的国情来看，17万所投资性办学的学校的存在表明，一概不允许营利性民办教育机构发展并不符合当前教育发展趋势。所以，有必要对现有归在民办非企业单位的民办学校进行分流引导，逐步区分为营利与非营利两类，为民办教育的健康发展铺平道路。

二、实行民办教育分类管理的可行性

境外美国、日本等国家均对私立教育实行营利与非营利分类管理,国内在医疗卫生领域也进行了卓有成效的营利与非营利分类管理的探索。浙江温州地区以民办学校分类管理为核心的综合改革试点工作,也为全国范围内实行分类管理提供了可资借鉴的经验。

(一)美国、日本等国家已经实行私立教育分类管理

美国绝大多数的私立学校为非营利学校。此类学校的许可证由各州政府颁发,并可向联邦政府申请免税,对学校的捐赠可用于抵减应交的所得税,学校也被称为免税学校。营利性私立学校多为培训机构和少量的幼儿园。近年来,在高等教育领域中营利性教育机构的发展非常快(如创建于 1973 年的阿波罗集团目前有凤凰城大学等 4 个高等教育分支机构,共拥有 82 个校园、137 个学习中心,遍布全美 38 个州和波多黎各、温哥华及哥伦比亚,在校生达 25.6 万人,2004 财政年度该集团的总收入已达到 18 亿美元。2017 年 2 月,阿波罗教育集团从纳斯达克退市)。此类学校必须缴纳所得税和财产税等,被称为纳税学校。营利性私立学校营利资金的使用也要受政府有关部门的严格控制,州政府立法审计员每年或每两年都要对学校财务状况进行精确和细致的最终审计。此外,还对营利性学校建立了严格的招生管理和教育认证制度。

从美国的经验来看,对非营利性学校和营利性学校进行清晰的界定并对两种类型的学校适用不同的政策,从根本上避免了营利性学校和非营利性学校纠缠不清或相互搭便车的状况,使得它们能够按照各自的组织目标和运营规则并行不悖地发展,不同类型的学校、不同需求的学生、社会和市场各得其所,整个私立教育呈现出井然有序、欣欣向荣的景象。

荷兰 70%的教育机构都是私立的,或多或少均接受政府的资助。对于选择为营利的学校,一旦把办学结余用于个人收入分配时,就要向政府上交分配额的 40%作为税款。鉴于荷兰的私立学校有不少是接受政府资助的,政府明确规定,凡是政府资助给私立学校的经费,一律不得用于营利活动,每学年学校必须对政府资助的经费作一个独立于其他经费的财务报告,以利于政府对其经费使用的监督与管理。

并不是所有国家的立法都要区分营利学校和非营利学校。例如,日本在1949 年颁布了《私立学校法》,规定"学校法人"只能是公益法人,民间以营利为目的的教育机构,一律不作学校看待。非学校法人设立的教育机构,通常称学园、塾等,由《商法》而非《私立学校法》进行调整。私立学校不能以营利为目的,但可以从事与学校有关的餐饮、零售、住宿、研究、制造业等营利活动。同

时,根据《私立学校法》第26条,私立学校从事营利活动获取的收入必须建立一个专门账户进行单独管理,且只能用于学校的开支。

从长远看,借鉴国外经验,按学校资产属性和办学目的,在立法上将民办学校分为非营利性和营利性两大类,并在行政规制上采用不同办法分别进行管理,是推进民办(私立)学校良善治理的一条有效路径。

(二)温州、上海等地民办教育分类改革经验值得借鉴

按照《国家中长期教育改革和发展规划纲要(2010—2020年)》提出的探索分类管理的思路,中共温州市委、温州市人民政府于2011年10月20日正式颁布了《关于实施国家民办教育综合改革试点加快教育改革与发展的若干意见》(温委〔2011〕8号),2013年再次对配套文件进行了修改和完善。温州民办教育改革以民办学校营利性和非营利性分类管理为突破口,为全面解决民办教育发展的瓶颈问题做了顶层制度设计和实践。

法人分类是温州民办教育综合改革的最大亮点。温州的政策提出:非营利性的全日制民办学校按照民办事业单位法人进行登记管理,营利性的全日制民办学校按照企业法人进行登记管理;民办事业单位法人由民政部门登记管理,企业法人由工商部门登记管理。从实践的效果来看,首批相对优质的百所试点学校中,84所选择民办事业单位法人,16所选择企业法人。温州市参加民办学校分类管理试点的400多所学校中,有近85%的学校选择登记为非营利性学校,吸引新增社会资金70亿元。

除温州之外,上海也对民办学校分类管理进行了探索,先后设立了非营利民办高校示范校和民办中小学非营利制度试点校,对非营利性民办学校在教师、学生、教学科研和学校建设等方面实施财政补贴,加大对开展非营利制度试点的民办中小学在生均经费、政府购买服务、教师年金补助等方面的资助力度。2014年,全市安排了9.5亿元专项资金支持非营利性民办学校。另外,吉林华桥外国语学院经公证,举办者放弃投入资金所有权,明确为非营利性学校,获得吉林省政府3000万元专项支持,学校呈现出良好的发展势头。

因此,民办教育实行营利性和非营利性分类管理具有较强的必要性和可行性。分类管理的制度设想在国家层面上的缺失,使得地方在推进民办教育改革过程中往往遇到法人登记、财政、税务、社会保障等方面现有法律政策的限制,改革的难度较大。建立营利性和非营利性民办学校分类管理的国家制度从各方面来说,都势在必行。

三、推进民办学校分类管理的理想路径

尽管民办学校分类管理势在必行,但仍面临诸多理论和实践上的深层次问

题。比如,我国民办教育普遍具有投资办学的特征,对回报和剩余资产有索取的要求,相当一部分民办学校不能归入"非营利性民办学校",只能归入"营利性民办学校"。完全按照非营利组织的标准,引导现有17万所民办学校举办者放弃所有权转而变为非营利性民办学校,是一个艰难的政策执行问题。此外,不论是营利性民办学校还是非营利性民办学校,在教师社保、财政扶持、税收优惠、办学自主权方面,都还缺少相应可行的配套政策,没有明确的分类标准,导致举办者无所适从,不利于民办学校进行平稳分流。

笔者认为,推进民办学校分类管理的理想路径,应该是通过营利性民办学校与非营利性民办学校的差别化政策,自然消解目前登记为民办非企业单位法人的民办学校。

(一)现有登记为民办非企业单位法人的民办学校中混杂了营利性办学和非营利性办学两种取向

在现有的法人分类体系中,和教育有关且可以归为非营利性法人的包括事业单位法人和民办非企业单位法人,可以归入营利性法人的主要是企业法人。目前民办学校的法人登记和属性界定中,捐资办学的学校与公办学校基本接近,归入非营利性的事业单位法人之中没有太多的争议。纯粹经营性的教育机构,比如已经完全面向市场的教育培训机构,甚至已经绕过国内的法规界限在境外上市成功,归入营利性法人也没有太多的争议。

关于民办非企业单位,《民办非企业单位登记管理暂行条例》第二条明确规定,"是指企业事业单位、社会团体和其他社会力量以投入人对投入该组织的财产不保留或者享有任何财产权利及公民个人利用非国有资产举办的,从事非营利性社会服务活动的社会组织"。如上文所述,结合同时期起法律作用的《社会力量办学条例》第四十三条的规定"教育机构清算后的剩余财产,返还或者折价返还举办者的投入后,其余部分由审批机关统筹安排,用于发展社会力量办学事业",可以说,在2003年9月1日《社会力量办学条例》失效之前,尤其是2005年1月1日《民间非营利组织会计制度》中"资源提供者不享有该组织的所有权"的规定生效之前,民办学校登记为民办非企业单位时,举办者是可以拿回全部或部分剩余资产的。

2002年出台的《民办教育促进法》在"扶持与奖励"部分规定:"民办学校在扣除办学成本、预留发展基金以及按照国家有关规定提取其他的必需的费用后,出资人可以从办学结余中取得合理回报。"尽管如此,由于"合理回报"是从"办学结余"中提取的,结合《民间非营利组织会计制度》中"资源提供者向该组织投入资源不得取得经济回报"的规定和上文《财政部 国家税务总局关于非营利组织免税资格认定管理有关问题的通知》(财税〔2014〕13号)中关于非营利组织免税资格认定的九条标准,特别是"财产及其孳息不用于分配""投入人对投入该组织的财产不保留或者享有任何财产权利"的条款来看,"合理回报"的规定与非营利组织的基本特征是冲突的,也是与系统的财税法律政策相冲突的。全国各地不乏将提出"合理回报"的民办学校理解为变相的"财产分配"或"享有财产权利",无法满足非营利组织的免税资格条件,需要按照企业进行缴税。

从上文的分析可知,现有法律对营利机构和非营利机构的划分主要体现在"利润分配"和"财产归属"两个方面。将民办学校登记为民办非企业单位时是否要求合理回报和剩余资产索取权相结合,可以发现存在明为两类、实为三类的民办学校(如表1所示)。

表1 注册为民办非企业单位的民办学校性质细分

	不要求合理回报	要求合理回报
不要求剩余资产索取权	事业单位性质	一(不存在)
要求剩余资产索取权	民办非企业单位性质	企业单位性质

这三种类型的民办学校分别是:① 不要求剩余资产索取权也不要求合理回报的;② 要求剩余资产索取权但不要求合理回报的;③ 要求剩余资产索取权同时也要求合理回报的。这三种类型的民办学校分别具有明显的非营利性事业单位性质倾向、民办非企业单位性质倾向和营利性企业单位倾向。正因为现有登记为民办非企业单位法人的民办学校中混杂了这三类性质的民办学校,才导致目前民办学校中营利性与非营利性难以区分,配套政策难以出台(如图1所示)。

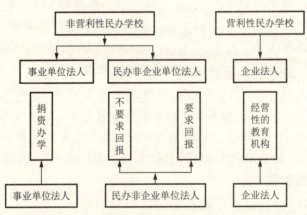

图1 民办学校分类示意图(A)

（二）通过营利和非营利两类差别化的政策,自然消解目前登记为民办非企业单位法人的民办学校

对于注册为民办非企业单位且不要求合理回报的民办学校来说,其中:不

主张剩余资产索取权的,具有非常明显的捐资办学的特性,可以和捐资办学一起归入事业单位法人中去;主张剩余资产索取权的,可以继续保留在民办非企业单位中(虽然机关法人也属于非营利法人,但是机关法人专指各级国家机关,不是社会组织登记的可选项)。对于要求合理回报的民办学校来说,同时要求剩余资产索取权的,具有非常明显的经营性办学的特性,可以归入企业法人中去。这样,就将现有民办非企业单位法人登记的民办学校进行了事业单位法人、企业法人和民办非企业单位法人三种法人的分流(如图2所示)。

重新分类之后,登记为民办非企业单位的民办学校中具有捐资办学特点和具有经营性企业特点的,分别被分流到公益性的事业单位法人和营利性的企业法人中去。剩余仍然坚持登记为民办非企业单位的民办学校,具有的基本特点是享有剩余资产的所有或部分所有权,但不得要求合理回报。这样,通过属性特点的区分,实现了对现有民办学校中公益性办学和经营性办学的分流,为实施配套政策奠定了基础。

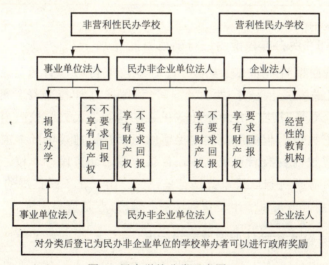

图2 民办学校分类示意图(B)

(三)对继续留在民办非企业单位中的民办学校,可以将原来的合理回报改为"适当的办学奖励"

当然,民办学校即便因为种种原因选择登记为了民办非企业单位(享有剩余资产索取权,但不要求合理回报),仍然希望通过各种途径获得收益。考虑到这一现阶段的国情,为平稳过渡,可以将原来的合理回报改为"适当的办学奖励"。其与合理回报的最大区别是,"办学奖励"不再是法律上认可的、允许长期存在的现象,而是在一定时期内允许存在的过渡政策。

2016年5月，《社会服务机构登记管理条例（修订草案征求意见稿）》公布，将民办非企业单位更名为社会服务机构，同时明确社会服务机构的非营利性，缓解了民办学校"非驴非马"的尴尬境地，也为最终登记为民办非企业单位的民办学校过渡到纯粹的公益性事业单位或营利性的企业单位创造了条件。

四、推进民办学校分类管理的瓶颈问题

浙江和上海在民办学校分类方面做了较多的尝试。2011年浙江温州正式颁布了《关于实施国家民办教育综合改革试点加快教育改革与发展的若干意见》（温委〔2011〕8号），即"1＋9"文件，2013年升级为"1＋14"文件。温州方案对民办学校法人分类登记实施办法、教师同等待遇、民非法人转设企业法人、非营利民办学校会计核算、法人财产权等方面进行了系统的探索。上海在民办学校非营利试点、对民办学校的资助、民办学校财务管理等方面也进行了探索。结合试点地区的经验，笔者认为，推行分类管理有几个瓶颈性的问题亟待加以讨论。

（一）营利性民办学校能否进行前置审批

虽然《民办教育促进法》规定"民办学校取得办学许可证后，进行法人登记，登记机关应当依法予以办理"，《营利性民办学校监督管理实施细则》（教发〔2016〕20号）规定"经审批正式设立的营利性民办学校应当依法到工商行政管理部门登记"，但国务院决定保留的工商登记前置审批事项目录和国务院决定工商登记前置改后置审批事项目录中均不涵盖民办学校。对于营利性民办学校是否必须进行前置审批是有争议的。国家在不断推进的"先照后证"等改革，将来是否也可以适用于营利性民办学校，亦是值得商榷的。

（二）不同属性教师社保待遇差异问题

原来事业单位工作人员退休后的退休工资按本人退休前"岗位（职务）工资"和"薪级工资"之和的一定比例计发。其中：工作年限满35年的，按90%计发；工作年限满30年不满35年的，按85%计发；工作年限满20年不满30年的，按80%计发；工作年限满10年不满20年的，按70%计发。属于独生子女的，增加5%。而民办学校按企业员工公式计算，个人养老金约为原每月工资的40%。即使加上过渡性养老金，替代率最多也只能在50%的水平，与机关事业单位相比，差了20%～40%。

2015年国务院发布《国务院关于机关事业单位工作人员养老保险制度改革的决定》（国发〔2015〕2号），企事业单位养老保险于2014年10月起实行并轨。改革后，理论上由于各类单位的五险缴纳比例和计算公式是一致的，在缴纳工

资基数和年限一致的情况下,享受同等的社保待遇。

但是,上海人保局数据显示,2015 年在职工城镇养老保险月平均养老金计发水平方面,企业单位和机关事业单位仍然相差 2051 元(企业 3317 元、机关事业单位 5368 元)。除并轨政策自 2014 年 10 月 1 日起刚刚实施,历史差异短时期内无法消除外,还有其他几项原因导致或将导致民办学校教师社保待遇偏低。

一是企业单位社保缴纳比例自 2016 年开始下调。2016 年 4 月 13 日召开的国务院常务会议上,决定阶段性降低企业社保缴费费率和住房公积金缴存比例,为市场主体减负,增加职工现金收入。自 2016 年 5 月 1 日起两年内,一方面对企业职工基本养老保险单位缴费比例超过 20% 的省份,将缴费比例降至 20%;单位缴费比例为 20% 且 2015 年底基金累计结余可支付月数超过 9 个月的省份,可以阶段性降低至 19%。另一方面,将失业保险总费率由现行的 2% 阶段性降至 1%～1.5%,其中个人费率不超过 0.5%。具体方案由各省(区、市)确定。参照企业标准执行的民办学校,可能根据新规定降低社保缴费比例,也就降低了民办学校教师的社保待遇。

二是民办学校缴费基数低于机关事业单位。国家实行机关事业单位养老保险制度改革以后,企业单位养老保险和机关事业单位的计算公式换算后是一致的。区别只在于当地上年度在岗职工月平均工资、本人指数化月平均缴费工资以及缴纳时限。按照我国《社会保险法》规定,用人单位应当按照国家规定的本单位职工工资总额的比例缴纳基本养老保险费,计入基本养老保险统筹基金;职工应当按照国家规定的本人工资比例缴纳基本养老保险费,计入个人账户。我们的调研表明,2012 年上海民办高校专职教师年均收入应发 56920.00 元、实发 48453.83 元,均低于当年上海平均的年收入 61092.00 元。除民办学校教师本身待遇确实较低外,一部分民办学校存在按较低的工资标准(指数化月平均工资)缴纳社保的情况,民办学校教师最终拿到的社保待遇也较低。

三是机关事业单位普遍推行了补充性的职业年金制度。职业年金是指机关事业单位及其工作人员在参加机关事业单位基本养老保险的基础上建立的补充养老保险制度。2015 年国务院出台《国务院办公厅关于印发机关事业单位职业年金办法的通知》(国办发〔2015〕18 号),规定职业年金缴费基数与基本养老保险一致,单位缴费比例为本单位工资总额的 8%,个人缴费比例为本人缴费工资的 4%。这些费用将直接计入职业年金个人账户。以 8000 元为标准,60 岁退休,连续缴纳 15 年、25 年、40 年的,每月可再支取职业年金 1243.17 元、2071.94 元、3315.11 元。即便机关事业单位与企业基本养老保险缴纳一致,在机关事业单位存在职业年金的情况下,也将存在上述社保待遇上的差异。

（三）营利性民办学校是否可以享受税收优惠

税收优惠是国家为鼓励某一行业发展而采取的激励和照顾措施，主要用于公益性事业或体现国家对经济发展的导向。财政部、国家税务总局发布的《关于非营利组织免税资格认定管理有关问题的通知》（财税〔2014〕13号）对非营利组织的免税资格提出了九条严格的标准，这是适用于非营利性民办学校的。营利性民办学校依照《公司法》运行。有举办者计算，如果按企业来收税，营利性民办学校将比目前增加20%左右的税收力度。这也使得民办学校举办者要求保持现有的政策不动，继续以非营利的性质运行，但通过各种方式从学校中获得一定的回报。

能否通过营利性民办学校享受一定的税收优惠，解决这种困境呢？我们认为，应当在法律中进行明确的规定。比如，对于民办学校特别关心的企业所得税问题，考虑到《企业所得税法》明确规定，"国家需要重点扶持的高新技术企业，减按15%的税率征收企业所得税"，我们建议参考高新技术企业的标准执行。其他税种方面，也应给予一定的优惠，作为对提供公共服务机构的一种扶持。

（四）营利性学校高额土地出让费问题

温州方案指出，按照企业法人登记管理的民办学校原则上以有偿出让方式获得土地使用权，土地有偿使用费可在出让方案规定期限内分期支付。原以行政划拨方式供地的，分类改革后，需要由划拨改为出让的，出让金由原土地使用者一次性支付。同时，要求登记为企业法人的民办中小学、幼儿园对该学校的土地、房产必须拥有独立产权。也就是说，登记为营利性民办学校的举办者，需要首先出资补齐土地出让金。按2014—2015年全国土地出让平均价来计算，非营利民办学校土地单价是15万元/亩（225元/平方米），营利性民办学校的土地出让金则是按照270万元/亩（4050元/平方米）、校均100亩（66666.7平方米）来计算，两者就有2.5亿元的差距。高额的土地出让费，使现有登记为民办非企业单位的民办学校无法转为营利性学校，也让社会资金举办营利性学校望而却步。

我们建议，营利性民办学校土地过户中的税收减免，可参照高新技术产业、现代制造业以及其他鼓励投资工业项目的政策，即：实行土地一级开发，采取公开招投标方式，控制和降低开发成本及地价；实行土地出让方式多元化，工业用地可采取土地出让、租赁、划拨、作价入股等多种形式获得土地使用权；授予管理权限，简化工业用地供地手续；减免土地使用权出让金、城市基础设施建设费和部分行政事业性收费。总之，对民办学校进行营利性和非营利性分类管理势在必行。应从我国的实际情况出发，在民办学校分类登记、教师同等待遇、税收优惠、用地性质变更等方面积极进行相应的政策完善，保障民办学校分类管理的平稳推进。

第六部分
省内部分民办高校发展办学质量报告

潍坊科技学院 2017 年度办学质量报告

一、定位与目标

潍坊科技学院以建设应用型特色名校,培养应用型专门人才为目标,以服务地方经济社会发展为导向,培养能够适应 21 世纪社会主义现代化建设和地方经济社会发展需要的,具有创新精神和实践能力的,德、智、体、美全面发展的高素质应用型专门人才。一是在发展目标方面,定位于建设适应地方经济社会发展需要,以质量著称的应用型特色名校;二是在类型方面,定位于应用型普通本科高校;三是在发展层次方面,以实施本科教育为主,逐步控制专科教育规模,适时开展专业硕士学位研究生教育;四是在学科专业方面,以工学为主体,以农学为特色,以化工与环境、机械与计算机为优势,实现工学、农学、理学、管理学、文学、教育学、艺术学、法学等多学科协调发展;五是在人才培养定位方面,培养适应地方经济社会发展需要,社会责任感强、专业基础扎实、职业素养优良、实践能力突出、发展潜力较大,能够下得去、用得上、留得住、干得好的高素质应用型专门人才;六是在服务面向方面,立足潍坊,面向山东,辐射全国,服务地方经济社会发展。

二、教学工作中心地位

（一）各级领导重视教学

始终坚持以教学工作为中心,把加强本科教学工作和不断提高本科教学质量作为发展的生命线来抓,实行教学工作"一把手"负责制。各级领导高度重视教学工作,定期听取教学工作汇报,研究本科教学工作。每学年初和年度初均召开一次全体教职工工作会议,厘清工作基本思路,安排工作任务;适时召开教学工作专题会议,及时研究、解决教学工作中的新情况、新问题。校务委员会坚持定期研究教学工作,建立了校领导听课评课制度,校长每学年听课至少 4 节,中层干部每学年听课 8 节以上。

（二）制度保障教学

制定和完善了《潍坊科技学院关于实施教学质量与教学改革工程的意见》《潍坊科技学院领导干部听课制度》《潍坊科技学院关于构建和完善教学质量监控体系的若干意见》等一系列制度文件,在年度考核、评优评奖、职称评聘、

岗位津贴分配等方面,坚持向教学一线倾斜;对在教学质量工程、教学建设与改革、学生课外科技活动、学生就业等方面做出成绩的教师和教学单位,给予表彰和奖励。各级领导经常深入教学第一线,现场了解教学情况,倾听师生反映,及时解决问题。为加强质量监控,整合原有职能部门,成立了教学质量管理办公室,全面负责教学质量常态监控,实行了学生信息员、学生评教、校院两级督导和教师听评课等制度,调动了教师教学的积极性,保证了教师把主要精力投入教学中。

(三)经费投入优先教学

多渠道筹措办学经费,确保每年的经费预算满足师资队伍建设、学科专业建设和教学基础设施建设的需求,实现教学经费的持续增长,为教学工作的顺利开展、教学质量的稳步提高提供了经费保障。

(四)全员服务教学

各部门始终把服务教学、为教学提供支持和保障作为服务育人的重要任务,在提高办事效率上下功夫,实行了"服务优化工程",建设了大学生活动中心、教职工文体活动中心,改善了师生员工的学习、生活条件。整合学生管理部门职能,设立了大学生事务部,构建起集教育、管理、服务于一体的学生工作平台,为学生提供"一站式"服务。在校园环境、饮食居住等方面提供高质量的服务,形成了全员服务保障教学中心地位的工作格局,师生满意度较高。

三、师资队伍

(一)师资队伍基本情况

现有专任教师 1130 人、外聘教师 55 人,教师总数为 1185 人,外聘教师占教师总数的比例为 4.64%。按折合学生数 19497 计算,生师比为 16.45:1。专任教师中,"双师型"教师 345 人,占专任教师的比例为 30.53%;具有高级职称的专任教师 360 人,占专任教师的比例为 31.86%;具有研究生(硕士和博士)学历的专任教师 896 人,占专任教师的比例为 79.29%。

坚持教授上讲台,保证为学生提供高质量教学。本科生任课教师 78% 具有副高级及以上职称或具有硕士及以上学位,并通过岗前培训取得合格证,本学年具有高级职称的教师承担的课程门数为 248,占总课程门数的 30.62%;课程门次数为 557,占开课总门次的 25.49%。具有正高级职称的教师承担的课程门数为 36,占总课程门数的 4.44%;课程门次数为 53,占开课总门次的 2.43%。其中具有教授职称的教师承担的课程门数为 36,占总课程门数的 4.44%;课程门次数为 53，占开课总门次的 2.43%。具有副高级职称的教师承担的课程门数为 217，占总课程门数的 26.79%；课程门次数为 504，占开课总门次的 23.07%。其中具有副教授职称的教师承担的课程门数为 189，占总课程门数的 23.33%；课程门次数为 445，占开课总门次的 20.37%。承担本科教学的具有教授职称的教师有 20 人，以我校具有教授职称教师 43 人计（包含离职人员），主讲本科课程的教授比例为 46.51%。本学年主讲本科专业核心课程的教授 10 人，占授课教授总人数比例的 50%。具有高级职称的教师承担的本科专业核心课程 80 门，占所开设本科专业核心课程的比例为 32.26%。

（二）教师发展与服务

注重加强对教师的培养，专门成立了教师发展中心，通过评选学科带头人、优秀教师、师德标兵等，鼓励教师积极投身本科教学第一线。通过资助优秀青年教师开展学术交流与合作活动，参加短期培训、国内外进修学位等，拓宽教师学术视野，提高教师的教学科研能力。通过开展青年教师讲课竞赛，为青年教师切磋技艺、交流教学经验、展示风采提供了机会。另外，还通过为青年教师配备具有丰富教学经验和较强科研实践能力的指导教师、定期举办教学名师示范教学活动、青年教师导师制等方式为青年教师的成长提供平台。本学年共有 91 人到企业挂职锻炼，31 人攻读博士学位，21 人攻读硕士学位，186 人参加境内交流活动，6 人赴境外交流。

四、教学资源

近年来，逐年加大对本科教学的投入力度，保证了教学经费的稳步增长，教学条件不断改善，教学资源日益丰富，有力地促进了本科教学质量的提高。2017 年教学日常运行经费支出 2907.53 万元，生均教学日常运行支出 1491.27 元；实验经费支出 161.29 万元，生均实验经费 82.73 元；实习经费 292.47 万元，生均实习经费 150.01 元。

根据 2017 年统计，总占地面积 1300771.53 平方米，产权占地面积为 1169431.63 平方米，绿化用地面积为 444383.78 平方米，总建筑面积为 621229.53 平方米。现有教学行政用房面积（教学科研及辅助用房＋行政办公用房）共 361434.88 平方米，其中教室面积 142699.03 平方米，实验室及实习场所面积 104439.15 平方米。拥有学生食堂面积为 35324.58 平方米，学生宿舍面积为 171399.40 平方米，体育馆面积 17155.00 平方米。拥有运动场 57 个，面积达到 97991 平方米，教室 3098 间。按全日制在校生 19497 人算，生均占地面积为 66.72 平方米，生均建筑面积为 31.86 平方米，生均绿化面积为 22.79 平方米，

生均教学行政用房面积为 18.54 平方米,生均实验、实习场所面积 5.36 平方米,生均宿舍面积 8.79 平方米,生均体育馆面积 0.88 平方米,生均运动场面积 5.03 平方米。

现有教学、科研仪器设备资产总值 11277.53 万元,生均教学科研仪器设备值 0.58 万元。当年新增教学科研仪器设备值 1079.07 万元,新增值达到教学科研仪器设备总值的 9.57%。本科教学实验仪器设备 2969 台(套),合计总值 1208.41 万元,其中单价 10 万元以上的实验仪器设备 18 台(套),总值 537.72 万元,按本科在校生 9101 人计算,生均实验仪器设备值 1327.78 元。有省部级实验教学中心 1 个。

截至 2017 年底,拥有图书馆 1 个,图书馆总面积达到 35253 平方米,阅览室座位数 3628 个。图书馆拥有纸质图书 1303261 册,当年新增 24130 册,生均纸质图书 66.84 册。图书馆还拥有电子图书 356249 册,数据库 15 个。2017 年图书流通量达到 198351 本次,电子资源访问量 2756387 次。

校园网主干带宽达到 10000 Mbps。校园网出口带宽 14300 Mbps。网络接入信息点数量 13514 个。电子邮件系统用户数 2800 个。管理信息系统数据总量 6000 GB。信息化工作人员 10 人。

五、专业设置与培养方案

紧密契合"蓝黄"两区国家战略重点领域,顺应区域经济社会发展需求,根据办学实际,依托重点学科,大力发展与地方支柱产业密切相关的应用型专业,与大型企业集团、科研单位紧密协作,形成了海洋化工类、机械电子类、信息技术类 3 个特色鲜明、紧密契合区域发展需要的学科专业群,开设本科专业 32 个,涵盖了工学、管理学、理学、文学、农学、教育学、艺术学、法学 8 大学科门类,基本形成了各专业相互促进、协调发展的学科专业布局。截至 2017 年 12 月,有 1 个省级品牌专业、5 个省级优势特色专业、1 个卓越人才培养计划专业、1 个教育部地方高校第一批本科专业综合改革试点专业。

建立健全了用人单位等多方参与的人才培养方案论证机制。制定实施了《潍坊科技学院关于修订本科专业人才培养方案的意见》,根据专业特点每 3～5 年修订一次人才培养方案。对批准并正在执行的人才培养方案,不得随意更改,保持人才培养方案的严肃性和相对稳定性。人才培养方案强调了学生能力本位,知识、能力、素质的协调发展。压缩理论学时学分,提高实践教学学分比例,增加选修课,为学生自主学习提供足够的时间和空间。将社会实践等课外实践纳入学分体系,培养学生创新精神、实践能力和综合素质。

截至 2017 年 12 月,有 VB 程序设计、有机化学、房屋建筑学、计算机电路、动漫造型设计、工程造价系列课程（建筑材料与检测、建筑工程测量、建筑工程计量与计价、建筑施工技术、建筑制图与 CAD）、园艺专业栽培类核心课程群等 14 门省级精品课程及 79 门校级精品课程；20 门 MOOC（大型开放式网络课程）课程。

紧紧围绕专业人才培养目标，不断推进以能力培养为核心的"平台＋模块"课程体系改革，强化精品课程和优质资源建设，构建了能力培养与人才培养目标相适应的课程体系。建设了理论教学、实践教学、素质拓展"三大平台"，设置了公共必修、公共选修、专业必修、专业选修、实验课程、实践课程"六大模块"，构建了基于能力培养的"平台＋模块"课程体系。

六、人才培养

（一）教学改革

建立专业动态调整机制，科学调整专业设置，做好人才需求预测，加强新上专业的论证。面向山东半岛蓝色经济区和黄河三角洲高效生态经济区建设，围绕区域重点发展的新兴产业、支柱产业和特色产业，积极调整专业和服务方向，不断优化专业结构，努力形成优势、特色和品牌。将人才培养工作与社会需求紧密联系，优化专业结构与布局，形成了有效的专业建设机制，结合我校实际，科学准确定位，发挥办学优势，推进教学改革，强化实践教学，建成了软件技术、园艺两个省级特色专业建设点。我校设施园艺实验教学中心被确定为山东省高等实验教学示范中心建设单位。园艺专业被确定为国家第一批"卓越农林人才教育培养计划"改革试点项目；化学工程与工艺、园艺、车辆工程、软件工程、电子信息与科学技术 5 个专业被列入山东省民办本科高校优势特色专业支持计划。

（二）课堂教学

本学年全校开设本科课程 833 门，实际开出课程总门次数 2185 门次，选修课学分占总学分的比例为 22.73％。充分运用现代教育技术手段，构建了满足学生自主学习需要的网络教学支撑平台，开设了网络课堂等多种教学形式，为学生自主学习和探究式学习服务。利用计算机虚拟仿真与网络技术，开设了模拟仿真实验，每个仿真实验包括简介、原理、操作仿真、实验录像 4 个部分，全方位介绍整个实验过程，既表达整体，又展现细节，结构完整，内容丰富，学生可在实验室完成真实实验后登录虚拟仿真实验平台反复进行虚拟实验，有利于学生对实验内容的充分理解和掌握。

在坚持严格考核标准、严格考核过程、严格评分标准的同时，改进考试考核方式,注重对学生知识、能力与素质的综合考核。鼓励教师采取形式多样的考核方式,既要有终结性考核,又要有过程性评价,在考试内容上,把考查学生运用知识分析问题、解决问题的能力和创造力作为考试重点,减少机械记忆类试题。在成绩评定上,包括平时成绩、实验成绩、期终成绩、总评成绩等,各成绩比例原则上按照过程性考核成绩40%、期终成绩60%折合生成总评成绩,做到对学生评价更全面、更科学,激发学生学习的积极性。

(三)实践教学

紧扣人才培养规格和目标,重视理论教学的同时,重视实践教学,加强对学生实践能力和创新精神的培养。坚持加大实验室建设投入、制定完善的管理制度,满足实践教学大纲的要求。实践教学大纲的制定以培养学生的应用能力为中心,加大实践教学占教学总时数的比例,实践教学学分占总学分比例32.53%,使得实践教学做到了体系科学合理,时间和经费有保证,教学效果显著。

本学年本科生开设实验的专业课程共计227门,其中独立设置的专业实验课程19门。截至2017年8月,建立了126个校外实习实训基地和150个校内实习实训场所。选聘了一批实践经验丰富的人员作为实践教学指导教师。根据不同专业、学科和共建单位的特点,共同制订校外实践教学基地教学计划。有实验技术人员42人,其中具有高级职称者2人,所占比例为4.76%;具有硕士及以上学位者33人,所占比例为78.57%。

(四)第二课堂

制定了《潍坊科技学院大学生社会实践活动管理办法》,安排学生完成3次暑期社会实践活动,每次1学分。选派优秀教师带队指导,把教师参加和指导学生社会实践计入工作量。开展了主题多样的社会实践活动,2017年的主题是"喜迎十九大•青春建新功"。学生参加中国(寿光)国际蔬菜科技博览会志愿者活动和潍坊国际风筝冲浪比赛志愿者翻译服务,受到组委会和国内外参赛者一致好评。2017年,组建了校级重点团队31个,9345名本专科学生参加了暑期社会实践,其中在团中央"镜头中的三下乡"评选中入选优秀团队的有3个,山东省级重点团队3个,山东省级"千村行动"优秀团队1个,潍坊市十佳优质服务项目1个。

(五)毕业设计

制定了《潍坊科技学院毕业设计(论文)工作规范》,对选题、指导、答辩和成绩评定等环节提出了明确的标准和要求。指导教师均具有硕士及以上学位或中级及以上职称，每位教师指导学生 5～7 名，积极聘请企业一线管理或技术骨干担任指导教师。本学年共开设了 1681 选题供学生选做毕业设计（论文）。我校共有 354 名教师参与了本科生毕业设计（论文）的指导工作，指导教师具有副高级以上职称的人数比例占 28.25％，还聘请了 4 位外聘教师担任指导老师。平均每位教师指导学生人数为 5 人。

注重过程性管理，严把毕业设计（论文）质量关，指导教师采取多种形式检查学生的进度和质量，及时解答学生问题。自 2014 届毕业生开始，启用了中国知网"大学生论文管理系统"。坚持全员答辩验收制度，2017 届本科毕业生一次答辩通过率为 91.28％，优良率达 37.20％。组织校级优秀毕业设计（论文）评选，2017 年评选省级优秀毕业论文 3 篇，校内优秀毕业论文 74 篇。

七、学生发展

（一）招生及生源

生源质量是提高人才培养质量的关键之一。随着人才培养质量和声誉的不断提高，招生质量逐年提高。2017 年共有招生专业 31 个，计划招生 2528 人，实际录取本科新生 2601 人，实际报到 2474 人，总体报到率为 95.12％。生源质量较往年有较大提高。2017 年普通本科招生省内外实现一次投档一次录满。从投档情况来看，第一次就能满计划；从录取平均分来看，普遍好于往年，高分段学生所占比例明显增加。

（二）学生指导与服务

有针对性地加强对学生的学习指导。对新生重点强化入学教育和学业规划，对高年级学生注重培养学习能力、实践能力、创新能力，对毕业班学生重点开展就业创业指导。广大教师自觉践行"适合的教育"理念、"责任高于一切"的教风，业余时间辅导答疑，指导学生课外学习，举办学术讲座，组织指导学生参加学科竞赛、技能竞赛。建立自修室，为学生创造良好的学习环境和氛围。

设立大学生事务部，构建起集教育、管理、服务于一体的学生工作平台，实行"一站式"服务和"首接负责制"。整合了学生处、团委、大学生服务中心等多个相关职能部门，为学生提供了学习指导、勤工助学、创业就业、社团服务等"一站式"便捷服务。学生对指导与服务的满意度不断提高。

重视职业生涯规划指导，全方位开展就业指导与服务。院（系）配备了专、兼职就业指导教师，开设了"大学生职业发展与就业指导""大学生创业基础"等课程。开展形式多样的职业生涯规划指导和职业能力培训，邀请企业专家、优秀校友举办讲座。建立了就业管理系统网站，截至 2017 年 9 月，就业门户网

站登记企业 450 余家,提供工作岗位 5000 多个。开通了微信求职招聘平台。

深入开展创业创新教育指导。落实了《潍坊科技学院关于鼓励大学生自主创业的实施意见》等文件,重视培养学生的创新精神和创业能力,全面服务大学生自主创业。大学生创业园被评为山东省大学生创业孵化示范基地,截至 2017 年 9 月,入驻大学生创业企业 46 家。拥有创新创业教育专职教师 30 人,创新创业教育导师 22 人,有 1000 人次参加了创新创业教育机构的培训;设立创业实习基地 10 个,其中创业示范基地 6 个,开展创业培训项目 10 个;设立创新创业教育实践平台 1 个;开设创新创业教育课程 3 门;开设职业生涯规划及创业指导课程 5 门;开展创新创业讲座 20 次。本学年共立项建设国家级大学生创新创业训练项目 6 个。

积极开展心理健康教育与咨询服务。落实《关于进一步加强和改进大学生心理健康教育工作的意见》,建立了校、院(系)、班级、宿舍四级心理健康教育网络。成立了心理健康教育中心,设有心理咨询室、团体训练室、宣泄室、沙盘室等功能处室,较好地满足了师生心理咨询的需求。在院(系)建立"心理话吧",配备兼职心理辅导老师 13 人。成立大学生彩虹心理协会,建立心理健康教育中心网站。开设了心理健康教育课。

扎实做好经济困难学生资助工作。建立了完善的学生资助保障体系。2017 年,为 1557 名本科学生办理国家生源地信用助学贷款 1198.58 万元;为 35 名应征入伍的本科学生办理学费补偿或贷款代偿 52.64 万元;开通"绿色通道",为 899 名经济困难新生办理入学手续;为 118 名困难学生减免、缓交学费。

建立了毕业生就业质量跟踪调查制度。通过问卷、电话访谈、网络调查等形式开展毕业生跟踪调查、用人单位对毕业生满意度调查,广泛征求毕业生、用人单位意见和建议。委托麦可思数据有限公司对毕业生进行社会需求与培养质量跟踪测量评估研究,编制《潍坊科技学院社会需求与培养质量跟踪评价报告》,为进一步做好人才培养工作提供了决策依据。

（三）学风与学习效果

加强组织领导,构建学风建设长效机制。围绕办学定位和培养目标,坚持以制度建设为保障,以强化管理为手段,以丰富活动为载体,全面推进学风建设。一是完善了学风建设制度。制定了《关于进一步加强和改进学风建设的实施意见》等相关文件,发挥制度的保障作用,引导学生树立正确的世界观、人生观和价值观。二是加强学生日常管理。严格规范上课、自修、就寝等日常行为,保障教室、公寓、校园的良好秩序。三是以"正考风、促学风"为切入点,严肃考试纪律,倡导诚信应考,对违纪学生进行严肃的批评教育和处理。四是大力开展学风建设活动。坚持开展"校园模范之星"评选活动,举办师生座谈会和学习经验交流会,激励和引导学生刻苦学习、自强不息、立志成才、报效祖国。

学生秉承"修身、博学、求索、笃行"的校训、"让认真成为品质"的校风和"勤学苦练"的学风,自主利用各种教育教学资源进行学习,学习秩序良好,学习风气浓厚,自习室、实验室、图书馆、阅览室等利用率较高。学生参加全国网络赛获团体及个人一等奖,参加全国信息技术应用水平大赛、全国大学生沙盘模拟经营大赛、全国语言文字规范化知识大赛等获一等奖,在全省大学生电子设计竞赛、大学生数学竞赛中获特等奖,在全省大学生机电产品创新设计竞赛、大学生机器人大赛、省职业创新创效创业大赛中获一等奖。2017届本科生共毕业1704人,实际毕业人数1690人,毕业率为99.18%。

（四）就业与发展

坚持以高质量的人才培养为基础,以优质的就业指导和服务为支撑,以完善的工作机制为保证,切实提高本科生就业质量。截至2017年8月31日,应届本科毕业生总体就业率达94.91%。毕业生最主要的毕业去向是企业,占80.36%;升学219人,占13.65%。

八、质量保障体系

强化教学质量生命线意识,注重建立相对完整的制度体系,成立了教学质量管理办公室,严格执行主要教学环节的质量标准,形成较为完善的教学质量保障与监控体系。近年来,我校采取各种措施,加强了教学管理队伍的建设,成立了由学校、院系、学生构成的三级监控组织。

为加强对院级本科教学工作的督导,采取有力措施持续有效地提高教学质量和教学工作水平,进一步修订了《潍坊科技学院院系教学管理评价方案实施细则》。新的指标体系将办学指导思想、学科建设、专业和课程建设、教学改革、质量控制、实践教学、教学效果7个大类作为一级指标,具体分为20个二级指标,并结合获奖加分和违规减分情况对各院系的教学工作进行考核。本学年院系考核遵照新修订的指标体系实施,根据监控范围、监控内容和工作重点不同,组织学院领导、教务处、教学质量管理办公室、督导团、各院系、教师和学生,在不同层面上对教学工作进行评价。通过对考核过程及结果数据进行统计分析,形成科学的评价结论,并反馈到教学过程各个环节,为提高教学工作水平和科学决策提供依据。

成立督导团,由教学经验丰富和学术水平高的专家教授组成,对本科教学工作进行监督和指导。教学督导团的工作内容包括:有计划、有目的地深入课

堂听课,根据全校各院系所开设课程的情况,督查教学内容、方法、手段的改革及教学大纲的执行情况,督查教师的课堂教学及学生的学习情况,收集教学运行过程中的相关信息并提出相应的改进意见;对实验教学、实习环节、毕业设计、毕业论文答辩及期中、期末考试等教学环节和教学管理制度、文档、资料等进行质量检测、监控,全方位保障教学质量;收集广大师生对教学工作的意见和建议,总结、推广好的教学经验,对教学工作提出建议或改进意见。

我校现有校领导13名。其中具有正高级职称者5名,所占比例为38.46%;具有博士学位者1名,所占比例为7.69%。本学年校领导评教的覆盖比例为100%。校级教学管理人员11人,其中具有高级职称者2人,所占比例为18.18%;具有硕士及以上学位者9人,所占比例为81.82%。院级教学管理人员43人,其中有高级职称者18人,所占比例为41.86%;有硕士及以上学位者40人,所占比例为93.02%。有专职学生辅导员85人,按本科生数9135人计算,学生与辅导员的比例为107.47:1;配备专职的心理咨询工作人员4名,学生与心理咨询工作人员之比为2283.75:1。有专职教学质量监控人员13人,具有高级职称者7人,所占比例为53.85%;具有硕士及以上学位者5人,所占比例为38.46%。

学生评教覆盖面为100%,其中评价结果为良好以上的占99.89%。同行、督导评教覆盖面为99%,其中评价结果为良好以上的占100%。校领导评教覆盖面为100%,其中评价结果为良好及以上的占100%。

九、特色项目

充分发挥地处中国蔬菜之乡和"蓝黄"两区叠加位置的区位优势,紧紧围绕"建设应用型特色名校,培养应用型专门人才"办学目标,主动服务区域经济社会发展,形成了独有的办学特色。

(一)深化产教融合,培养应用型人才

扎根蔬菜之乡,教研产一体化育人才。实践课堂搬进蔬菜大棚,生产过程即是教学过程。利用地处蔬菜之乡的优势,在中国(寿光)国际蔬菜科技博览会承建了1万平方米的展厅,在校外建立了占地7.33万平方米的蔬菜花卉新品种繁育基地,作为贾思勰农学院师生实践教学的主课堂。园艺专业师生全程参与菜博会展厅的布展,蔬菜花卉新品种繁育基地为农学院学生掌握农业实用技术搭建了平台,本科生参与蔬菜新品种繁育、工厂化育苗、定植、生长管理、采收等全过程。应用科研培育实用人才,科研过程即是教学过程。教师将科研与教学工作有机结合,把最新研究成果带入课堂教学,增强了课堂教学内容的新颖

性和实用性。建立的设施园艺实验教学中心是省高校重点实验室、省级实验教学示范中心。近三年，承担了农学类纵向课题50余项，参与农业企业横向课题10余项，参与项目的学生有300余人。农学院师生成功选育出"潍科"系列番茄、大葱、西瓜、厚皮甜瓜等15个蔬菜花卉新品种，在全国推广种植10余万亩（超过6666.67万平方米），其中，"潍科"系列番茄项目获中国技术市场金桥奖。

教研产一体化育人，实现了多方共赢。经过几年的实践，农学院形成了教学、科研、生产一体化的育人特色，增强了学生的就业能力，促进了专业建设，提升了社会服务能力。近三年，农学院本科毕业生初次就业率保持在98%以上。园艺专业成为国家"卓越农林人才教育培养计划"改革试点专业、教育部地方高校本科专业综合改革试点专业。

校内建设软件园，校地园合作育人才。潍坊科技学院与寿光市政府合作，在校园内建设了建筑面积26万平方米的软件园，作为师生教学科研、实习实训、就业创业基地，也是地方高新技术产业孵化基地，目前已有183家企业、科研院所入驻，年产值6亿元。寿光市政府专门印发了《关于出台扶持文化产业软件园发展政策的通知》，支持软件园发展。软件园被认定为国家科技企业孵化器、国家小型微型企业创业创新示范基地、山东省大学生创业孵化示范基地、团中央青年就业创业见习基地。

以就业为导向，以创业带就业。将创新创业教育融入人才培养全过程，强化创业服务和创业培训，改善创业环境，形成了政策扶持、创业培训、创业服务"三位一体"的工作机制。在软件园内建立了建筑面积1万多平方米的大学生创业园，建设了创业导师俱乐部和大学生创业园服务中心，出台了鼓励大学生自主创业的一系列优惠扶持政策，先后实施了万名大学生实训计划、创业带动就业计划、大学生见习训练计划，开展了大学生创业培训、资助，创业导师行动及创业启动资金支持等工作。目前，潍坊科技学院学生在软件园创业企业达到38家。

中印计算机软件学院采取项目驱动式教学模式，与软件园内企业开展了深度校企合作，共同优化人才培养方案，对高年级学生进行分方向模块化培养，实现了专业教学与企业技术研发的紧密对接，使学生在企业项目实战中快速成长。"立足校内软件园区的中印合作软件服务外包人才培养模式创新实验区"被确立为山东省高校人才培养模式创新实验区建设项目。

依托专业办企业，办好企业育人才。按照"利用专业优势办企业，办好企业促专业"的思路，依托建筑、计算机、化工、汽车、园艺等专业，先后成立了10余家校办企业和学科性公司，专业教师兼任企业技术人员，企业工程师兼任专业实践教师，实现了专业人才培养与企业经济效益双赢。其中，依托计算机软件

学院成立的山东环球软件公司已通过国家高新技术企业、计算机系统集成三级资质认证，并通过 CMMI、ISO 等五项国际认证，是山东省软件工程技术中心；依托建筑工程学院成立的建筑安装公司成为国家建筑安装施工一级企业。整合校办企业及学科性公司组建了山东飞翔软件产业集团，吸纳学生实习、实训、参与项目研发，每年接纳学生实习实训 1000 人次以上，为应用型人才培养搭建了广阔平台。

潍科软件公司是由软件学院 5 名教师带领 20 余名毕业班同学创办的企业。每学期有 10 名左右的教师在公司挂职锻炼，教师参与公司研发项目 20 余项，每年接受学生实习 600 多人次。公司与软件学院合作共建了校企合作研发室，师生研发团队在公司先后完成了潍坊科技学院办公自动化系统、潍坊市机关事业单位工资管理系统、山东省中小学教育技术装备管理系统等。学生在公司实习期间，研发团队开发完成了阳光村务平台，目前已在全省多个地区推广使用。

（二）发挥学科专业优势，服务乡村振兴

面向新时代乡村发展需求，潍坊科技学院扎根县域，紧密结合地方经济社会发展需要，充分发挥学科专业优势，积极服务乡村振兴。

传承创新农圣文化，服务乡村文化振兴。作为农圣贾思勰故里的高校，潍坊科技学院通过多种形式推动农圣文化传承创新。一是加强农圣文化研究。成立了农圣文化研究中心，积极开展学术研究、文化交流，2017 年中心被确定为山东省高校人文社科研究基地。农圣文化研究中心参与编写的《中华农圣贾思勰与〈齐民要术〉研究丛书》立项国家出版基金资助项目、"十三五"国家重点图书出版规划项目并出版，获潍坊市鸢都文化奖。二是搭建农圣文化交流平台。自 2010 年起，连续举办九届中华农圣文化国际研讨会，并先后承办海峡两岸休闲观光农业交流会、国际蔬菜与营养高峰论坛、山东省农业历史学会年会，为农圣文化在国内外的传播发挥了积极作用。三是创新农圣文化内容与传播方式。出版文学作品《贾思勰》《贾思勰逸史》，与央视联合录制十集电视纪录片《齐民要术》。52 集原创三维动画片《农圣贾思勰》获国产电视动画片发行许可证，2018 年 12 月 16 日在中央电视台新科动漫频道正式播出。组建农圣文化宣教团，定期深入农村、社区开展社会主义核心价值观、农圣文化宣讲活动，累计宣讲百余次。此外，专业手绘社团深入乡村集中开展"志愿手绘文化墙活动"，积极参与寿光田柳镇东头村志愿涂鸦节等活动，服务乡村文化建设。

加强蔬菜品种研发推广，服务乡村产业振兴。一是加强育种基地建设，搭建新品种研发平台。现有 110 亩（7.33 万平方米）的蔬菜花卉新品种繁育基地、16 亩（1.07 万平方米）的现代蔬菜育种中心、34 亩（2.27 万平方米）的现代高新

农业技术集成示范中心、80 亩（5.33 万平方米）的海南育种基地 4 个生产示范平台，建有山东省设施园艺重点实验室、潍坊市番茄遗传育种重点实验室、潍坊市绿色防控技术重点实验室、潍坊市生物工程研究中心 4 个研发平台，建立了李天来院士领衔的山东省院士工作站，形成了集蔬菜新品种研发推广、精准栽培技术、病虫害绿色防控技术与服务、田园综合体规划与设计、新型职业农民培训、物联网及自动化控制等于一体的平台体系，覆盖了整个设施农业产业链条。近年来，承担蔬菜品种研发及相关科研项目 56 项，其中国家级 3 项、省级 18 项。2015 年以来，先后承担国家农业示范园区基地建设项目和山东省高效特色农业发展平台蔬菜产业项目，获得财政扶持资金 270 万元。二是加快科研成果转化，打造高端蔬菜品牌。建立了番茄、甜瓜、西瓜等 7 个品种种质资源圃，自主选育出优良蔬菜新品种 25 个并通过现场鉴定，整体达到国内同类研究领先水平，部分品种可替代国外品种。建立了以蔬菜花卉新品种繁育基地、菜博会学院馆、潍科种业公司为主体的育、繁、推一体化种业平台，自主选育新品种在山东、河北、河南、内蒙古、辽宁等地累计推广种植 8.6 万亩（5733.33 万平方米），有力地促进了农民增产增收。与贵州毕节七星关区合作打造蔬菜博览园，转化收益约 2100 万元。截至目前，新品种繁育与推广应用获国家发明专利 13 项、实用新型专利 6 项，获国家、省级科研奖励 20 余项，其中"潍科系列番茄新品种选育及高效栽培技术研究与应用"获中国技术市场金桥奖，"'鲁硕红'蔷薇选育、繁殖及其栽培应用"获山东省林业科技一等奖。潍科种业公司选用自主选育蔬菜品种，按照生产标准化、监控全程化、优质品牌化、销售网络化的"四化"标准，打造了"学府蔬菜"高端品牌，受到市场认可。三是推动信息技术与农业融合，助力现代农业发展。积极推动大数据、云计算、物联网等新一代信息技术与农业融合，开通了农圣网、点农网等电商平台，建立了跨境电商基地和淘宝—寿光特色馆，打造了互联网＋农业产销生态链。开发运营的寿光市农业智慧监管服务公共平台，作为山东省创建工作亮点参加全国"双安双创"成果展示，得到中央领导的充分肯定；农业农村部党组书记、部长韩长赋到我校调研，察看了农业智慧监管服务公共平台及生鲜溯源交易平台，对平台"流通千万里、追溯零距离"的高效透明监管模式给予了高度评价。

　　加强人才培养培训，服务乡村人才振兴。一是加强农业农村人才培养。契合地方经济社会发展需要，开设了设施农业科学与工程、食品质量与安全等与农村农业发展紧密相关的专业，培育了园艺等 5 个省高校优势特色专业，构筑了应用型人才培养的专业平台。学校生源约 80％来自农村，在学校的鼓励和引导下，每年都有大量毕业生回到农村家乡，成为新型职业农民的带头人，涌现出李宪勇等一批扎根乡村的创业先锋。全职引进区域经济学专家、博士生导师张友祥教授,成立乡村振兴与县域经济研究中心,2018年拨付科研经费150万元开展专项研究。下一步,将以研究中心为依托,着力打造农林经济管理人才培养基地。二是开展多种形式的农业农村人才培训。牵头成立了山东省校企合作指导委员会三农服务专业委员会,指导服务"三农"工作。定期开展教授、博士乡村行活动,到田间地头为农民答疑解惑。依托农学专业优势,成立了农业技术培训基地,每年开展各类培训的培训人次如下:寿光市农村转移劳动力培训2000余人,大棚种植户培训3000余人,花卉种植户培训500余人,农业企业培训1500余人。三是不断扩大农业农村人才培训区域。近年来,先后开展河南省大中型水库移民村强村富民带头人培训、湖北省农村党组织书记培训、江西省赣州市农业技术人员培训、湖北省国营菱角湖农场现代蔬菜栽培技术培训、江西省定南县现代农业技术培训等。与江西赣州章贡区政府合作成立了赣州培训学院,普及推广农业种植技术,促进了当地现代农业发展。

山东英才学院2017年度办学质量报告

一、定位与目标

学校有志于建设地方性、应用型、开放型的普通本科高校，努力创建高水平应用型大学。"高水平"是指学校整体实力的"高水平"，包括学科专业、师资队伍、人才培养、科学研究、社会服务、开放办学等方面的水平和质量。"应用型"是指学校办学的基本定位，不仅是人才培养的类型和模式，更是学校能够立足于区域，对接行业产业链，实实在在地为企业提供能用、管用、好用的高素质人才。在发展层次上，学校积极发展本科教育，兼顾高职专科教育和继续教育，创造条件开展研究生教育。稳定总体招生规模，逐步扩大本科教育规模，调整、缩减专科教育规模。在服务面向上，立足济南，面向山东，辐射全国。在学科专业上，以优势特色学科专业为龙头，以教育学、管理学、工学学科专业为重点，构建优势特色学科专业群；统筹推进经济类、艺术类、医学类、外语类等学科专业协调发展；瞄准产业行业结构调整，改造升级机械制造、计算机技术、护理、园林等传统学科专业；发展信息技术、智能制造、老年服务与管理等新兴学科专业；推进学科交叉融合，形成对应产业链、创新链的学科专业体系。

二、师资队伍

（一）师资数量与结构

截止到2017年12月31日，学校有专任教师1211人，其中，自有专任教师963人，占79.52%。在自有专任教师中，具有硕士、博士学位的教师782人（其中，硕士658名，博士124名），占81.20%；具有高级专业技术职务的教师354人，占36.76%；36～55岁教师455名（其中，36～45岁314名，46～55岁141名），占47.25%。专业课和专业基础课教师741人中，具备专业（行业）职业资格证书或任职经历的教师202人，占27.26%。聘请校外实习实训基地指导教师206人。

（二）教育教学水平

截止到2017年12月31日，学校拥有国家"万人计划"教学名师1人，国家教学名师1人，享受国务院特殊津贴专家1人，省级教学名师、省级优秀教育工作者和省级优秀教师6人。双聘教师中，有国家教学名师1人、省级教学名师3

人、享受国务院政府特殊津贴专家 6 人、山东省有突出贡献的中青年专家 5 人。初步形成了一支专兼结合、校企互通、素质优良、充满活力的高素质专业化的教师队伍，为学校发展提供了有力的人才保障和智力支撑。

（三）教职员工稳定性

学校教职工忠诚度高，员工比较稳定。主要原因，一是学校办学水平高，党和政府以及社会各界普遍认可，学校社会知名度和美誉度高，员工享有较高的组织声誉；二是学校为教职工提供了良好的事业平台和发展机遇，在团队组成、资金支持、图书资料、设备设施等方面，具有配套的教学科研条件和良好的氛围；三是学校具有完善的人才政策，在人才引进、培养、使用、考核、评价、晋升、奖励、激励、薪酬福利等方面，建立了一整套行之有效的政策和措施。

（四）教师发展与服务

学校教师发展中心以激发教师潜能、追求卓越教学、提升教学科研水平、开展合作交流为目标，继续改进培养培训模式，继续推进"三大工程"和"七项计划"，教师培养培训成效显著。

1. 注重青年教师教学能力提升

设立新教师研习营，为新入职青年教师提供系统的岗前培训服务。举办青年教师教学比赛并积极参加省级组织的各类大赛，为青年教师提供展示、提高和交流的机会，其中，代海丽、徐珍璐老师分别获得第三届、第四届山东省高校青年教师教学比赛一等奖；来小丽老师获第四届三等奖；学校获第三届山东省高校青年教师教学比赛"优秀组织奖"。委托相关学科专家记录、评价、分析教师教学成长过程，促进教师教学能力持续提高。安排本校没有国外学习经历的40 岁以下的青年教师到国外一流大学或研究所交流、进修。

实施"青年教师成长工程"和"优秀青年教师支持计划"，对优秀青年教师，在教研科研项目申报和成果奖励方面予以支持。实施"青年教师博士培养计划"和"青年教师访问学者进修计划"，2017 年度共选拔优秀青年教师委培攻读博士 6 名、境内访学研修 7 名、境外访学研修 2 名。

制定《教师教学发展系列化培训管理办法（试行）》《关于鼓励教职员工取得职业资格证书的实施办法》，加强青年教师教学、科研和服务社会能力建设。实施"青年教师校本研修计划"，实行青年教师新开课试讲制度，组织开展公开课、观摩课、教学技能大赛、教学经验交流会等活动，引导和帮助青年教师夯实教学基本功。参加教师发展中心组织的教师培训进修的共计 2638 人次，其中，教师境外培训进修 73 人次，参加各级各类校外研讨、培训 114 人次。

实施教师教学咨询服务计划。开展工作坊、教学沙龙等主题活动，传播先进教育思想，推广先进教学经验与成果。根据教师个性化需求提供教学咨询、诊断与指导等帮助。设立"结对子、传帮带"式青年教师导师制，为青年教师提供"一对一"教学指导。

2.培养教师专业实践能力

实施"青年教师实践能力提升工程"和"青年教师双师素质提升计划"。建立教师参加专业实践锻炼制度，要求专业基础课、专业课教师至少取得1项相关专业中级以上职业资格证书，将职业资格获取情况和挂职锻炼经历作为教师岗位聘任的重要条件。鼓励教师通过脱产、半脱产或假期挂职等形式深入行业企业一线，了解行业企业实际情况，学习生产技术，不断增强实践教学和社会服务能力。2017年度按照《青年教师实践能力提升工程实施办法》，先后安排86名教师参加企业实践和实践访学。

（五）教师教学投入

为保障教师的教学投入，出台了《教师岗位聘任管理规定》，规定晋升副教授、教授岗位的教师，每学年必须给本、专科学生上课；讲师晋升副教授，至少担任2门以上课程主讲教师；副教授晋升教授，至少担任2门以上课程负责人；且规定教授每周10标准课时，副教授每周12标准课时，其他每周14标准课时。另外，还规定了各个职务级别教师的教学研究与建设工作量。2017年度教授讲授本科课程152门次，占全校实际开出课程总门次数的7.68%；副教授讲授本科课程518门次，占全校实际开出课程总门次数的26.16%。

三、教学资源

（一）教学经费投入

坚持贯彻"统筹兼顾，保证重点"的原则，在当年资金投入上重点保障本科教学经费和特色名校建设项目，调整投入结构，将专业建设、课程建设、师资队伍建设、实验室建设等项目列入本科质量工程专项预算，予以经费保障。2017年度，学校教学经费总支出4021.44万元。其中，专业建设与课程建设支出65.96万元，占教学经费总支出的比例为1.64%；师资建设支出100.32万元，占比2.49%；实验室建设支出227.51万元，占比5.66%。

（二）教学设施

1.基本设施

学校建有南北两个校区，占地102.80万平方米，建筑面积51.8万平方米，

其中教学行政用房总面积为 25.82 万平方米。各类功能教室满足教学的需要，现有语音室 9 个（523 座），多媒体教室 241 个（24425 座）。学生宿舍面积 125197.93 平方米。现有教学科研用计算机 6214 台，现有运动场地 59164 平方米，其中拥有塑胶田径场 2 个，篮球场 30 个，网球场 3 个，排球场 6 个，有设备齐全的乒乓球场、健身房、形体房活动区，满足日常教学、学生课外体育活动的需求。

2. 实验室条件

根据学校"高素质应用型人才培养"定位，学校充分发挥民办体制机制灵活高效的优势，推动了实验室建设管理工作全面协调发展，进一步完善了实验室管理体制，实现了实验教学资源共享，提高了实验室利用率。按照节约成本、彰显特色的理念，推进校园基本建设，学校建有超过 51 万平方米的教学保障设施，超过 6.8 万平方米的实验（实训）室，13 个实验（实训）教学中心，52 个学科、专业、基础实验（实训）室，教学用计算机、语音室、多媒体教室等设施齐备，教学设施满足教学和学生学习的需要。目前，全校 26 个专业实验（实训）室环境条件全部达到（部分项目超出）了教育部普通本科高校基本办学指标。2017 年学校投入 2000 余万元，新建实验室 14 个；扩建实验室 10 个；投资 800 余万元建成了机电学院"中欧智造"高技能人才培养基地、建工学院 BIM 应用中心等，软环境条件得到了明显改善。

3. 图书资料

截止到 2017 年 12 月 31 日，学校共拥有 2 个图书馆，纸质图书 212 余万册，电子图书 117 万余册，中外文纸质期刊 1500 种，中外文电子期刊 1.08 万种。购置中国知网、中国精品文艺作品期刊文献库、中国精品文化期刊文献库、超星电子图书数据库、VIP Exam 学习资源数据库、读秀学术搜索、书香英才、国研网、新东方多媒体学习库、中国知网查重系统。图书流通量 443128 本次，电子资源点击量 124000 人次，较去年稳步增长。建有图书阅览室、报刊阅览室、自习室总共 21 个，座位 5102 席，周开放时间 91 小时。

4. 信息平台

2017 年度，学校推进校园网升级改造，铺设室外管道 29072 米，启用千兆交换机 310 台；建立有线网络信息点 5300 个，安装无线接入 AP 设备 1700 个；改造升级多媒体教室、计算机机房设备，开设公共机房 56 个，完成了有线网络更新、无线网络全覆盖；推行教学管理信息化，建有教务、学生、资产等各类管理信息系统并顺利运行使用，管理水平不断提高；建有网络教学平台，基本满足了相关教学工作的需要。2017 年 7 月，学校入选"山东省教育信息化试点单位"。

（三）专业设置

截止到 2017 年 12 月 31 日，学校建有学前教育学院、商学院、机械与电气工程学院等 11 个二级学院，设有 31 个本科专业。

（四）课程建设

1. 强化优质课程建设

根据《山东英才学院课程建设项目实施细则》，2017 年，学校组织评审了机械基础课程（群）等 13 个课程群（含 50 门课程）、大学英语等 16 个单门课程为校级优质课程建设项目，并给予一定的经费资助，其中每个课程群资助经费 8000 ～ 10000 元，每个单门课程资助经费 3000 元。各项目组从课程的性质、在课程体系中的地位和任务入手，以教学大纲、教案等基本文件修订、教学资源建设为抓手，以教学内容整合优化、教学手段与方法改革、考核方式改革与实践为核心，以将创新思维、方法和实践能力培养融于教学全过程为目标，认真研讨并制定了课程建设项目任务书，目前项目实施和项目监控正在有序进行中。

学校自 2015 年开始积极引进智慧树课程平台、超星泛雅课程平台等网络教育资源，选取部分课程作为通识选修课程面向全校学生开放，供学生选修学习。2016 年 5 月至 2017 年 12 月共引入以超星尔雅通选课为主的课程 43 门，供全校学生选择学习。

2. 推进混合式教学课程建设

以课程建设为载体，充分利用学校信息化建设条件，探索互联网技术支持下的线上线下混合式教学模式改革，进而推动课程教学方法和考核方式改革。2017 年，学校组织开展了校级混合式教学课程建设项目立项工作，遴选出 22 门课程作为 2017 年混合式教学课程建设项目。为促进课程建设工作，学校设立混合式教学课程建设专项经费，每门课程建设经费 20000 元。各教学单位高度重视混合式教学课程建设工作，立项负责人认真开展混合式教学课程建设及教学实施工作，充分发挥了示范带动作用，积极推动学校混合式教学课程建设与改革。

四、人才培养

（一）教学改革

1. 推动教学与考核方法改革

扩大小班化教学覆盖面。把小班化教学作为专业评估和教学质量评价的重要指标，2016—2017 学年小班化教学班次为 384，小班化受益学生数为 13894

人，小班化教学比例达 81.7%。

实行课程考核方式改革，加强过程性考核。学校制定了《山东英才学院关于推动本科课程考核改革的意见》，对传统的满堂灌式教学方法和手段以及以闭卷笔试为主的考核方式进行改革。改革后，注重理论知识考核与能力素质考核相结合，课程期末考试与平时考查相结合，笔试（闭卷、开卷和半开卷）与口试（包括答辩和辩论）、实践（实验）操作、计算机网络考核等相结合，注意发挥成绩评定对学生的教育、引导功能。同时，还规定每门考核改革试点课程的成绩原则上由 5～6 项成绩综合评定而成，且根据课程总学时和运行时间设置不低于 4～6 次的平时成绩；凡 3 学分以上、整学期运行的课程，必须有一次期中测验。

2. 推动教学研究与改革

以教改立项为抓手，推进启发式、讨论式、参与式等方法应用。学校出台《山东英才学院教学改革与研究立项项目管理办法》《山东英才学院教学研究与改革项目实施细则》《山东英才学院课程建设项目实施细则》，以教改和课程立项为切入点，推动项目式、启发式、引导式、探究式等教学方法改革和运用，激发学生的参与性、能动性、创新性。以教改项目为抓手，推动各专业积极探索符合专业人才培养目标定位的课程体系、实践教学体系和运行模式。2017 年获批省级教改课题 10 项（含职业教育教学改革项目），立项校级课题 29 项，推动以学生为中心的教学方法研究与应用，促进教师教学理念和教学方法的转变，实现从以教师"教学"为中心到以学生"学习"为中心的转变。截至 2017 年 12 月，全部课程均采用启发式、讨论式、探究式、参与式、案例式教学。

（二）课堂教学

（1）开设课程门数：2017 年度开设本科生公共必修课、公共选修课、专业课共 800 门，1980 门次。

（2）选修课开设情况：2017 年度共开设选修课 89 门，其中校内选修课 49 门，网络选修课 40 门。

（3）课堂教学规模：2017 年度，学校共开设课程 1980 门次，其中 30 人以下的课程门次数为 541，占总开课门次数的 27.32%，为在本科教学中开展研究性学习、合作学习和个性化指导创造了条件。

4. 课堂教学质量保障措施

（1）严格管理，加强课堂教学质量监控。要求教师严格执行《教学工作规程》《教师工作规范》《关于进一步加强课堂教学管理的实施意见》等文件，严肃课堂教学秩序，提高课堂教学质量。建立了校、院（部）两级教学督导体系。学校督导组负责制订督导计划以及对全校范围内的课堂教学和管理情况进行巡视督导;各院(部)成立以本单位负责人为组长的教学督导组,负责对本单位教学运行的日常督导巡查。各级督导组通过听课、定期检查与随机抽查的方式对课堂教学状况进行检查督导。各教学单位每学期至少召开一次教师座谈会与学生座谈会,听取一线教师和学生代表对课堂教学的意见和建议,及时总结课堂教学中存在的问题并予以解决。

(2)开展教学竞赛,提高课堂教学质量。以"加强青年教师培养,鼓励青年教师更新教育观念,掌握现代教育教学方法,努力造就一支师德高尚、业务精湛、充满活力的高素质专业化教师队伍"为目标,以各类教学竞赛为抓手,切实提高教师教学水平和业务素质。根据《山东英才学院英才教学奖评选办法(试行)》文件精神,组织了校级青年教学能手和卓越教师评比,其中多名教师获得2017年度"山东英才学院青年教学能手"称号和"卓越教师"荣誉称号,构建了校内激励教师发展的通道。同时积极组织教师参加省级及以上的比赛。

(三)实践教学

1. 实践教学体系

在2017级本科人才培养方案修订过程中,各专业根据"课内(实验)与课外(实践环节)相结合、校内与校外相结合、必修与选修相结合"的原则,建立了包括课内实验、集中实训、实习教学、创新创业训练项目、社会实践和学科竞赛等项目组成的相对独立的实践教学体系。在对实践教学进行分类管理的同时,提高了实践教学学时、学分,增强了各专业对实践教学工作的重视程度。

2. 实验教学

学校严格遵守《实验教学工作规程》要求,对实验教学各个环节进行规范管理;各教学院(部)依据人才培养方案、实验教学大纲制订实验教学计划,遵照实验考核实施细则进行考核,监督落实实验教学任务开出情况。2017年度共开出1545项实验项目,实验开出率为98.9%,其中综合性、设计性实验项目797项,占项目总数的51.59%。

为给学生提供更多动手实验机会,学校鼓励各实验室在完成教学计划之余面向本科生开放,学生可以预约使用。鼓励学生申报综合性、设计性实验项目,在专业教师指导下完成训练。2017年度申报完成开放实验项目89项,约2779人次学生参与了开放实验项目,共140名教师参与指导工作。

3. 实习实训

为保障教学实习(实训)质量,学校加大实习管理力度,引进校友邦实习管理平台,对学生校外实习过程进行管理,为指导教师和学生及时沟通提供平台。

学校在深度校企合作基础上,将企业生产经营管理工作任务引入校园,由

企业专业人员为学生上课,进行工作任务实训指导。如信息工程学院,与中兴通讯开展合作,共建实验室,共同制定人才培养方案,企业人员入驻学校讲授如何开展工作,依据企业工作要求对学生进行考核,有效实现了实习实训和工作岗位的无缝对接。

4. 社会实践

根据《山东英才学院本科生社会实践学分认定管理办法》要求,全校普通本科学生在校内完成课内必修、选修和其他实践环节的同时,需要通过参与社会调研、社会服务、暑期"三下乡"、勤工助学、志愿服务、生产劳动等活动获得社会实践学分,每年秋季学期进行认定。

2017年度开展的志愿服务和大学生暑期"三下乡"等社会实践活动,5000余人参加了活动。

5. 毕业设计(论文)与综合训练

一是注重毕业设计(论文)工作过程管理。各学院根据《本科毕业设计(论文)工作管理规定》和专业特点,分别制定了本科毕业设计(论文)教学大纲、毕业实习大纲、实施细则;学校专门成立小组对各学院毕业设计(论文)开题、中期检查、答辩等环节进行了过程监控。二是继续加强学生学术道德管理。采用中国知网大学生学位论文管理系统,对所有学生毕业设计(论文)进行重复率检查,不合格毕业设计(论文)不得参加答辩。

在2016—2017学年,2017届毕业生中,共有1347名学生完成毕业设计(论文)、116名护理学专业学生进行毕业综合训练。学校要求设计(论文)选题要紧密结合生产和社会实践,2017届本科毕业设计(论文)在实验、实习、工程实践和社会调查等社会实践中完成的比例为69.10%,结合企业选题完成的比例为7.24%,较去年提高了2%。

6. 创新创业教育

为培养学生创新思维、创新精神,提高学生综合应用知识的能力,学校建立了以"创新学分"为抓手,以大赛、大创等系列项目为切入点的创新创业教育体系。在人才培养方案中增加"创新学分"环节,要求学生必须修满5个学分方能毕业,学生需要参与系列大学生创新创业工程项目来认定获得学分。主要切入点如下:

一是以开放实验项目为切入点,启发学生创新思维。2017年度,各学院学生申报和完成开放实验项目89个,参与学生2700余人次。

二是以创新创业训练计划项目为切入点,培养学生创新思维和创业能力。2016—2017学年,获批立项的校级大创项目为171项,国家级项目60项。通过大创训练,学生获得专利 5 项,发表论文 13 篇,制作实物作品 27 项。

三是以学科竞赛为切入点,推进学生实践创新能力提升。建立融"校级—省级—国家级"为一体的三级学科竞赛管理机制,扩大学生参与度和覆盖面,以赛促学,提高学生实践动手能力。2016—2017 学年,学生参加省级以上赛事,共获得国际奖 1 项,国家级奖 38 项,省级奖 193 项,共计 232 项。

(四)第二课堂

1. 社团活动

截止到 2017 年 12 月 31 日,学校共拥有各类社团 28 个,其中航模科技协会等科技类社团 4 个,国学社等人文社科类社团 8 个,骑阅自行车协会等体育类社团 3 个,爱琴海等文艺类社团 13 个。2017 年,航模科技协会荣获"山东省优秀科技社团"荣誉称号。

2. 科技活动

2017 年第八届挑战杯"创青春"山东省大学生课外学术科技作品竞赛,学校官网报备 46 件作品,其中哲学社会科学类社会调查报告和学术论文类作品 27 件、科技发明制作类作品 19 件,最终上报 5 件作品参与省赛选拔。最终,经济与管理学院黄毅老师指导的作品《基于数据模型的房地产价格与大学生就业的相关性分析——以济南地区为例》、王冬玲老师指导的作品《济南市城市发展与自然资源承载力耦合路径研究》分别获得二等奖,胡光珍老师指导的作品《互联网金融与传统金融模式的博弈分析》获得三等奖,商学院王素玲老师指导的作品《互联网＋大数据分析之众包商业模式调查研究》、机械学院李辉老师指导的作品《水陆空搜寻探测机器人》分别获得三等奖。团委荣获优秀组织单位荣誉称号。

3. 文体活动

继续推广"英才讲堂"学术报告品牌,面向学生开设有关"四心"、理想信念、励志、感恩人文、优良学风、法制、强军爱国、"四德"等专题报告。邀请了山东省委讲师团戚桂锋教授、孔繁轲教授,中国台湾地区修平科技大学黄茂荣先生,教育部教育发展研究中心专家咨询委员田建国教授等专家,围绕大学生人生规划、学习与社会实践等主题为学生作专题报告。开展以"与信仰对话""奋斗的青春最美丽"为主题的主题教育活动。组织骨干代表参观党史馆、国史馆,覆盖各二级学院团员青年代表、校团委各直属学生组织代表等 7000 余人。

弘扬中华优秀传统文化和革命文化、社会主义先进文化,打造文明和谐校园工程。组织开展礼敬中华优秀传统文化、戏曲、曲艺进校园专场演出总计 5 场次;邀请水木年华组合成员缪杰等来学校演出;邀请传统文化名家、非物质文

化遗产传承人进校园；丰富校园文化，响应学校"三走"口号，号召大学生走下网络、走出宿舍、走向操场，开展"青春就是 Color Run"彩虹跑活动，倡导健康生活，绿色生活；广泛持续开展文明校园创建，积极组织学生干部每周开展"校园文明执勤活动""创建无烟校园专题活动""光盘行动""餐盘回收""五一假期专题采访活动"；强化校训校歌校史育人功能，举办"五四青春歌会"。

积极组织学生参加国际级、国家级等体育大赛，为学生提供切磋技艺、展示自我的交流平台。参赛学生多次获奖，如在 2017 年"中国体育彩票"山东省第七届全民健身运动会太极拳比赛中，参赛学生荣获女子 ABC 组陈氏传统太极拳一等奖。

五、学生发展

（一）招生及生源

2017 年度，学校在全国 28 个省、市、自治区招生，省教育厅下达学校招生计划 6800 人，其中普通本科 2500 人，普通高职 4300 人。2017 年普通本科新生录取 2543 人，实际报到新生 2108 人。本科招生一志愿录取比例，省内为97.93%、省外为 79.56%。本科本省录取最高分，文史类 523 分、理工类 506 分。

（二）学生学习满意度

学校坚持每年面向学生开展满意度调查，学生对任课教师的教学工作总体满意。2017—2018 学年全校所有本科班级学生参与评教，学生学习满意度为92.13%。

（三）学生指导与服务

1. 学生工作组织体系

设立校、院两级学生工作机构，在学校党委统一领导下，形成了分管学生工作副校长、学生工作部（团委）、教学院（部）行政副院长、基层团委书记、行政秘书、辅导员及兼职班主任等组成的学工队伍组织架构，建立起党、政、学工、团齐抓共管，职责明确，上下联通，密切配合的学生教育管理工作机制。

2. 学生工作队伍建设

学校发布了《山东英才学院关于全面加强辅导员队伍建设的意见》，严格制定了辅导员任职标准，加强了对辅导员的培训、日常考核及月度考核。2017 年，学校引进辅导员 43 名，其中具有硕士学位的辅导员 13 名；每个班均配备了兼职班主任，建立起了以专职辅导员、兼职班主任和学生骨干为主的学生指导服务队伍。同时，加强了心理健康辅导队伍建设，设有大学生心理健康教育咨询中心,构建起学校、教学院(部)、班级、宿舍四级大学生心理健康教育工作网络,为大学生心理健康进行咨询和指导。

3. 学生服务平台建设

大学生事务服务大厅目前设综合服务、学生资助、学生事务、学生公寓、团委、学生组织、校园卡中心、学生结算中心等25个服务窗口,为同学们提供校领导接访、勤工助学、国家助学贷款、学费收缴、公寓维修、学籍查询、一卡通办理、学生奖助贷办理、保险理赔、组织关系转接、毕业手续办理及校学生会、社团联合会等日常公共服务。真正搭建了解决学生困难、方便学生办事、维护学生权益的综合服务工作平台,进一步提高了学校学生事务办理的质量和效率。

4. 师生沟通交流机制

将每周二下午设立为"校长接待日",及时了解全校师生对学校教育教学、学生管理、生活保障等各方面的意见、建议,并在一周内协调各部门对存在的问题提出解决方案。定期组织校、院、班三级团委书记恳谈活动,搭建师生沟通交流的平台。坚持辅导员值班制度,辅导员进课堂、进宿舍、进社团,与学生共同学习、生活。持续推进"青春英才"新媒体特色和品牌建设,在全省高校率先建成"青春英才"新媒体体系,构建"青春英才"网站、微博、微信、QQ群四位一体的新媒体应用平台。校团委被团省委授予"山东省先进团委"称号。

六、质量保障

(一)教学质量保障体系建设

1. 健全组织机构,推进质量管理

学校质监评审处现有专职工作人员12人,全面负责学校的质量管理工作。遵照全面质量、全程质量、全员质量原则,制定并发布了《山东英才学院质量督导工作条例》,其中明确了对教学管理、专业课程建设、各主要教学环节质量达标情况、教师课堂教学及整个课程教学情况、教学秩序等进行全程的质量监督,逐步形成了校园全覆盖巡查、教学督导、专项教学评估、教师教学质量评价、特色名校项目考核、质量情况通报、质量通报应用和改进提升机制。

2. 建立健全各项制度与标准,提升规范化管理水平

制定《教学工作规程》《教师工作规范》等教学管理文件,对教学计划与执行、实践教学、学籍、考试、教材、质量监控等方面做出详细规定,形成了与应用型人才培养要求相适应的教学管理制度体系。印制教学管理规章制度文件汇编,通过集中学习、专题培训等方式,使教学管理人员和教师熟悉教学管理制度

和各项工作流程。采用现代管理技术,建立了教学管理信息系统、数字校园信息管理平台等,提高了管理效率。

出台《各主要教学环节质量标准》,将本科教学常规运行分为培养方案和教学大纲编制、备课、授课、考试、实验教学等10个环节。针对每一环节的关键要素制定了具体质量标准,列出工作程序,明确工作规范及责任人、监控人,增加了质量监控的可操作性。各教学院(部)均按照学校统一要求,结合单位实际,制定执行标准及管理程序,落实具体措施,明确责任人,基本做到评价有标准、监控有依据。

3. 充分发挥教学督导职能,促进教学水平提升

进一步充实了由校内外专家组成的校院两级督导队伍,其中校级专职教学督导员8名、兼职教学督导员12名,二级学院兼职教学督导员96名。

先后制定和修订了《山东英才学院督导听课管理办法》,对教师上课材料携带及材料规范性、教学内容、教学组织、教学方法、教学态度、教学效果、管理和育人、学生评价8个方面进行督导。2016—2017学年第二学期,被听课人数696人,校院两级督导员共听课1010人次、2050学时,听课覆盖率94%;2017—2018学年第一学期,被听课人数759人,校院两级督导员共听课1117人次、2241学时,听课覆盖率81.97%。

(二)质量监控

1. 教学管理人员队伍结构

实行校、院(部)两级教学管理体制,由分管副校长、教务处专职管理人员及各院(部)分管教学副院长、教学秘书组成教学管理队伍。现有教学管理人员60人。分管教学的副校长从事高校教学管理工作20余年,教务处正、副处长和各院(部)教学负责人大都具有6年以上教学管理工作经历,75%的教学管理人员在校工作时间超过5年。学校规定校级教学管理人员每周上课不超过4学时,教学院(部)管理人员每周上课不超过8学时。教学管理人员深入教学一线,进行教学检查、调研和听课,主动解决师生困难和问题,管理人员服务意识不断增强。

2. 建立教学运行管理体系,明确岗位职责和工作流程

严格教学计划调整、审批程序,并按要求选定教材。严格按照教学大纲确定教学内容,制定教学进程,实施课堂教学。严格调停课和教学事故认定制度,2017年对试卷批阅不认真、漏报学生成绩的2起教学事故进行了严肃处理。严格执行学籍、学位管理规定,建立学业预警机制,根据学生考试不及格门数进行黄色(留级)、橙色(留级试读)、红色(退学)预警。严肃考试组织管理,规范考试工作安排、试卷命题质量审核、阅卷和成绩录入等环节。

3.加强日常教学监控,保证教学运行质量

建立"教学主题活动月"和教学工作"三会"制度。学校规定每年5月和11月为"教学主题活动月"。2017年分别以"推进教育教学改革,总结凝练人才培养特色"和"以教学比赛为抓手,完善教学设计,提升课堂教学质量"为主题开展了两次"教学主题活动月"活动。在学期初和学期末先后组织召开了4次教学工作会议,安排和通报教学工作及教学运行状况,规范教学运行管理。

建立了期初、期中和期末定期检查机制,对教学准备、教学秩序、教学质量、试卷评阅、教学计划执行等进行检查,及时了解和解决教学运行中存在的问题,确保教学运行有序。

通过校园巡查和专项督导,对教学管理情况、专业课程建设情况、主要教学环节质量达标情况、教师课堂教学及整个课程教学情况等进行督导,加强过程控制,持续提高全校的服务质量、服务效率和服务水平。

七、特色项目

(一)创新创业教育

1.构建"开放式、个性化"创新创业教育模式

首先,坚持"进方案、进课程、进课堂"的创新创业教育理念。准确定位、错位发展,明确专业人才培养目标和规格,正向设计、逆向推导,修订人才培养方案,设置创新创业和劳动教育学分,将创新思维、创业意识和实践能力的培养贯穿人才培养全过程。其次,优化能力导向的多层次、个性化创新创业课程体系。充分考虑学生个性化发展需求,设计不同层次基础课、跨专业综合类课程。再次,构建"三段式、个性化"人才培养模式。重塑培养流程,将全学程8个学期分为"基础教育""专业教育＋个性化选择"和"综合提高"三个阶段,构建"三段式、个性化"人才培养模式。

2.产教融合,校企合作,打造创新创业协同育人平台

学校整合优化校内外资源,专业实验室、院系、学校、科研院所、企业、孵化器多方结合,搭建校内实践平台,与企业合作共建梦工厂——众创空间、创新创业训练平台、产教融合创新基地、校企共建创业学院、创业孵化示范基地等育人平台。分层次、分类别、分阶段,逐级深入开展形式多样、注重实效的创新创业教育和实践训练活动。例如:2015年入选"教育部—中兴通讯ICT产教融合创新基地",与中兴通讯公司共建行业学院,共同投资1500万元,共建云计算、数据通信等5个实验室,共建云计算、通信工程专业,共同承担教学和学生管理,

共同安排学生实习和就业。2016 年入选教育部数据中国"百校工程"产教融合创新项目，与中科曙光同按上述模式共建"大数据应用创新中心"。2017 年投资 1500 万元与济南高新区、费斯托(中国)有限公司共建"济南高新区中欧智造高技能人才培养基地"，联合开展"双元制"人才培养，为新旧动能转换重大工程提供人才保障。

3. 创新创业工作成效

（1）学校被评为"全国高校实践育人创新创业基地""全国创新创业典型经验高校"。近 3 年，学生在"创青春""学创杯""数学建模"等各类创新创业竞赛中获省级二等奖以上奖项 400 余项，其中国家一等奖 52 项；2017 年在"建行杯"第三届山东省"互联网＋"大学生创新创业大赛中获金奖；2018 年"齐鲁银行杯"山东省第四届创业大赛暨第三届"中国创翼"创业创新大赛山东高校赛区中，我校包揽创意组两项一等奖，是四届大赛以来唯一一次一等奖被同一所学校获得。2016 年 12 月，与北京大学、同济大学等一同入选"全国 41 所高校主导型实践育人创新创业基地"，是此次入选的全国唯一民办高校。2018 年 7 月，被评为"全国创新创业典型经验高校"，教育部组织毕业生满意度调查，我校在被调查的 90 所省属高校中，排名第 19 位。

（2）涌现出以"全省十大创业之星"为代表的大学生创新创业典型，获得"山东省大学生创业教育示范院校"称号。学生顾业栋有 4 项发明专利无偿转让给德国、法国等 30 多个国家，先后收到德国总理默克尔等 30 多个国家元首的感谢信；学生潘宝城参加德国纽伦堡和美国匹兹堡国际发明展，7 项发明获奖，其中金奖有 4 项。

毕业生近年自主创业人数 200 余人，注册公司 42 家，年产值效益 1.6 亿元以上，带动就业 2000 余人。涌现出一批成功创业典型，山东省四届创业之星，我校有 2 名同学上榜。如创业之星张保松，他创办的济南正泰装饰有限公司，现有 8 家分公司，年营业额 1 亿元以上，带动就业 1600 人，张保松先后获"山东大学生十大创业之星""山东省双创之星""济南市高校毕业生创业就业先进典型人物"等称号。毕业生崔恩斌创办的济南慕青生态农业有限公司，在山东省"互联网＋"创业大赛中获得金奖。

（二）"三全"育人

学校高度重视思想政治工作，不断整合各方育人资源，逐步将思想政治工作融入办学治校全过程。学校自 1998 年建校开始逐渐形成了通过党政联席会、教代会研究部署全员思想政治工作任务的机制；2011 年制定了《思想政治教育工作实施意见》；2015 年学校提出"三全育人"校园文化生态系统理念并设立两个教学改革项目,同年完成大部制改革以整合育人资源;2016年在3个二级学院推行"三全育人"改革试点工作;2018年出台《关于推进"三全育人"的实施意见》。通过不懈的努力,全员全过程全方位育人理念深入人心,一体化育人体系初步形成。

一是思想政治工作领导体制日益强化。学校有效落实"思想政治教育工作意见",由党委统一领导,党政齐抓共管,党委书记、校长深入基层,有针对性地研究大学生思想政治教育的理论和实际问题。学校长期坚持《党政联席会议制度》,学校党委书记、校长、领导班子成员共同研究讨论思想政治工作,形成了各方面关心和支持大学生思想政治教育工作的整体合力。二是思想政治工作协调机制初步形成。学校通过大部制改革统筹育人资源,组建了由党办、马克思主义学院、学工部、教务处等8个单位组成的一体化思想政治工作部门——教育教学部;初步形成了思想政治工作队伍发展协同、各类课程与思政课同向协同、第一与第二课堂联动协同、线上与线下互动协同的"四协同"一体化育人工作格局。三是思想政治工作体系基本建立。2016年学校围绕立德树人根本任务,在医学院、信息工程学院和商学院推行综合改革试点工作。2018年4月,在总结试点经验的基础上出台了《关于推进"三全育人"的实施意见》,明确了加强教学建设与改革、完善第二课堂活动等八大改革任务,提出了深化实践教学改革、加强校园文化建设等十大改革措施。学校先后搭建了"四馆一屋"(党史馆、国史馆、校史馆、非物质文化遗产博览馆和将军书屋)、"三中心一基地"(大学生活动中心、服务中心、心理咨询中心和创新创业孵化基地)和"两微平台"(官方微博和公众号)的"五四二"教育平台。四是思想政治工作保障力度持续加强。学校严格按照相关文件要求配足、配好辅导员、思政课教师、党务工作队伍,组建了一支由党务工作者、思政课教师、学生工作人员、学生成长导师和兼职班主任组成的思想政治工作队伍。近年来学校持续加大育人项目的经费投入,制定了《关于加强辅导员队伍建设的实施意见》,给予思想政治工作组织、政策与经费的多重保障。五是思想政治工作评价管理规范不断完善。为确保全体教职员工把工作的重心和目标落在立德树人实效上,学校每年都会修订各部门工作手册,以完善各岗位育人工作职责,落实育人工作任务,并以此作为考核依据。为全面提升思想政治工作质量,及时识别与改进存在的问题,学校先后出台了《校长接待日制度》《二级学院信息员》《校领导听课制度》等一系列制度。

近年来学校"三全育人"工作初显成效、教育效果得到上级领导和主管部门的肯定。2012年,学校参加首届全国民办高校党建工作座谈会并作典型发言。2014年,校长夏季亭作为山东省高校代表参加第二十三次全国高等学校党的建设工作会议。2016年,学校参加全国高校思想政治工作会议。2017年,学校在全省高校思政工作会议上做典型发言,《光明日报》刊发学校党建工作经验。2018年,学校"'多维协同'大学生思想政治教育模式"获得山东省第八届高等教育省级教学成果二等奖。2018年6月6日,学校党委书记王崇杰参加教育部思政司指导的全国民办高校党建研究分会理事会会议暨民办高校加强党的建设研讨会并作交流发言。

济南大学泉城学院 2017 年度办学质量报告

一、定位与目标

逐步把我校建设成为特色鲜明、优势突出、为区域经济社会发展提供有力支撑的高水平应用型本科院校。

二、师资队伍

（一）师资数量与结构

学院始终把师资队伍建设作为工作的重中之重，坚持"培养、引进、激励、保障"的师资队伍建设思路，大力推进"人才兴校"战略，加大培养和引进人才的力度，全面提升教师素质，建立竞争激励机制，完善师资队伍建设体系。我校师资队伍由两部分组成，一是面向全国招聘的研究生及具有中级及以上专业技术职务资格的专任教师；二是根据课程需求在其他高等院校（行业）招聘的具有高学历、高职称的专任教师。

截至 2018 年 1 月，我校教职工总数为 464 人（其中外聘教师 59 人，占教职工总数 12.72%），其中行政人员 133 人（其中外聘教师 15 人，占行政人员数 11.28%），占教职工总数的 28.66%；专任教师 267 人（其中外聘教师 42 人，占专任教师数 15.73%），占教职工总数的 57.54%；辅导员 27 人，占教职工总数的 5.82%；教辅人员 37 人，占教职工总数的 7.97%。

全校专任教师中有正高级职称者 25 人（占比 9.36%），有副高级职称者 18 人（占比 6.74%），有中级职称者 159 人（占比 59.55%），有初级职称者 65 人（占比 24.34%）；全校生师比为 28.1:1。专任教师中 35 岁以下专任教师 193 人（占比 72.28%）；35～49 岁专任教师 33 人（占比 12.36%）；50 岁以上专任教师 41 人（占比 15.36%）。专任教师中具有博士学位的教师 8 人（占比 3.00%）；具有硕士学位的教师 208 人（占比 77.90%）；具有学士学位的教师 39 人（占比 14.61%）。

（二）教师发展与服务

设立教师发展中心，始终以提升全校教师的教学实施能力和教学反思与研究能力为目标，组织和举办丰富多样的教学增能活动。

（1）举办新入职教师培训。教师教育的连续性和阶段性特点需要教师职前

入职教育、职后提高一体化,依据这一原则,首先进行新入职教师职前培训,培训的主要内容有:学院校史校情展示;师德师风教育;上好第一堂课;成功实现角色转换专题讲座(校内专家);在职优秀青年教师代表教学经验分享;新教师代表职业感想与展望;拜师结对,师徒交流。新入职教师职后进行提升培训,包括教学能力提升和教学素养提升,帮助新入职教师更新教学理念,掌握新的教学理论、教学模式和教学方法,提升信息化教学技能,并引导教师积极关注学生的群体和个体的差异性变化,帮助新入职教师全面提升执教能力,促进新教师的快速成长,使其从容应对教学与发展的新趋势。

(2)组织青年教师教学能力比赛。青年教师是教师队伍的重要力量,是未来的希望所在。重视教学工作、搞好教学工作是青年教师义不容辞的责任,也是青年教师成长的必经之路。青年教师工作的重要一条就是教学工作,鼓励支持青年教师既注重教学,又注重教学研究,成为具有高学术造诣的教师。处理好"教"与"学"的关系,重视发挥学生主动学习的积极性,提高学生学习的实际效果,也是青年教师发展成长的重要工作。每年都会组织青年教师教学能力比赛,教学比赛的意义并不在于它是一场拼胜负的竞赛,而在于让教师个体有机会进行自我教学反思,从而进一步提升教学能力。同时鼓励青年教师参加省级、国家级教学比赛,着力提高青年教师教学能力。

(3)实行导师指导制,促进青年教师快速成长。对青年教师实施导师制,旨在通过对青年教师实施"结对"的导师指导制度,加快提高青年教师的教学水平和教研科研能力。教师发展中心负责青年教师导师制的管理、协调和监督工作。各教学部门负责青年教师导师制的组织实施、建档、指导和考核等工作。青年教师的培养工作由各教学部门规划,并建立培养考核档案。各教学部门每年对导师指导与青年教师进修情况做出全面考核总结,其考核结果存档备查,对积极履行职责的导师和优秀青年教师给予表彰与奖励。青年教师所在教学部门及指导教师共同签订《指导青年教师责任书》,并针对青年教师实际情况填写年度青年教师培养计划,各教学部门将据此确认指导教师人选,同时对青年教师导师制执行情况进行经常性检查,并做好记录备案,指导教师每年应填写青年教师培养工作总结,交给教师发展中心备案。

三、教学资源

(一)教学经费

为落实教学中心地位,加大教学经费的投入力度,保障教学经费。教学经费独立进行财务核算,重视教学日常运行支出经费投入。在统筹规划、合理配置办学经费的同时,根据需要逐年加大教学经费的投入,为培养高质量人才提供了正常的资金保障。近年来，教学日常运行支出经费占学费收入比例逐年提高，生均年教学日常运行支出、本科专项教学经费、本科实验经费、本科实习经费持续增长。

（二）教学设施

我校注重推广以多媒体教学手段为核心的教学方法的改革工作。一方面，我校不断加大现代教学设备的投入和现代教学设施的建设力度；另一方面，我校鼓励教师采用多媒体手段进行教学，并实行多媒体教学资格认定制度，目前使用多媒体进行教学的课程达到总课程的90%以上。

现有教学、科研仪器设备资产总值3962.89万元，生均教学科研仪器设备值0.77万元。本科教学实验仪器设备1982台（套），合计总值1158.92万元，其中单价10万元以上的实验仪器设备13台（套），总值240.73万元，按本科在校生5179人计算，生均实验仪器设备值0.22万元。

（三）专业设置与培养方案

我校自成立以来，专业建设思路明确，措施得力，根据社会和人才市场的需求和办学定位，合理设置专业，及时调整和优化专业结构，形成了布局合理、特色鲜明的专业布局，学院设本科专业38个，专科专业7个，涵盖经济学、管理学、文学、理学、工学、法学和艺术学7个学科门类。我校顺利获得学士学位授予资格。为适应新时期人才培养需要，制定了专业建设规划，确定的基本思路是：巩固优势专业，扶持新办专业，突出专业特色。

（1）巩固优势专业。我们充分利用母体济南大学高水平传统学科专业的有力支撑，确保优势专业的建设与发展，同时结合行业和经济社会发展需要，培植新的学科专业发展方向和生长点。目前，开课本科专业结构合理，形成了文理结合、基础宽厚、多学科相互渗透、突出应用和创新的专业体系。

2016年12月，我校出台了《关于加强优势特色专业建设的实施意见》，提出在现有10个具备初步基础优势特色专业中，选择3～4个专业作为专项建设专业。

（2）扶持新办专业。高度重视新办专业建设，第一，严把新专业设置关。对申请新办专业进行社会需求、师资队伍和办学条件的预估评价，合格以后方可申办；第二，新办专业须具有一定的学科基础；第三，新办专业师资队伍结构合理，具有硕士及以上学位的教师要达到70%以上；第四，对新上专业提供资金保障，确保新办专业建设需求。2017年新增备案本科专业1个，2018年已完成申报本科专业3个，以期实现我校结构、规模、质量、效益协调发展，全方位提高服务地方经济发展的能力，提高主动服务我省新旧动能转换重大建设工程的能

力。

（3）突出专业特色。依据人才培养目标定位及办学条件和办学优势，结合区域经济发展与资源禀赋，积极打造专业特色，并通过特色专业的示范效应，带动全院专业建设整体水平的提升。专门成立了蓬莱葡萄酒学院，建成"蓬莱葡萄酒文化体验馆"。在国际经济与贸易、市场营销等专业设置了葡萄酒方向，进行了品酒师、侍酒师和葡萄酒文化的培训，以培养相关人才。

（4）专业建设成就。济南大学泉城学院机械设计制造及其自动化专业作为山东省首批"卓越工程师计划"试点专业，自2013年下半年启动了培养方案的制定工作，于2014年8月开始招生，全面推进方案的落实。

（5）培养方案。为了进一步确保本部门资料存档的完整性，根据《山东省教育厅关于做好本科专业人才培养方案编制工作的通知》（鲁教高函〔2016〕16号）要求，参照"本科专业类教学质量国家标准"，在报送山东省教育厅的2017级专业人才培养方案的基础上，做了一定的完善和整理，最终将本科专业人才培养方案编印成册36套，下发各教学院部。

（四）课程资源与社会资源

在知识经济、信息时代的大背景下，我校努力打造数字化校园，建设了统一身份认证平台、统一信息门户平台、统一数据库平台三大平台，以及教务管理系统、办公自动化系统、数字迎新系统、站群管理系统、人事系统等，运行效果良好。校园网络目前已深入课堂教学、办公管理等各个方面。通过校园网，教务处、学生工作处、各系部等部门可以使用基于大型数据库的教学管理、学生管理、财务管理、无纸化办公及公文网上签收等方面的管理软件，实现了校区学生学籍管理、教学计划与教学任务管理、招生就业管理、后勤管理等方面的现代化管理手段，提高了管理效率。

（1）引进 MOOC 共享课程。为加快推进教学信息化建设，增加我校优质教育课程资源，提升学生整体文化素质，丰富我校任选课中通识教育课程体系，我校引进智慧树共享课程作为我校通识教育网络学习平台课，弥补优质课程与师资力量不足，实现优质教学资源广泛共享。

（2）积极引用"雨课堂"教学软件工具。为帮助教师适应信息化、人工智能等信息技术变革，我校积极应用"雨课堂"等软件工具，有效开展课程教学改革实践，提升课程教学质量，全力扶持教师使用"雨课堂"等智慧教学方案探索混合式教学模式和实施"翻转课堂"教学。

（3）搭建录播教室。为了深化教育教学改革，丰富教育教学资源，提升课程建设水平和教育教学质量基础条件，我校正在筹备录播教室搭建工作，旨在满足教师今后微课、翻转课堂、SPOC（小规模限制性在线课程）、MOOC、精品课程和精品资源共享课程制作需求，为课程的录制编辑提供必要的、人性化的、功能齐全的基础条件，实现教师自主开发网络课程。

四、人才培养

（一）教学改革情况

独立学院要生存、发展，必须要有一套很明确的、有特色的发展路径及有效的人才培养模式。作为蓬莱第一所本科院校，我们逐渐探索在努力加强内涵建设、提高自身办学水平与能力的基础上，实行"三依托、四协同"的应用型人才培养模式。

1. 学科专业设置上积极寻求办学资源和支撑条件形成"三依托"

（1）依托母体。母体相对于其独立学院在综合实力、核心竞争力和社会影响力等各方面都有相当的优势，在教学科研、人才培养、学科建设、师资队伍建设等方面也相对更加成熟。独立学院要发展立足，必先循其优势建立自己的重点学科。但这并不是照抄照搬，需要在自己定位明确的前提下，制定好自己的人才培养目标，结合母体的优势资源设置专业进而确定课程体系。济南大学泉城学院利用济南大学优势学科专业为泉城学院支撑起重点学科专业的设置。在教学科研、学科建设、师资队伍建设等方面提供了必不可少的支援与保障。我校现有的很大一部分骨干教师，包括部分教学管理人员，都是济南大学委派，或从退休人员中聘用的。工学院开设的母体优势专业，借鉴了原有经验，构建了一体化、全过程的实践教学体系，以训练基本方法、基本技能，培养知识综合运用能力、系统设计能力、工程实践能力和创新创业能力为主要目标，以实验教学、课程设计、实习实训、毕业论文（设计）等第一课堂为主线，以学生社会实践、技能训练、科技创新、学科竞赛、课外科技与创业等第二课堂活动为辅助与补充，使学生应用能力培养落到了实处。

（2）依托投资主体。投资主体一般来讲都有自己的实业，它的实业所辐射的产业、资源，为独立学院提供良好的专业设置导向。独立学院必要循其优势创设自己的特色。济南大学泉城学院投资主体主要是大众报业集团（大众日报社），它拥有的资本、产业、人才等特色的优势资源为学科专业设置提供新的方向及路径。投资主体大众报业集团，具有明显的品牌优势，在新闻印刷、广告会展、发行物流、文化地产等领域具有产业优势，是学科建设、实践教学基地建设、学生就业基地建设等方面的重要保障，特别是在文化产业类专业群建设、师资队伍建设及人才储备等方面给予了重要支撑作用。据此，我校新闻传媒学院围绕新闻传播学类专业建设，着力打造以培养面向文化产业大发展所需人才的文

化产业类特色专业群,并取得了初步成效。

(3)依托地方特色优势资源,创建特色专业。每所独立学院所处地域拥有的特色资源、特殊产业都是独有的特色优势资源。利用这种优势资源打造特色专业,不但使专业可以服务地方,而且使专业更加与市场接轨,使专业更加有活力。济南大学泉城学院所在地蓬莱位于山东半岛蓝色经济区和胶东半岛高端产业聚集区,主导产业为以历史文化游、滨海观光游、葡萄酒文化游和自然生态游为代表的旅游产业;以优质产区、特色葡萄园和精品酒庄为代表的葡萄与葡萄酒产业;以京鲁船业、巨涛重工和渤海造船为代表的造船重工产业;以重卡和改装车为代表的汽车及零部件产业。所有这些产业都为学科专业设置及建设提供了重要导向。据此,逐步建设立足地方、服务地方的以机电自动化、计算机网络技术为核心专业的理工科专业群,且形成了一定的影响。

2. 在人才培养模式的具体实践上不断践行"四协同"

(1)校校协同。校际合作协同能够在优势互补、资源共享、教学衔接、人才培养、科技创新、师资队伍建设等各方面取得良好收益,起到优化现有人才培养模式的作用。我校已与同类院校山东师范大学历山学院等多所高校构建了校际协同关系。历山学院投资方山东禄禧置业有限公司的主导产业与泉城学院的强势专业机械设计制造及其自动化、电气工程及其自动化、泉城学院投资方的主导产业与历山学院的社科专业都形成了一种相互支撑的形式,为两校的合作发展打造了得天独厚的平台。

(2)校所协同。科研院所有优质的科研资源、科研团队,是高校培养人才必须充分利用的资源,尤其是新建本科院校是以教学为主的院校,虽然对科研也比较重视,但在教职工科研工作力度、学生参与科研广度和深度等方面还有很大的提升空间,而科研院所正好有着非常优势的科研资源,包括科研信息、科研队伍、科研技术等,双方的合作空间大。同时,高校和科研院所有着共同的文化基础,如均是以知识型员工为主的机构,在彼此合作中比较容易沟通,有利于深入开展相关工作。在科研协同创新过程中,高校和科研院所双方可以较好地整合科研人员、研究项目、研究平台等,对构建学术型、创新型人才培养新模式非常有利。我校的生物技术专业与蓬莱当地的产品质量监督检验所形成了协同关系,为应用型人才培养提供了良好的实践实验平台。

(3)校企协同。校企协同教育不同于一般的校企协作教育模式,校企协同目的在于培养集实践型、应用型和创新型能力于一体的人才,是一种新型人才培养模式,是高等工程教育模式改革创新,全面提高人才培养质量的有效途径,是以各自为独立主体,基于各自的目的和目标自愿结合,使双方的优势资源要素协调互补的自组织行为。功能优势互补和资源共享,优势资源要素的协同,使得协作机制得到了全面深化，为学生的实习、实训直接面向工程实践，了解企业发展和产品研发的前沿态势提供了更多机会和途径，工程实践中现有技术问题和工程瑕点的发现与分析有利于创新意识的激发和创新精神的培养。在为企业改进技术措施，促进科技成果转化，提高工程质量水平，提供更多的智力资源的同时，也为企业项目设计及新产品研发在工程实践能力和创新能力培养方面功能的发挥提供了广阔平台。我校与蓬莱当地的葡萄酒产业、造船产业等诸多企业形成了这种协同关系且卓有成效。进一步要深入的是让教师走进企业，不断提升实践教学技能；让企业工程师走进校园，改善教师结构，加大"双师型"教师比重。

（4）校地协同。所处地域的发展优势及发展机遇为发展带来不可限量的生机。应利用好地方发展形势，利用好地方优势资源，与当地政府一起，力求产业发展带动相关教育专业的发展；教育的发展反过来回馈产业，不断促进产、学、研连带发展，共攀高峰。我校充分利用地处山东半岛蓝色经济区和胶东半岛高端产业聚集区的地域优势，与济南、青岛、烟台等多家企事业单位合作，一方面为地方经济提供智力支持，另一方面结合地方经济、社会的发展，为本科生提供实践场所。

（二）教材建设

重视教材建设工作，成立了济南大学泉城学院教材建设委员会，负责对教材建设工作进行指导和监督。

在教材编写上，鼓励学科、专业负责人参与高层次的规划教材或统编教材的编纂；组织编写、出版具有本校特色的适用教材；积极使用针对性强的自编实验、实训教材；针对教学内容的发展变化，及时编写补充教材或讲义。

在教材选用上，优先选用省级以上获奖教材、近三年出版的国家级规划教材、"面向 21 世纪课程教材"、教育部或教学指导委员会推荐教材，其中公共基础课教学必须使用规划教材或获奖教材。

学院还建立了教材评估制度，学生和教师对课程使用的教材进行评价，评估结果作为教材选用的重要依据。在管理上程序规范，严格执行任课教师推荐教材版本、教研室集体讨论、二级学院（部）审核、教务处审批的教材选用程序，使用优秀教材的比例逐年提高。

五、学生发展

（一）招生与生源情况

2017 年计划于全国 18 个省、市共招生本、专科 2750 人，实际录取 2770 人。

本科总计划2050人，实际录取2070人。艺术类本科计划510人，实际录取510人；普通本科计划1160人，实际录取1178人。专升本计划380人，实际录取382人。专科总计划700人，实际录取700人。其中，2017年山东省首次合并本科招生录取批次，普通文理类本科计划招生365人，投档377人，实际录取377人。其中，普通文科计划招生115人，实际录取119人，录取最高分519分，最低分491分，超出山东省本科线8分，位居山东省独立学院第一名；普通理科计划招生250人，实际录取258人，录取最高分483分，最低分445分，超出山东省本科线12分，位居山东省独立学院第二名。

（二）学生指导与服务情况

（1）重点加强辅导员队伍建设。完善辅导员职务晋升和荣誉体系的建设，辅导员职称评审的指标单列，标准单列。2017年度学工队伍有6人评定为中级职称。增强了辅导员对我校的归属感和职业认同感，并明确了辅导员未来工作的方向。我校工学院学办主任张蒙老师获第六届全国高校辅导员职业能力大赛复赛三等奖，为我省首次有独立学院辅导员代表进入国赛获奖。在由山东高校工委组织的第八届山东省高校十佳辅导员和山东高校优秀辅导员的评选中，张蒙老师荣获山东省优秀辅导员称号，是我校辅导员首次获得此荣誉。本学年举办辅导员专题培训8次，既有系统性培训又有专业知识学习。组织我校全体辅导员校外素质拓展训练1次。辅导员工作规范化建设步入正轨。设计并制作辅导员工作手册、辅导员走访宿舍工作手册。

（2）做好奖助学金工作。根据山东省学生资助管理中心工作安排本年度共完成助学金发放1264500元，受助学生843人。完成我校10名国家奖学金、4名省政府奖学金、206名国家励志奖学金、37名省政府励志奖学金、958名国家助学金的评审工作。为做好今年的奖助学金评审工作学工处资助管理中心积极拓展宣传渠道，通过资助宣传周、公众号发布政策解读、资助明白纸、资助工作专题培训等多种形式深入学生宿舍、班级，让学生深入了解国家、省的各项资助政策。本学年组织资助宣传周2次、政策发文7次、专题培训2次，资助明白纸发放1500余份，通过以上各方面宣传，本年度奖助学金工作实现"零投诉"。

（3）积极开展大学生服兵役宣传工作，做好大学生应征入伍学费补偿工作。通过政策宣传与引导，本年度共计上报应征入伍与学费补偿44人，其中服义务兵役42人，共计802000元；直招士官2人，共计64000元。

（三）学风与学习效果

（1）加强日常学风督导。学工处与辅导员共同参与学风的建设，形成多策并举、齐抓共管的工作格局。学工部持续开展优秀学风状态长效机制建设，实行各二级学院学生值班制度,开展学风督导。

（2）树立典型发挥引领作用。发挥学生干部的标杆作用,加强德育引导侧重校园正能量宣传。本年度通过多种形式组织学生及学生干部进行专题培训学习 20 余次。通过在公寓设立党员、学生干部宿舍加强党员、学生干部的模范带头作用。同时通过学团驿站微信平台对国家奖学金、省政府奖学金获得者进行专题采访,加强校园正能量的宣传引导。

（3）严肃考风考纪,培养学生诚信自律。组织大一新生系统学习《济南大学泉城学院学生手册》,增强预防违纪的意识。每逢临考加强考风考纪教育,充分运用宣传栏、网站、微信平台、QQ、展板等多种宣传阵地,营造良好的学习考试氛围。提醒与监督并重,对于有违纪行为的学生作出相关处理并开展批评教育。

（4）学生学业成绩稳步提高,综合素质持续提升。我校学生考研工作不断前进,考研率相比去年增长 1.17 个百分点。其中商学院张烨同学考取了英国约克大学的研究生,曹曼等 65 名同学考取了东北师范大学等高校的研究生。邀请 3 位全国知名考研专家到我校分别就考研英语、政治、数学进行专题辅导。召开全校考研学生座谈会,倾听考研学生心声,并做好考研服务工作。今年我校科技创新工作在多个领域实现了突破和提升。例如,我校学生在第十二届全国大学生“恩智浦”杯智能汽车竞赛获得国家二等奖,在第九届全国大学生数学竞赛获得国家一等奖等。截止到目前我校今年共获得省(部)级以上奖励 108 项,其中国家级奖励 8 项,在获奖数量和质量上较去年有较大提高。

（四）就业与发展

完成了 2017 届毕业生就业工作。本届毕业生共计 1723 人(本科 1517 名,专科 206 名),其中 1666 名学生已落实就业单位,78 名学生升学,155 人与用人单位网上签约或签订省外就业三方协议(60 名学生被国有企业录用),1414 人签订就业劳动合同,5 人与用人单位进行非派遣省外签约,5 人采取灵活就业方式,1 人出国留学,7 人参加西部志愿者服务。完成了 2017 届优秀毕业生评选工作,按照上级部门要求共评出省级优秀毕业生 85 名,校级优秀毕业生 171 名。完成了 2017 届特困毕业生评选及求职创业补贴发放工作,按照上级部门要求共评出省级特困毕业生 15 人,审核通过了获得助学贷款毕业生 215 人,其中特困生中曾获得过助学贷款的 10 人。合计共资助 220 人,资助金额达 138000 元。完成了 2017 届毕业生考研录取学生奖励工作,本次共奖励考取研究生学生 65 名,奖励金额共计 20200 元。制定了《济南大学泉城学院毕业生档案整理与派送管理办法》,规范了毕业生档案派遣相关工作。

六、质量保障

（一）完善本科教学质量标准体系

完善理论教学、实践教学、教学管理等方面及各环节的规定,内容涉及教、学、管各个方面,形成了完善的本科教学质量标准体系。

（二）落实领导听课制度

组织全校专兼职教学督导员进行听课,上半年 10 人,下半年 15 人。听课采取随机听课和重点听课相结合（听青年教师的课比较多）。全校总听课人数为 532 人,被听课人次数为 3618 人次（其中教学督导听课人数为 34 人,被听课人次数为 696 人次）。听课内容有理论课、实验课、通选课、调停课、校外实践课等。

（三）落实评教制度

我校完善了《济南大学泉城学院课堂教学质量评价暂行办法》的规定。通过教学督导评分、二级学院评分、学生问卷调查、教学质量活动月、期中教学检查中学生的座谈会、青年教师授课比赛等形式对教师进行了测评,测评结果将作为职称评聘、特聘教授遴选、教师考核的重要依据。

（四）落实定期检查随机抽查制度

对 2017 年本科毕业论文抽查工作,共抽查 4 个二级学院,44 个班级,17 个专业,1076 篇论文（其中借读生 4 人）,占毕业生总数 70.98%。在试卷抽查中,7 个二级学院（部）,按自然班级随机抽查,共计 101 个班级,79 门课程,1205 份试卷。

山东师范大学历山学院2017年度办学质量报告

一、定位与目标

（一）办学定位

以毛泽东思想、邓小平理论、"三个代表"重要思想、科学发展观及习近平新时代中国特色社会主义思想为指导，学习贯彻习近平总书记系列重要讲话精神，围绕国家及山东省中长期教育改革发展规划纲要确定的目标，深入贯彻党的教育方针，坚持社会主义办学方向，坚持以"建设应用型名牌大学"为目标，以"全心全意为师生服务"为宗旨，以"人才培养、立德树人"为根本，以推进学校综合改革为动力，以提高教育教学质量为核心任务，以建立健全现代大学制度为战略支撑，牢固树立创新创业教育理念，全面提升学校综合实力、核心竞争力和社会声誉。在发展目标方面，建设特色鲜明、在国内外具有较大影响的应用型名牌大学；在办学类型方面，以培养应用型人才为主，适度开展职业技能培训；在办学层次方面，有普通全日制四年本科、普通全日制三年专科、普通全日制两年专升本；在学科发展方面，构建以母体学校优势文、理科专业为基础，以新工科、商科为主体，管理、艺术等专业协调发展的学科专业体系。

（二）总体目标

到2020年建校15周年时，学校重点领域和关键环节的改革取得突破性、标志性成果，规范完备的管理架构、制度体系和运行机制基本形成，办学特色鲜明，办学质量、效益和水平全面提升，竞争力、影响力和综合实力进一步增强，有关办学核心指标稳居山东省独立学院"排头兵"位置并进入全国独立学院五十强，成为国内知名的应用型大学。

学科建设水平显著提高。加强专业内涵建设，重视精品课程建设，加强教育教学实践，学科建设实现突破性进展，形成一批相互支撑、协调发展的特色学科，加强学科教研室建设，探索启发式、讨论式、参与式教学，大力倡导案例教学，完善教师教学工作规范，严格教学过程管理，健全教育质量保障体系。

人才培养质量明显提升。学校坚持以人为本，强化人才培养的核心地位，使学生综合素质特别是实践能力、社会责任感和创新精神得到进一步加强。同时学校将继续深化人事制度改革，激发教师教学科研活力，提升教师队伍整体素质。

科技创新及成果转化能力不断增强。学校将以"新能源"为突破口，构建

完善创新体系,积极提升学校创新能力与科研成果转化能力,着力打造"微排放"品牌,促进区域经济转型发展和产业升级。

综合改革进程全面推进。通过重构再造、调整完善管理体制机制,优化治理结构,基本建成彰显学校特色、符合学校实际的现代大学制度;通过深化人事和分配制度改革,健全奖惩与绩效激励机制;通过深化人才培养机制改革,推进开放办学、特色办学,实现人才培养质量大幅提升;通过深化学科建设与科研管理制度改革,推进产学研用一体化办学模式,发挥学科龙头作用,提升科学研究水平。

二、人才培养目标及服务面向

学校顺应山东省经济社会发展需要和高等教育改革发展趋势,结合独立学院办学特点与发展实际,准确把握自身定位和发展方向,形成了符合自身实际的办学理念和发展规划,为学院科学发展奠定了良好基础。

人才培养目标定位。秉持"文化优先、体育优先、全面发展"的办学理念,实行人性化与科学化的管理手段,营造健康向上的大学人文精神,培养学生良好的意志品德和健康人格,培养具有理想与责任,富有创新品质,专业基础扎实,实践能力强,综合素质高的应用型专业人才。

服务面向。山东师范大学历山学院立足山东蓝黄经济区建设,为全省社会经济发展提供人才支持与智力支撑。

三、师资队伍与教学条件

(一)生师比及主讲教师情况

学校依托山东师范大学整体办学优势和优质教育办学资源,师资由基本教师(教授)团队、注册教授团队、合同制教授团队三部分组成。本科课程由北京大学、山东大学、山东师范大学、山东建筑大学、山东理工大学、山东财经大学等的 200 余名注册教授承担。二级学院院长由山东大学等国内知名高校博士生导师教授担任。拥有全日制本科生 4985 人,专科 3966 人,学生数为 8951 人。折合本科生后,生师比为 17.83:1。

山东师范大学历山学院专任教师中具有副高级及以上职称人数 142 人,具有副高级及以上职称教师占专任教师比例为 29.46%。主讲本科课程的教授占教授总数的比例为 97.78%。

(二)教学水平及教学经费投入

在学校"校企一体化,产学研用一体化"办学模式下,科研学术取得较好的成果,近几年申请专利 25 项,其中 2 项为国际专利,发明专利 5 项,国家授权实用新型专利 18 项。1 项教学成果获山东省高等教育教学成果二等奖,1 个教学团队被评为山东省教学团队,3 名教师获省级教学名师称号,30 门课程被评为山东省精品课程。学校教师发表 EI 论文 2 篇。

学校经费优先保障教学,不断加大投入,改善办学条件,确保教学经费满足人才培养的需要。教学经费持续增长,2017 学年度教学日常运行经费 1200 万余元,满足了教学需要,为教学工作提供了有力保障。

（三）教师发展与服务

为培养骨干优秀教师,选派青年教师到知名高校进修、顶岗教学实习,鼓励教职工考研考博,提高青年教师的教学水平和教学质量,并采用“导师制”培养方法,发挥老教师传、帮、带作用。学校“十二五”期间引进长江学者 2 名、泰山学者 1 名。在学生参加大赛方面,教师指导学生获国家级大学生创新创业训练项目 17 项、全国节能减排大赛三等奖 1 项、全国软件和信息技术专业人才大赛全国总决赛三等奖 1 项、全国大学生数学建模竞赛全国总决赛三等奖 1 项、全国大学生软件设计大赛总决赛优秀奖 3 项、第七届蓝桥杯全国软件和信息技术专业人才大赛全国三等奖 1 项及各专业多项省级赛事奖项。

四、教学资源

（一）教学经费投入

教学实验室配备完善,教学科研仪器设备总值 4602.03 万元,生均教学科研仪器设备值 5141.36 元,年新增科研设备值 147567 万元。学生奖助学金 384.84 万元。

（二）教学设施及应用

学校图书馆藏书 92.50 万册,通过千兆专线光缆共享山东师范大学的优质教育资源。具有设施完善的实习实训基地 63 个,满足学生实习要求。校内运动设施属省内一流,建有室内体育馆和游泳馆、室外游泳池、标准体育场以及校外合作四季滑雪场,更是素质教育又一体现。校园建有三星级标准宾馆及诊所、银行、警务区、超市等服务设施。学生公寓配备有上床下桌的四人、六人经济间,满足不同需求。校内配备太阳能中央空调全覆盖的禄禧餐厅、历山餐厅、大学堂、历山学堂以及历山、禄禧两个太阳能洗浴中心、学生公寓内洗衣房、开水房、公寓内饮水机,满足学生生活需求。

（三）专业设置及结构

学校现有汉语言文学、国际经济与贸易、动画、能源与动力工程、计算机科学与技术、生物科学、学前教育7个特色优势专业，合理设置学科专业，初步形成了与社会发展和经济建设的需要相适应、布局合理的学科专业体系。现设有汉语言文学、能源与动力工程、学前教育等34个本科专业，以及现代教育技术、旅游管理、生物质能应用技术等17个专科专业，专业设置涵盖文、理、工、管理、经济、艺术、教育7大学科门类。其中英语、汉语言文学、旅游管理、动画等专业已成为深受考生欢迎的热门专业，能源与动力工程、舞蹈学、计算机科学与技术等专业已成为就业前景良好的专业。布局合理的专业定位，适应了社会发展和经济建设的需要。

按照学校服务区域经济发展需求，围绕"山东半岛蓝色经济区发展规划""黄河三角洲高效生态经济区发展规划"战略，结合山东禄禧置业有限公司发展新能源为主导企业战略发展规划实际，学校正实施以工科、艺术、经贸等应用专业为主的学科专业建设调整方案。

（四）课程设置与建设

课程建设是高等学校教学基本建设，是提高教学质量的中心环节。为深化学校教育教学改革、提高教学质量、适应社会经济发展对人才培养质量的要求，通过5年建设，继续增加以学科发展前沿和新兴交叉学科介绍为主要教学内容的选修课门数。通过课程结构的优化、教学方法和手段的改革，形成具有特色的课程体系。

学校在充分借鉴吸收母体学校相关学科专业课程体系设置的基础上，设计出符合学校学生特点和社会需求的学科专业人才培养方案，并在使用过程中不断修正和调整，重构了学科专业的教学内容与课程体系，初步实现了人才需求现实性和人才培养科学性的统一。

各招生专业课程体系完备，形成了由公共必修课、学院基础课、专业必修课、公共选修课、专业选修课、实践与实习、毕业论文（设计）等模块构成的学科专业教育课程体系。按系列提供选修课供学生选择，公共选修课分为人文社会科学、自然科学和健康教育三个系列。丰富的选修课满足了学生的不同需求。学校以培养德才兼备的人才为目标，率先推广国学公共必修课，普及中国传统文化，使国学课程成为每位学子的基础课程，同时设置礼仪、经典、书法、武术等课程，全面打造具有中华底蕴的大学人文环境，使学生不仅会做事，更会做人，更加有志向，有爱心，有担当。课程体系的调整与优化，对学生的知识储备、能力结构和文化素养的提高起到了良好的促进作用，在学院对毕业生的问卷调查中,对课程体系"很满意"和"基本满意"的比例在98%以上,学生家长对学生在学校学习的满意度达到90%以上。

围绕教育教学质量的提高,学校注重课程质量建设,制定并实施了《山东师范大学历山学院课程建设与评估管理办法》,在扎实做好课程建设基础性工作的同时,着力推动院级精品课程建设。

（五）教材管理与使用

学校坚持科学规范地监管教材的选用,依据《山东师范大学关于教材选用与评估的有关规定》,确保教材如期发放到选课学生手中,保证优秀教材进课堂。按照教材选用程序,使用教材必须由任课教师提出申请,由教务处审核经分管教学院长批准后购置。学校鼓励使用国家规划教材、获奖教材、"面向二十一世纪课程教材"以及反映学科前沿的中文教材或原版教材,根据学科专业不同,上述教材的使用比例达到90%以上。

五、人才培养

（一）教学改革与研究

学校坚持"具有理想与责任、富有创新品质、专业基础扎实、实践能力强、综合素质高的应用型专业人才"的培养目标,以教学改革为依托,以课程建设为主线,深化教学内容与课程体系改革,注重教学方法与教学手段的创新,转变思想观念,将新知识、新理论、新技术渗透到整个教学过程,为学生提供符合山东省经济社会发展和科技进步需要的课程体系、教学内容、教学方法与教学手段,教学水平和教育质量得到有效保证。学校现有专利申请7项,其中2项为国际专利。专利授权4项,其中冷热电一体机组、生物质真空锅炉机组、热水直燃两用溴化锂吸收式机组几项专利已经产业化。

学校鼓励教师不断更新教育思想观念,积极探索开展素质教育的教学方法和途径,培养学生的创新精神与品质。广大教师积极参与教学方法改革研究,并将其应用到教学实践中去。根据我院青年教师比例高的特点,尽快建设一支专业素质强、授课水平高的"双师型"教师队伍,促使我院青年教师迅速成长,尽快成为各学科的骨干力量,使我院教师队伍整体素质得到进一步提升。在课堂教学上重视学生在教学活动中的主体地位,针对教学内容、学生的实际情况和课程特点,每个教师能选用适当的教学方法,如启发式、讨论式、案例式、研究式等双向互动、生动活泼的教学方法,充分调动学生的学习积极性、主动性和创造性。在实践教学环节中,能将验证性实验、综合性实验、研究性实验有机结合,培养学生的实践能力和创新能力。学院积极推进教学方法评价活动。通过公

开课、观摩课、示范课等教学活动,进行多角度评课议课,总结经验,找出问题,不断改进。

学校牢固树立现代质量观,不断探索考试方法改革。力求对学生的知识、能力、素质进行全面的考核,在命题、考试方式、评分方式等方面进行改革,改变了重知识轻能力的传统方式,既考察知识掌握情况,又更注重知识的应用能力和创新思维能力的考核。根据专业及课程的不同特点,采取口试、笔试(开卷或闭卷)、论文、技能操作等多种方式,使考试成为开发学生创新思维,提高专业技能的重要手段。

(二)课堂教学情况

2017—2018学年第二学期,共开设课程480门,由298名任课教师承担。其中,学校239名自有师资承担课程402门,占全部课程的83.75%,其余78门课程由59名注册制教授承担。超星尔雅公司免费提供公共任选网络课程58门,网络课程涵盖人文、科学、历史、文化、社会、艺术等方面,学生结合自己的兴趣爱好自主选择,时时听课,丰富了我校的课程结构。学校依托母体学校开发建设的精品课程资源网、英语学习网站等24个内容丰富的网络教学资源,为学生提供了广阔的自主学习空间,实现了资源共享。学校为任课教师提供的网络实验室、多媒体教室等现代信息技术平台,提高了教学效率,受到教师、学生的广泛欢迎。多数任课教师开发使用的多媒体课件质量高,教学效果好。

按照培养方案确定的课程体系由公共必修课、公共选修课、学院基础课、专业必修课、专业选修课5个模块构成,选修课所占的比例达到26%以上。公共选修课面向全院开设,共分为人文社会科学、自然科学、健康教育三大类,共50余门(含网络课程)。每个学生至少选足6学分。人文社科类专业实践教学比例占总学分16.14%以上,理工类专业实践教学比例占总学分13.36%。为保证教师授课质量,本学期共91位教师接受103门课程的资格认证,各位评委老师严格把关,部分教师经过两轮认证,最终全部通过。

(三)实践教学及第二课堂情况

学校高度重视实践教学体系建设,建立了基础实践、专业实践和综合实践三个层次的实践教学平台,着重培养学生的基本技能,形成了由实验、见习、实习、课程设计、毕业论文(设计)、社会实践、课外科技创新活动等环节组成的实践教学体系。实践教学环节坚持以实验、实习、毕业论文(设计)为基础,以社会实践和课外科技活动为补充,与理论教学相互协调,着重巩固理论知识,提高动手能力和专业技能,培养学生的创新精神和实践能力。学校建立了63个实习实训基地和1个"创业项目孵化基地"，为实践教学提供了有力保障。

毕业论文（设计）是实践教学体系中的重要环节。学校制定了《山东师范大学历山学院关于本科生毕业论文（设计）的暂行规定》，严格把好选题、开题、指导、评阅、答辩5关，并组织由3～5名具有高级职称教师组成的毕业论文（设计）答辩委员会，认真组织答辩，评定最终成绩。答辩成绩呈正态分布，优秀率掌握在20%左右。

六、学生发展

（一）招生及生源情况

学校按照省教育厅下达的招生计划面向山东、山西、河南、四川、安徽、甘肃、贵州7个省份招生。学生修满规定的全部课程，考试合格，授予国家统一颁发的山东师范大学历山学院本、专科毕业证书，对符合学位授予条件的学生授予山东师范大学历山学院学士学位证书。学生除享受国家和山东省政府奖学金、助学金、特困生补助与助学贷款政策外，学校还设立优秀学生奖学金和禄禧奖学金。

2017年学校联系预订高招会42场，学校共派出50余人，分别参加了本科与专科的高考咨询会。覆盖了全省100%的地级市，计划招生3870人，实际录取3787人，其中本科生1887人（包含专升本）。今年我校专升本招生录取工作继续保持良好势头，并创历史新高。计划480人，2017年录取人数469人，较去年增加115人。

（二）学生指导与服务情况

构建学校、家庭、社会协同育人模式，深入推进实践育人工作。继续推进大学生志愿服务制度的落实，制定大学生志愿服务活动方案，主要内容包括继续加强青年志愿者队伍建设，开展校园环境整治，营造良好校园氛围，结合节假日开展宣传教育与社会实践相结合的志愿服务活动，继续组织开展"志愿服务进社区"活动，组织开展扶贫助困活动。开展"书香伴成长"——微信平台晒读书笔记等专项活动。继续开展"致家长的一封信"活动，加强家校沟通。

加强感恩教育。利用母亲节、父亲节、教师节、毕业典礼等节点和载体，加强学生感恩祖国、感恩社会、感恩学校、感恩家庭教育。

加强安全教育。本学期共开展安全讲座17场。其中，安全教育讲座1场，急救知识专题讲座1场，预防青少年犯罪、预防网络诈骗专题讲座1场，应急知识、公共安全教育专题讲座7场，珍惜生命、人身安全教育讲座7场。开展无烟日主题班会132场，安全教育主题班会132场，毕业生安全文明离校主题教育

活动6场。强化学生安全自治意识,开展"我身边的不安全行为"照片征集活动,推选出16幅作品在微信平台进行展示。

家庭经济困难学生资助。加强对大学生资助工作的政策研究,根据我校实际,修订了《家庭经济困难学生认定办法》,确保家庭经济困难学生认定程序规范。完成了2017年春季690名家庭经济困难学生的助学金的发放。注重资助育人工作,组织召开建档立卡学生座谈会,了解他们学习生活中的困难,有针对性地开展自立自强教育。

心理健康教育。在新生军训期间,组织学生进行心理健康测试,及时发现问题学生并进行疏导。组织专任教师参加心理咨询培训,在各班级选拔安全信息员参加学校心理咨询培训。在大学一年级全面开设《大学生心理健康课程》,每年定期举办心理健康知识讲座,起到了良好的效果。

(三)学风与学习效果

学校从"严纪律,营氛围,调热情"三个方面抓牢抓实学风建设:通过"完善规章制度,组建学习小组"来严明纪律;通过搭建"年级、班级、宿舍"三层,加强宿舍建设来营造良好学习氛围;通过"以生涯规划为导向"进行教育,来激发学习动机。学校各班级设班主任,带动学生明确学习目标,提高学习兴趣,加强学习氛围建设,加强学校学风建设。

扎实的教学工作收获了丰硕成果。2010级英语专业学生的专业英语八级考试通过率达到56.33%。在各类竞赛中,学生以扎实的专业知识、才华和努力、良好的团队精神和较强的创新能力屡获佳绩,获省高校工委全省高校大学生纪念红军长征胜利80周年"传承长征魂,共筑中国梦"主题征文大赛一等奖;在"高教社杯"全国大学生数学建模竞赛中获得山东省三等奖;在"厚道鲁商"公益广告大赛中斩获佳绩;在"因为有你"全国大学生创新创业大赛半决赛中喜获三等奖;在山东省社科界第三届人文艺术作品大赛中荣获"先进组织奖";在"第十一届中国音乐金钟奖"声乐比赛山东省选拔赛中获民族唱法铜奖;在"神雾杯"第十届全国大学生节能减排社会实践与科技竞赛中获三等奖;在第七届"赛佰特杯"全国大学生物联网创新应用设计大赛获三等奖。

(四)创新创业教育

为培养学生的创新意识,提高创业能力,学校不断深化教育教学改革,强化创业实践环节,积极探索有利于创新型人才脱颖而出的培养模式,加强创新创业教师队伍建设,坚持改革教育质量评价和人才评价制度,着力为学生打造良好的创新创业教育环境。注重加强对学生的创业教育及相关的风险意识教育,在校园里形成推崇创新、尊重创业、宽容失败的文化环境。成立了大学生创新创业中心，将创新创业教育纳入学校人才培养方案和教学计划，实行创新创业学分制度，把创新创业教育融入学生人才培养全过程。

今年学校开设的创新创业教育课程 12 门。学生积极参加国家级、省部级、市级举办的创新创业大赛，并取得优异的成绩。学校着力建好创业实践和孵化平台及信息化平台，建设更多的创业基地、提供更有效的创业信息，努力为学生提供全方位的创业支撑服务。在新能源专业，充分利用山东禄禧置业有限公司新能源企业在本行业的领先地位，使学生在专业学习、实习、就业等各方面提供有力支撑；在旅游管理及相关专业，利用山东禄禧置业有限公司的银座佳悦和签约的潍坊五星级宾馆为实习基地；在舞蹈学专业与北京广慧金通教育科技有限公司合作办学；在会计专业与百练会计教育集团合作办学，为会计专业学生提供最佳的实习、就业环境。

学校就业指导中心面向全院学生特别是毕业生定期开展就业政策咨询，举办就业指导讲座，在毕业生中开展及时深入的就业指导。依托山东师范大学开设的职业测评系统和职前教育网络课堂，开展职业倾向性测试，利用测评软件和心理学量表，为广大毕业生进行职业定位，为学生提供职业生涯规划，受到了广大学生的欢迎。截止到 2017 年 8 月 31 日，我校 2017 届毕业生共 1332 人，其中本科 601 人，专升本 270 人，专科 461 人，1332 名毕业生均为非师范类毕业生。截止到 2017 年 8 月 31 日，总体就业率达到 97.30%，本科专业就业率为 96.21%，专科专业就业率为 99.35%。

七、质量保障体系

学校一贯重视本科教学工作，形成了强有力的教学运行机制与保障体系，确保教学工作中心地位，教育教学质量不断提高。学院教学管理制度健全，执行严格，效果明显。各主要教学环节质量标准完善、合理，保障了办学水平和特色。学院认真贯彻落实教育部及山东省教育厅印发的关于加强本科教学工作、全面提高教学质量的文件精神，建立并完善了教学质量监控体系，形成了责任明确、逐层落实、环环相扣的教学质量控制机制，保证了教学质量的稳步提高。

（一）健全教学管理制度

在办学过程中，学校遵循教育教学规律，根据教学管理过程中出现的新情况、新变化及时制定新的管理文件或修订有关规定，建立健全了《山东师范大学历山学院教学工作规程》《山东师范大学历山学院教学事故认定和处理办法》《山东师范大学历山学院课堂规则》《山东师范大学历山学院课堂教学质量评估

方案》《山东师范大学历山学院教学督导工作暂行条例》《山东师范大学历山学院课程建设与评估管理办法》《山东师范大学历山学院教学档案管理规范》等30余项管理制度,涉及教学运行管理与质量监控、专业与课程建设、学籍与学位管理、教学改革、教材管理、实践教学管理、师资管理、教务工作规程等方面。

各项规章制度严格执行,效果明显。认真执行《山东师范大学历山学院教学工作规程》,包括教师授课的条件、任课资格、德育要求、课堂教学、实践教学、课外辅导、作业考核、教学考评等内容。对在教学过程中出现的事故,按照教学事故认定和处理办法执行;对录入学生成绩不按时、出现失误的教师,教务处进行个别通报批评。《山东师范大学历山学院教学督导工作暂行条例》规定,充分发挥教学督导室和学校领导在教学过程中的督察与指导作用,通过督教、督学、督管,对所有教学活动和各个教学环节进行监督、检查和引导。成立校、二级学院部两级教学督导委员会,落实领导听课制度,同行相互听课制度,每周督导委员会成员抽查听课不少于两节,教师听课不少于一节,每月校督导室对各二级学院听课情况进行抽查、评分。本年度校领导和督导室共听课500余节,督导委员会提交听课记录表1500多份,集中对听课情况进行质量反馈,对测评分相对较低的课程进行跟踪监控,督促教师完善教学内容。同时,在"教务管理系统"教学考评环节,定期设置督导委员、学生评价,学院督导委员以及学生可以随时在系统中对教师的上课情况进行评价反馈,以此促进教学方法、内容及手段的改进,提高教学质量。

(二)完善教学质量监控体系

1.教学质量控制体系完备

学校不断充实和完善教学质量控制体系,建立了由目标系统、决策与执行系统、教学过程监控系统、信息反馈系统四个子系统构成的"山东师范大学历山学院教学质量控制体系"。

目标系统由学院定位、人才培养目标和人才培养规格构成,是整个控制体系的起点和目标。近几年为主动适应经济社会和教育事业发展对人才培养的需要,学校对国际经济与贸易、自动化、能源与动力工程、动画、视觉传达设计、舞蹈学、电子信息工程、计算机科学与技术、化学工程与工艺、生物技术、应用心理学、汉语言文学、英语、旅游管理14个专业的培养方案进行了修订。

决策与执行系统由学院党委会、院务委员会、教务处、学生处等共同组成,是整个控制体系的中枢。

教学过程监控系统由教学质量监控、教学运行检查两部分组成,是整个教学质量控制体系的重点。其中教学质量监控由教学督导、学院领导听课、学生课堂教学质量评估、教学信息反馈等部分构成。为进一步加强教学组织的正规化建设，保证授课质量，所有新任课（从学校刚毕业且需经过系、部教师技能培训）和任新课（已承担过其他课程教学而没有承担过该课程的教学）的教师在上课前必须经过学院对其教授该课程的资格认证。资格认证成绩合格者，获得该课程的授课资格，可承担该课程的授课任务，从而保证了教学正常运行。教学运行检查分开学、期中、期末三个时间段。2017学年度，学校以及各二级学院部共召开教师座谈会18次、学生座谈会18次，分两个学期对任课老师进行教学质量评估，参评老师达321人。学院教务处、督导室共随机抽查课程180余门，检查教学秩序，对任课教师误课、迟到、私自调课等现象进行了通报批评，起到了规范教学与警示作用。

2. 教学质量控制体系运行有效

科学决策，指导有力。学校坚持每周一次教学行政例会，每月召开党政联席会议，专题研究教学工作。每年召开一次教学工作会议，集中讨论在新的形势下出现的新问题，总结经验，调整工作思路和工作方法，对相关工作做出及时安排；坚持领导联系专业、班级、社团制度，及时听取师生的意见和建议；充分发挥教学督导委员会的作用，为科学决策提供依据。

实施全过程监控，执行有力。严格执行教学督导制度、听课制度、班级教学信息员每周反馈意见、常规教学检查和教学专项检查制度。通过信息反馈，对教学全过程进行实时监控，及时了解教学情况，集中汇总各方面信息，分析教学工作状态，解决教学过程中出现的问题。

教学信息反馈及时，调控有力。教学信息反馈由院学生会配合教务处、督导室组织实施。教务处、督导室根据日常信息反馈和每学期期中进行的教学情况调查，按问题类别进行分析整理后反馈给教学单位和学院主管教学副院长，督促其及时解决。

（三）教学管理信息化建设

学校高度重视教学管理的信息化建设。在对"综合教务管理系统"进行多次维护和升级的基础上，不断拓展管理系统的服务功能，实现了学生入学注册、教学计划、选课排课、成绩管理、考试管理、毕业生资格审查等教学管理关键环节数据信息的网络化管理，有效提高了教学管理工作的效率。

八、办学特色

（一）紧紧抓住人才培养质量生命线，走内涵发展道路

学校办学以来，始终瞄准提高人才培养质量这一终极目的，立足于对历山

学院办学理念、发展定位、办学特点、运行特征与生源特点的深入思考与综合分析，提出了以内适质量、外适质量和人文质量为特征的历山学院人才培养质量标准。通过合理调整专业结构与布局、科学制定人才培养方案、完善教学方法和学习评价体系、重视实践教学和狠抓教学质量监控等措施，初步构建起符合内适质量、外适质量和人文质量要求的教学内容与课程体系、教学手段与教学方法以及教学运行体系与教学质量监控机制，有力地促进了学院内涵发展，保证了人才培养质量。

（二）紧密依靠母体学校优质资源，优势传承，错位发展

根据学校的办学实际，学校确立了"一视同仁"的教育管理指导思想，即在教育教学管理、师资配置、经费划拨和后勤保障等方面，历山学院学生享有与母体学校学生同等的权利，这一点对历山学院初期办学的成功起到了积极的作用。在教学管理与学生管理方面，历山学院与母体学校教务处共同制订教学计划，历山学院会同各教学学院承担教学任务和教学环节的质量监控，历山学院学生处全面负责学生的日常管理和思想政治教育工作。这一管理模式的成功运作，使学生真切地感受到山东师范大学良好的校风、严谨的教风和踏实的学风，提高了学生对历山学院的认同感，调动了学习的积极性和主动性，扩大了学校影响，提高了学校声誉。

学校紧跟社会需求，全力发展"新工科"专业，与国际知名企业"中国科学院旗下新松机器人自动化股份有限公司"等企业合作，坚持打造名牌专业，共同培养社会紧缺人才。学校设有新能源研究所、人工智能研究所、国学研究院、两个工程研究中心等多个科研机构，每年高产国家专利20多项，谱写着"创新驱动发展，科技引领未来"的美丽诗篇。在新能源领域，学校发挥高校人才和科研优势，依靠国家和省政府、青州市地方政府支持，在节能减排、治理雾霾、环境保护领域做出了突出贡献。始终遵循规模化应用可再生能源、建设零碳校园的绿色发展理念，在2017年世界绿色大学评比中，综合排名在全球第21位。"绿色校园"被列入国家循环经济城市的重点建设单位。我校与山东大学合作完成"863"基于沼气冷热电示范项目、山东省秸秆综合利用示范县项目，中标新加坡南洋理工大学、新加坡国立大学、中国科学院等几十所著名高校及院所低品位热制冷实验室等项目，标志着我校在此领域的国内、国际领先地位。

（三）创新学生教育管理，发挥学生自主学习积极性

学校高度重视学生教育管理，重视学风建设，把学风建设作为提高教学质量、培养合格人才的一项重要内容。通过建章立制，科学管理，形成了"人人有理想，人人有目标"的学风，并取得可喜成绩。

　　学生主动学习和自我管理能力不断提高。开展以学风建设为主题的校园文化活动，通过"历山讲坛"、技能大赛、读书节、辩论赛等激发学生的学习动机。开展大学生学业规划活动，对不同年级学生开展学业生涯规划指导。推动学生创新实践，与科研处及各学院加强协作，加强对参加"第十五届山东省大学生科技文化艺术节""节能减排大赛""数学建模大赛"等国家级、省级大赛学生的指导和选拔工作，以赛促学。加强大学生诚信教育。严抓考风考纪。组织开展诚信教育主题教育活动，通过开展诚信教育专题讲座、观看诚信教育宣传片等活动，提高大学生诚信意识。开拓网络思政教育载体，充分利用微信、微博、QQ等阵地，建设互动平台，加强舆论引导。开展班主任网络工作能力培训，提高学生工作队伍主动占领网络思想政治教育新阵地的能力。建立学生思想动态调研和舆情反馈制度。继续推进学生个人养成教育，强化"脏乱差"综合治理工作，着力提升学生综合素质。

附 录
2017 年山东省民办教育大事记

1月5日，山东省教育厅、山东大学、中国海洋大学、中国石油大学（华东）和山东英才学院作为山东代表出席中国教育政务新媒体2017年年会，教育部党组副书记、副部长沈晓明，中国教育学会常务副会长刘堂江，教育部办公厅副主任、新闻办主任续梅，以及来自全国100余家教育部门和高校的代表出席会议。

1月11日，山东省教育工会五届三次全委会议召开，省教育厅党组副书记、副厅长张兴民出席会议并讲话，肯定了2016年省教育工会所取得的成绩，并要求在2017年，全省各级教育工会组织要在省教育工会的领导下，认真贯彻落实中央、省委党的群团工作会议精神，按照教育厅党组的要求，深化思想认识，不断开拓创新，确保在群团改革发展中走在前列。

1月19日，山东省教育厅印发《关于加快推进高等职业院校学分制改革的通知》（鲁教职函〔2017〕2号）。

2月6日，山东省第十二届人民代表大会第六次会议召开，省长郭树清代表省人民政府向大会作《政府工作报告》，明确提出推动教育再上新台阶。

2月7日，山东省委副书记、省长郭树清参加省政协十一届五次会议教育界联组讨论。政协吴梦军委员建议要完善民办学校融资政策，孙承武委员对促进民办高校持续发展提出建议。郭树清一一回应，并请现场的省政府部门负责同志认真研究解决。要大力支持社会力量兴办教育，推动民办学校依法办学、规范办学。

2月14日，山东省教育厅组织召开了全省民办教育座谈会，深入学习《全国人民代表大会常务委员会关于修订〈中华人民共和国民办教育促进法〉的决定》和《国务院关于鼓励社会力量兴办教育促进民办教育健康发展的若干意见》（国发〔2016〕81号）及其配套文件，研究制定我省贯彻落实意见。会议听取了民办教育举办者及管理者的意见和建议，全面分析了我省民办教育发展形势，深刻剖析了存在的问题、发展的短板和面临的挑战，提出了下一步奋斗目标和工作任务清单。

2月15日，山东省教育厅、山东省财政厅下发《山东省教育厅　山东省财政厅关于实施山东省优质高等职业院校建设工程的通知》（鲁教职字〔2017〕4号），提出充分发挥优质教育资源的示范引领作用，加快发展现代职业教育，提高我省高等职业教育发展质量，启动实施山东省优质高等职业院校建设工程。

2月20日，山东省教育厅、山东省财政厅发布《关于实施山东省职业教育质量提升计划的意见》（鲁教职字〔2017〕6号）。

2月23日，2017年度全省教育工作会议召开，省教育厅厅长左敏出席会议并讲话,她强调,立足于落实和深化两个关键词,狠抓教育改革;积极推进"县管校聘"和校长职级制改革;推动职业院校现代学徒制、混合所有制改革等向纵深突破;注重"全面改薄"、解决城镇中小学大班额、县域义务教育均衡发展和学前教育二期行动计划等;落实教育扶贫任务,继续实施教育扶贫"323"工程;另外全面加强党的建设,确保教育改革的正确方向。

3月1日,山东省中华职业教育社第一届社务委员会第四次会议召开,会议以党的十八大、十八届历次全会和习近平总书记系列重要讲话精神为指导,总结工作,部署任务,交流经验,推动工作创新发展。省政协副主席、民建省委主委、省职教社社务委员会主任郭爱玲出席会议并作工作报告,省委统战部常务副部长赵强出席会议并讲话,省委统战部副部长、省职教社社务委员会副主任牟强主持会议并作总结讲话。

3月10日,山东省人民政府下发了《山东省人民政府关于同意建立日照航海工程职业学院的批复》(鲁政字〔2017〕42号)。

3月13日,山东省教育厅发布《关于高等学校设置"十三五"规划编制有关问题的通知》(鲁教计字〔2017〕1号),明确标准,严格按照设置规定开展申报工作。对于区域经济社会发展和产业发展急需提升其办学层次,且学科专业设置具有不可替代性的民办高职院校,可严格按照有关法律法规和设置标准要求审批设置民办本科学校;对布局合理,条件具备,办学行为规范的独立学院,鼓励转设为独立设置的本科学校。

3月20日,山东省人力资源和社会保障厅印发了《关于公布山东省2016年度享受政府特殊津贴人员名单的通知》(鲁人社字〔2017〕48号)。

3月30日,山东省教育厅发布了《山东省教育厅关于公布"十三五"山东省高等学校科研创新平台立项名单的通知》(鲁教科字〔2017〕4号),此次立项通过了167个重点实验室、51个工程技术研发中心和76个人文社会科学研究基地,潍坊科技学院、山东英才学院、山东协和学院分别立项3个科研创新平台,青岛滨海学院、烟台南山学院分别立项2项,山东力明科技职业学院、青岛黄海学院、山东凯文科技职业学院、山东华宇工学院、山东外事翻译职业学院、青岛工学院、齐鲁理工学院、青岛远洋船员职业学院分别立项1项。

3月31日,山东省质量技术监督局、山东省农业厅发布《山东省质监局 山东省农业厅关于深入实施农业标准化战略加快农业领域"山东标准"建设的意见》(鲁质监标发〔2017〕16号),潍坊科技学院三位老师申报的"杀菌剂防治黄瓜靶斑病田间药效试验准则"获得立项。

4月12日,山东省民办高校党委书记选派工作动员部署会召开,会议的主要任务是:深入学习贯彻全国高校思想政治工作会议精神和习近平总书记重要讲话精神，认真落实中央、省委关于加强民办高校党建工作的意见，对民办高校党委书记选派工作进行动员部署，进一步加强民办高校党的建设。

5月12日，山东省教育厅在厅机关会议室召开会议，研究《山东省民办学校分类登记管理实施细则》的编制工作。与会代表普遍认为，在《实施细则》编制过程中，要妥善处理好五个关系，分别是：国家政策落地与地方政策创新之间的关系，《民办教育促进法》与《民法总则》《慈善法》《公司法》之间的关系，营利性民办学校政策与非营利性民办学校政策之间的关系，加强监管与尊重办学自主权之间的关系，政策措施细化与留出创新空间之间的关系，确保《实施细则》的科学性与可操作性。

5月22日，山东省教育厅办公室发布《山东省教育厅办公室关于印发2017年山东省教育政务公开工作要点的通知》（鲁教厅办字〔2017〕22号），提出紧紧围绕保障教育公平和提升教育质量，围绕教育重大决策部署和公众关切问题，全面推进"五公开"，深化教育重点领域信息公开，以公开促落实，以公开促规范，以公开促服务，推动简政放权、放管结合、优化服务（"放管服"）改革。

5月26日，山东省文化厅、山东省教育厅联合发布《山东省文化厅　山东省教育厅关于促进文化教育融合发展的意见》（鲁文艺〔2017〕9号），提出充分发挥我省文化资源优势，推动校园文化建设，优化在校学生学习成长氛围，引领校园社会主义核心价值观建设，提升我省文化教育整体实力。

6月1日，山东省商务厅印发《山东省商务厅关于公布2017—2018年度山东省服务外包人才培训机构名单的通知》（鲁商字〔2017〕96号），青岛黄海学院等97家培训机构被认定为山东省服务外包人才培训机构。

6月2日，山东省教育厅发布了《山东省教育厅关于下达2017年山东省高等学校科研发展计划重点项目和一般项目A类项目的通知》（鲁教科字〔2017〕6号）、《山东省教育厅关于下达2017年山东省高等学校科研发展计划一般项目B类项目的通知》（鲁教科字〔2017〕5号），青岛滨海学院推荐的10项课题全部获批，山东华宇工学院获批9项高等学校科研发展计划项目，潍坊科技学院和青岛工学院各获准立项3项。

6月5日，山东省教育厅公布《2016年中职与本科、高职与本科对口贯通分段培养专业评估结果》，潍坊科技学院园艺专业"3＋4"模式，顺利通过了教育厅评估专家委员会评议。

7月15日，由全国高职高专校长联席会议主办的《2017中国高等职业教育质量年度报告》在北京发布，山东外国语职业学院、山东商业职业技术学院、潍坊职业学院、山东科技职业学院、青岛职业技术学院、青岛酒店管理职业技术学院入选全国高等职业院校国际影响力50强。

7月19日,山东省卫生计生委和省教育厅联合印发《关于同意济南106医院为山东力明科技职业学院直属附属医院的通知》(鲁卫科教合作字〔2017〕37号),开创了全省医疗卫生和教育事业发展的新纪元。

7月19日至21日,山东省民办教育管理培训班在济南成功举办,来自全省17个地级市的教育局分管领导及科长、各民办高校、专修学校举办者等100余人参加了培训班,两位教育部专家出席培训班并授课。

7月27日至28日,山东省民办高校和独立学院领导干部媒介素养专题培训班在济南举办,山东省教育厅副巡视员荆戈出席开班式并讲话。

8月29日,青岛市发布《青岛市民办教育三年行动计划(2018—2020年)》,争取通过3年左右的努力,在民办教育的发展规模、政策保障、体制机制、队伍建设、教育质量、办学水平和效益等方面,达到全国同类先进城市水平。

9月19日,山东省政协副主席、党组副书记雷建国在省政协副秘书长曲伟、省政协委员联络工作委员会副主任孙其华、办公室主任李峰、办公室副调研员李新安、雷建国副主席秘书颜丙云陪同下到山东英才学院北校区调研民办高等教育发展。

10月16日,山东省人民政府印发《山东省"十三五"教育事业发展规划》(鲁政发〔2017〕33号),全面阐释了"十三五"时期山东省教育事业发展的主要目标、重点任务和主要措施,明确提出支持和规范民办教育发展。

10月22日,由山东省民办教育协会高等教育专业委员会主办、烟台南山学院承办的山东省民办高校第六届青年教师教学大赛落下帷幕。来自全省20所民办高校青年教师,经过激烈角逐,最终评出本科组一等奖4名,专科组一等奖7名,本科组二等奖7名,专科组二等奖13名。

11月2日,山东省人民政府学位委员会印发《山东省人民政府学位委员会关于公布2017—2023年博士硕士学位授予立项(培育)建设单位的通知》(鲁学位〔2017〕8号),山东英才学院、烟台南山学院、潍坊科技学院3所民办本科高校成为硕士学位授予立项培育建设单位,这标志着民办高校向更高层次办学迈出坚实的一步。

11月30日,山东省人民政府办公厅出台《山东省人民政府办公厅关于支持双创示范基地建设推进全省双创深入发展的实施意见》(鲁政办发〔2017〕81号),全省4所高校被列为省级双创示范基地,山东协和学院是唯一一所入选的民办高校。

12月1日,全国唯一学前教育博物馆暨虚拟仿真综合实验室在山东英才学院建成并试运行。学前教育博物馆集教育、研究、收藏、展示功能于一体,将在教学育人、科学研究等方面发挥重要作用。

12月1日，山东省民办高校学习贯彻党的十九大精神暨党建工作会议在济南召开。省委高校工委副书记黄琦作十九大精神辅导报告，省委高校工委副书记白皓出席并作重要讲话。来自全省民办高校的党委书记、组织部部长、党总支书记代表、党建工作联络员、督导专员共计120余人参加了会议。烟台南山学院等6所高校相关人员作了典型经验交流发言。